创意生活课程的实践脉络

任 韧 著

东南大学出版社

南 京

内容简介

儿童综合素养生长的土壤是生活，儿童关键能力培育的场域在生活，生活教育越来越多地受到家长、孩子和教师的重视。江苏省常州市武进区星河实验小学分校在陶行知生活理念的指引下，立足小学阶段儿童成长需要，以"创意生活课程"为抓手，将课程育人的逻辑融入生活逻辑中，将儿童带到了充满创意的生活世界中，开展生活化、体验化、综合化、整体化的课程学习。本书从创意生活课程的开发立意、顶层设计到落地实施、基层创新等几个方面，完整地记录了一所小学在课程改革中的实践过程。书中再现了学校创建"创意生活环境"，美化课程基地；推进"创意学科教学"，深化课程意蕴；聚焦"创意学习方式"，优化课程学习；营造"创意课程生活"，强化课程效能。通过创意生活课程的深度实践，师生在生活源泉中学会科学追求、自然生长，共同朝向美好的未来迈进。

图书在版编目(CIP)数据

创意生活课程的实践脉络 / 任韧著. —南京：
东南大学出版社，2022.12
　ISBN 978-7-5766-0368-2

Ⅰ.①创… Ⅱ.①任… Ⅲ.①生活教育—教学研究—
小学　Ⅳ.①G621

中国版本图书馆 CIP 数据核字(2022)第 227170 号

责任编辑：陈　跃　　封面设计：顾晓阳　　责任印刷：周荣虎

创意生活课程的实践脉络

著　　者	任　韧
出版发行	东南大学出版社
社　　址	南京四牌楼2号　邮　编：210096　电　话：025-83793330
网　　址	http://www.seupress.com
电子邮件	press@seupress.com
经　　销	全国各地新华书店
印　　刷	南京迅驰彩色印刷有限公司
开　　本	700mm×1000mm　1/16
印　　张	17
字　　数	296千字
版　　次	2022年12月第1版
印　　次	2022年12月第1次印刷
书　　号	ISBN 978-7-5766-0368-2
定　　价	86.00元

本社图书若有印装质量问题，请直接与营销部调换。电话(传真)：025-83791830

序
用创意生活滋养儿童一生的创造力

大国创新,人才为重。无论是国内还是国际,关于创新人才的竞争日趋激烈,培养更多拔尖创新人才成为教育肩负的重要时代使命。中国创新人才的培养需要大学、中学、小学乃至幼儿园的贯通衔接,小学阶段的启蒙、培养与奠基不可或缺。那么如何在小学阶段打开"儿童创造力"之门?杜威认为,教育的本质即生活,生活即发展;发展、生长,即生活。人民教育家陶行知先生在《创造宣言》中认为,处处是创造之地,天天是创造之时,人人是创造之人。小学教育者、家长和社会,需要在信息时代"复活"杜威、陶行知等先贤们的教育智慧,用儿童创意生活的沃土滋养儿童创造力蓬勃发展……

生活创意是儿童好奇心发展的动力。无论是校园生活、家庭生活、社区生活,还是亲子交往、师生交往、同伴交往……日常生活与交往是学校教育相辅相成。生活世界被胡塞尔视为充满人格主义态度的、可实际知觉的意义世界。看似平常的一日生活是儿童好奇心发展的源泉。生活需要设计。设计丰富多彩的生活,让生活主题、日常问题、儿童感兴趣的话题成为儿童学习、探究、实践的内容,让生活成为儿童认识世界、改造世界的活动过程。这些鲜活的课程元素,植根儿童的生活经验,符合儿童的生活需求。日常生活是人创造性活动的源泉,是儿童创造动机的触媒。

生活情境是儿童想象力发展的沃土。好奇心、想象力、创造性、协作性和批判性思维,这些正是儿童的天赋或"自然能力",而我们要做的是让儿童的天赋自由发展。在真实而丰富的生活情境中,儿童探索和追求的是更好的天赋发展方式。生活情境贴近儿童的真实世界,切合儿童的现实需求。哲学家怀特海曾说:"教育只有一门学科,那就是完整地表现生活。"生活囊括了所有学科,并使之成为一个有机整体。小学日常教学与儿童的生活联结,即将教学活动植根儿童现实生活情境之中,让学生在生活中学习探索,在学习中体会动手动脑、有创意的生活。生活情境由此成为儿童想象、实践、创造的沃土。设计学习过程即让学习成为儿童创意生活的过程,是以一种自然方式整合源自不同学科的创意,并与儿童生活和发展需要产生共鸣。

生活课程是儿童创造力发展的旅程。将儿童置身其中的衣食住行等日常生活及与之相关的社会职业、各类材料和工具变成儿童思索的对象,让儿童运用学科思维去探究、操作和实践,生活就变成了课程。让各门学科植根儿童的心理经验和生活过程,学科就变成了生活。生活课程即生活的"课程化"与学科的"生活化"的统一。让学科回归生活,让生活融入学科,实现生活世界与学科世界的双向融合。这样,儿童的学科学习富有意义,儿童的日常生活因渗透学科思维而充盈创造智慧。因此,我们要重视日常教育中的创造力培养,深入挖掘日常生活中运用学科思维解决真实问题的资源和时机,积极探索将儿童的创造发明活动和创意生活变成学习各门学科的方式,让每一个儿童创造着去长大而不是"长大了再创造"。要优化跨界思维,设立长程化、持续性的学习线,从而在跨学科、跨年级、跨学段的生活实践中激发儿童的日常创造,让儿童的生活力与创造力兼具、创造的自觉性得以培养,让儿童真实感受到教育是为了改造社会,是以创造更美好的生活为价值追求的。

在基础教育阶段开启创新人才的培养,本质上是发现孩子的专长、满足儿童的兴趣,并为每一个儿童提供适合的课程。而生活就是儿童创造力发展最广阔的课程田野,承载起儿童全面而又有个性的成长。

课程,因生活而鲜活,沟通内外,自由生长;生活,又因课程而美好,关照当下,创造未来。

杭州师范大学教育科学研究院院长、教授、博士生导师　张华

生活课程校本化实施的星河路径

生活教育理论的创建者陶行知先生认为,好的生活就是好的教育。这一观点得到了教育工作者的普遍认可。很多学校开设生活教育课程来对少年儿童进行生活教育,以期提高儿童对生活的认识与理解,提升儿童生活能力。常州市武进区星河实验小学分校(以下简称"星河分校")就是生活教育践行者之一。他们探索了一条生活课程校本化实施的星河路径,也为课程改革提供了示范。

一、为课题引领课程改革提供了规范的实践样态

星河分校是一所百年老校,于2017年加入星河实验小学教育集团后,启动新一轮课程改革。在此基础上,"指向儿童成长需求的创意生活课程的实践研究"成功申报成为江苏省教育科学"十三五"规划课题。规范的课题研究过程能更好地指导课程改革。星河分校的课题研究过程,为课题研究引领课程改革提供了规范的实践样态。

1. 发挥课题对实践的指导作用

"科学理论具有先导和引导作用",课程改革和项目研究需要有理论自觉,教师只有准确理解和掌握创意生活课程的理论基础,才能遵循理论去创造性地开发和实施课程。课题组先期进行了理论学习和文献综述,教师系统学习了《陶行知文集》等文献资料,梳理了国内外生活课程的实施现状。在汲取成功经验的基础上,也发现了一些问题,如生活课程泛化、课程浅化、课程分化、课程异化等。生活课程的实施现状有待于教育工作者主动反思,积极重构。在此基础上,课题组立体架构课程目标,顶层设计课程结构,建构课程内容体系,实施课程方式多样化,创新综合评价体系,综合多种研究方法,阶段推进研究过程,积极推广研究成果。

2. 发挥实践对课题的调整作用

实践是认识的来源、发展的动力。针对学校平民教育的传统、新市民儿童的生源构成,原本课题组将课程定位于生活力课程,用于提升新市民儿童的生存力。但经过实践调查,课题组发现家长和学生共同的愿景都指向"创造美好生活"。课题组发现研究初期的定位偏差,进行了及时调整,把课程定位于"创意生活课程",通过全景式生活课程"场",实现教学做合一、家校社联通,合力提升儿童生活力。这种生活课程不仅培养了儿童的生存能力,更帮助学生体验品质生活并使其对未来生活充满想象。实践是检验认识正确与否的唯一标准。在实践的指导下,创意生活课程的目标更加准确,不仅传承了学校的办学传统,更体现了对儿童需要的精准把脉。

二、为生活课程的开发实施提供了创新的实践新状态

"创意"是星河分校生活课程的一大特点,整个课程具有时代气息,呈现出蓬勃的生长力,为生活课程的开发提供了创新的实践新状态。

1. 主导与主体:从"课程"到"生活"的育人融合

在设计创意生活课程时,课题组参考陶行知先生的"常能论""三力论",提出了"让星河娃充满生活力"的目标,以"学会改变"为课程主旨,开发了三个层级、五大门类、六十门课程,供学生选择。这是发挥教师的课程主导作用。但是,课程图谱上详细列出的这些课程,并不意味着学生每一项都必须学,而是有选择地进行项目学习。学生还可以创造性地开发班本、生本课程。如四(1)班的"克隆吧"课程,学生整整一个学期都在研究植物的繁殖。学什么、如何学的确立过程体现了学生的主体作用,实现了儿童生活力提升的三大条件:聚焦生活、可见生长、满足需求。

2. 批判与建设:从"数量"到"质量"的本质追求

星河分校的儿童创意生活课程结构中包含国家课程、校本课程、班本课程和个人课程,不同层级的课程之间是统合综效、开放包容的。每学期开学,学校都会召开"创意生活课程展销会",教师介绍,

学生咨询,然后由学生根据需要与兴趣进行现场投票。学校精选学生觉得"有意义又有意思"的课程,想方设法增设学生非常需要但教师尚未提供的课程。创意生活课程的开发,不追求数量的多,而是追求质量的高,在宁少不多的指导思想下,只有那些与时俱进的、时代感强的、深得学生之心的创意生活课程,才可以保留下来,并不断自我迭代、持续更新。

3. 规划与计划:从"想到"到"做到"的持续迈进

在经历了点状思维的"高度碰撞"、综合思维的融会贯通以后,学校课题组制定了创意生活课程规划,从培养目标到课程目标,再到课程内容,均做了立体架构,给出了课程"脚手架"。面对完整的课程图谱,教师感觉可做的课程工作面广量大,真正实施,却往往不知如何入手。

在每一学年开启前,学校专门组织制订课程计划,把宏伟蓝图分步骤实施。如果说课程规划是效果图,那么课程计划就是施工图。星河分校恰好在效果图上发挥了学校的课程领导力,向教师展示出了类型化、序列化的整体框架图;课程计划则充分发挥了项目组教师的能动性,自己在做什么、怎么做、做到怎样的程度上,有主动的思考和设计的智慧。两张图的成功绘制,其实证明了课程领导者和实施者达成共识,从"看到",到"想到",进一步趋向"做到"。

三、为生活课程的提炼总结提供了辩证的反思新状态

经历了几年的探索,星河分校的创意生活课程,没有像"老丝瓜——越来越空",反而是"老南瓜——甜在后头"。他们不仅对陶行知的生活理论进行了校本化运用,而且还加入了很多创新的东西,整个课程具有时代气息,呈现出蓬勃的生长力。伴随着课题结题工作,课题组进行了提炼与反思,为创意生活课程的总结提供了辩证的反思新状态。

1. 生活教育理论的"深"与"浅"

课程的建设过程,也是陶行知理论的一段学习过程。在课程建设中,学校先为老师们买来《陶行知文集》等书籍,请来陶研会专家给核心组成员作专项指导,使教师在陶行知的生活理论中"沉下去"。

在后面的课程设计与实施中,不断对标自问:"有没有符合学生成长需求?有没有与生活紧密结合?有没有教学做合一?有没有促进学生生活力提升?"用这些最简单的标准来指导行动。深与浅的结合,恰恰使创意生活课程走对了路,且创出新意。

2. 生活课程实施的"大"与"小"

生活既是群体的,也是个体的。星河分校在创意生活课程中,就考虑到了群体生活课程设置与个体生活课程开发。例如,全校有8个民族的孩子,每到寒假都会回老家过年。他们就设置了"民族大团圆"开学课程,让不同民族的孩子穿自己的民族服装,带上民族特色食物,介绍民族的风俗,开启新一年的共同生活。这让所有儿童潜移默化生成"民族理解",养成民族大局意识。这是一大群人的创意生活大课程。

而具体创意生活,涉及创意的班级生活、创意的家庭生活、创意的学科生活,则可以充分发挥课程个性。比如,珂珂小朋友暑假总是被蚊子咬,他立志长大要当生物学家,研制出对人无害、治虫高效的药剂。于是,在科学老师的指导下,在爸爸妈妈的支持下,家庭实验室开张了。菊花叶、菖蒲叶、马兰叶等被请进了实验室中,滴管取液、叶渣烘干,提取物被分别放到有蚊虫的地方进行对比实验,还真初步找出了植物叶防蚊虫的方法。这是一个人的创意生活小课程。

3. 生活课程空间的"近"与"远"

创意生活课程以儿童逐步扩展的生活为基础,以儿童成长过程中需要处理的关系为线索,帮助学生在"我与家庭""我与班级""我与校园""我与社会""我与世界"的关系中形成积极的生活态度和良好品德。因此,儿童创意生活课程创设了多种空间,通过学校对家庭生活、学校生活、社会生活各种场景的真实再现,发掘创意生活课程资源。星河分校的创意生活课程,在"近"与"远"的辩证统一中,将学校小课堂与社会大课堂、家庭微课堂进行有机融合,激发学生加强生活体验、养成生活习惯、学会创新生活,为个人的美好人生奠基,为社会的美好未来准备。

4. 生活素养评价的"长"与"短"

生活力的提升,不仅仅是看某一个项目,也不是看某一个活动,而是需要长期地关注。在实施评价时,教师关注儿童在课程过程中的即时表现,从"课程参与、学习情感、创新能力、合作情况、技能获得"等方面给予单个课程的评价。同时采用积分制的办法,在"品格力、健康力、认知力、审美力、生存力"等方面通过积分上星级,持续激励,可以引导学生在同一生活力方面有持续关注。长短结合,使孩子们保持对创意生活课程的不竭动力,通过六年时间养成影响其一生的生活习惯、生活态度与生活技能。

期待星河分校的创意生活课程建设,能继续带着课程想象力走进生活,从高远处立意,从最近处入手,聚焦课程目标,将实践中的不同层次、不同维度的创意生活课程建设混序盘活、综合融通,帮助学生过积极健康的生活、做负责任的公民。

江苏省常州市教育科学研究院教研员　戴慧

目　录

第一章　创意生活课程的逻辑起点 …………………………………… 1

第一节　百年老校的执着追求 ……………………………………… 1
一、百年历史中走出的巷子学校 ……………………………… 1
二、数十年探索聚焦的育人初心 ……………………………… 2
三、集团化办学重塑的教育理想 ……………………………… 3

第二节　当家少年的成长需求 ……………………………………… 4
一、每个孩子都是原野上最珍贵的种子 ……………………… 5
二、每个孩子都是星河里最闪亮的星星 ……………………… 6

第三节　行知理论的自然相遇 ……………………………………… 8
一、相遇，从一个课题的申报开始 …………………………… 9
二、相知，赴一场理论的学习之约 …………………………… 10
三、相融，共一程生活的创造之旅 …………………………… 12

第二章　创意生活课程的整体构建 …………………………………… 16

第一节　顶层设计：塑造文化共行动的立方体 …………………… 16
一、课程目标：育当家少年　创幸福生活 …………………… 17
二、课程框架：五力为主线　创造为核心 …………………… 18
三、课程实施：序列化展开　主题性统整 …………………… 20
四、课程评价：全过程参与　多维度提升 …………………… 23
五、课程运行：有原则开发　有策略推进 …………………… 25

第二节　中层对接：架设蓝图到现实的实践桥 ················ 26
　　一、把好课程"方向盘" ·· 27
　　二、放开课程决定权 ·· 27
　　三、取消课程"定时器" ·· 28
　　四、开发课程资源库 ·· 30

第三节　基层创新：绘就课程与生活的实景图 ················ 30
　　一、案例1——一组词语引发的课程研究——从"克隆吧"到"星农场" ·· 31
　　二、案例2——一次搬迁带来的课程实践——湖塘印巷：一街一世界 ·· 34
　　三、案例3——一个难点蔓延的课程探索——关于天然色素的创意生活运用 ·· 39
　　四、案例4——一场对话启动的课程旅程——破茧成蝶的共同探索 ·· 46

第三章　创意生活课程的深层实践 ································ 51

第一节　生存课程：为学生创造一个安全的世界 ·············· 51
　　一、生存三十六计 ·· 51
　　二、六年十二道菜 ·· 53
　　三、班班扫除有道 ·· 58

第二节　身体课程：在力量的基础上茁壮成长 ················ 60
　　一、把握儿童基础力量练习的敏感期 ······························ 60
　　二、创设儿童基础力量练习的生态圈 ······························ 62
　　三、打造儿童基础力量练习的特色团 ······························ 65
　　四、用好儿童基础力量练习的数据链 ······························ 66

第三节　智慧课程：与大人一起读 ································ 67
　　一、一个共读书柜让家更具书香 ···································· 68
　　二、一段共读时光让家更具温情 ···································· 70
　　三、一次共读交流让家更具思想 ···································· 72
　　四、一场共读峰会让家更具品味 ···································· 73

第四节　品格课程：乘坐 BRT 驶往幸福站 ·· 76
　　一、共建一座品格 BRT 之城 ··· 77
　　二、共享一种创意品格生活 ··· 78
　　三、共营一张品格培育之网 ··· 83

第五节　艺术课程：在美的世界里发现天赋 ·· 86
　　一、空间诗学：让儿童在美的场域中相遇 ······································· 86
　　二、美学启蒙：让儿童在美的体验中生长 ······································· 87
　　三、学科美感：让儿童在美的课程里得到润泽 ··································· 89

第四章　创意生活课程的学科升级 ·· 91

第一节　创意语文：为素养而教 ··· 91
　　一、串"三位一体"的阅读教学"贯通链" ··· 91
　　二、架"联系生活"的习作教学梯度桥 ··· 96
　　三、综合性学习：建"自主合作"的"学习场" ····································· 99

第二节　自然数学：越过教室的风景 ··· 101
　　一、回归自然是创意数学的另一种表达 ··· 101
　　二、自然数学意识：从"桌面端"走向"生活端" ··································· 104
　　三、自然数学设计：从"微课本"走向"真场景" ··································· 106
　　四、自然数学体验：从"静知识"走向"活素养" ··································· 107

第三节　立体英语：脑口手共进的语言学习 ······································· 110
　　一、单元整体教学，打开学生的全景视野 ······································· 110
　　二、主题绘本融合，点亮学生的阅读心灯 ······································· 112
　　三、创新作业类型，丰富学生的应用场域 ······································· 113

第四节　好奇工场：打开科学的知识库 ··· 114
　　一、一堵"问题墙"开启探索之门 ··· 115
　　二、四大场景激发个性学习 ··· 118
　　三、多维实践唤醒高阶认知 ··· 119

第五节　全景体育：为儿童的终身健康服务 ······································· 123

一、终身为向，确立全景式健康体育理念 …………………… 123
二、童趣为本，打造"全景式"健康体育文化 ………………… 124
三、素养为核，捋顺全景式体育课程体系 …………………… 125
四、"六个一"为旨，构建全景式健康体育生活 ……………… 128

第五章　创意生活课程的学习变革 …………………………… 134

第一节　小先生课堂：让儿童发现自己的学习潜能 ………… 134
一、相信学生，小先生课堂校本解读 ………………………… 134
二、发现潜能，小先生课堂推行意义 ………………………… 136
三、高效学习，小先生课堂模型构建 ………………………… 139

第二节　项目化学习：让儿童找到适合的学习路径 ………… 141
一、聚散为整：语文学科项目化学习设计 …………………… 141
二、思维为先：数学学科项目化学习设计 …………………… 144
三、境脉为要：超学科项目化学习设计 ……………………… 149
四、指南导航：指向创想素养的学习评价 …………………… 153

第三节　创意作业：让儿童创造独特的学习表达 …………… 156
一、"3+1"作业的整体模式 …………………………………… 157
二、创意作业的质性特点 ……………………………………… 162
三、创意作业的操作策略 ……………………………………… 168

第六章　创意生活课程的顶灯效应 …………………………… 175

第一节　创意生活在班级里的自然萌发 ……………………… 175
一、创意生活课程班本化实施的意义追寻 …………………… 175
二、创意生活课程班本化实施的样态打造 …………………… 176
三、创意生活课程班本化实施的策略探索 …………………… 178

第二节　创意生活在校园里的适宜生长 ……………………… 182
一、一份问卷引起的思考 ……………………………………… 182
二、一块荒田征用的过程 ……………………………………… 183
三、一类课程开发的收获 ……………………………………… 184
四、一种评价促成的生长 ……………………………………… 187

第三节　创意生活在家庭里的悄然蔓延 ……………………… 189
一、家庭博物馆价值定位与内涵特征 …………………… 189
二、家庭博物馆与创意生活建设的关系 ………………… 191
三、家庭博物馆的实践路径 ……………………………… 191
四、家庭博物馆的运营建议 ……………………………… 194

第四节　创意生活在社区里的蓬勃兴起 ……………………… 195
一、社区生活，课程实施不可匮缺的土壤 ……………… 195
二、具身体验，生活课程不可替代的过程 ……………… 200
三、创意生活，未来社区不可辜负的期待 ……………… 203
四、社区学习活动中教师角色定位与把握 ……………… 207

第七章　创意生活课程的实施保障 …………………………… 212

第一节　场景升级里的能量聚力 ………………………………… 212
一、远景看生态，从效果图到实景图 …………………… 213
二、近景看生长，从静态物到动态场 …………………… 217

第二节　科技革命中的时代气息 ………………………………… 224
一、书写当下星河的科技长卷 …………………………… 224
二、畅想未来星河的智能愿景 …………………………… 228

第三节　自我领导力的共同修炼 ………………………………… 239
一、自我领导力在课程实施中的理念熏陶 ……………… 239
二、自我领导力在课程实施中的工具运用 ……………… 239
三、自我领导力在课程实施中的双向构建 ……………… 243

第四节　成长型思维的群体唤醒 ………………………………… 245
一、成长型思维的价值内涵 ……………………………… 246
二、成长型思维的培养策略 ……………………………… 247
三、成长型思维的课程力量 ……………………………… 251

后　记 ……………………………………………………………… 255

第一章
创意生活课程的逻辑起点

常州市武进区星河实验小学分校,原名武进区周家巷小学堂,创建于1911年,新中国成立后更名为周家巷小学,隶属于湖塘桥中心小学。2017年8月加入武进区星河实验小学教育集团,成为集团分校。学校毗邻春秋淹城遗址公园,2020年投入3.4亿元启动改扩建工程。目前,学校占地面积55 568平方米。学校的新建设以满足学生成长需求为宗旨,以打造学习社区为目标,致力于让师生过一种"创意生活"。

学校以"儿童的课程,我们的课程"为课程观,立足学校实际,以江苏省教育科学"十三五"重点自筹课题为依托,进行了指向儿童成长需求的创意生活课程探索实践。历时五年,星河实验小学分校用课程撬动了学校的整体发展。

第一节 百年老校的执着追求

有人说,一所学校的课程,会有该学校的气质。因为课程不是凭空出现,而是在学校的办学历史沃土中生根,在校园文化中发芽、壮大,在师生的共同经营中抽枝长叶,直至开出自己的花。

2017年,我们决定要进行学校课程的整体改革,就开始了自问:学校到底有怎样的文化基因?从百年历史中走来,可有课程元素在传承?对于培养孩子,是否有着一代代办学者的思想传统?在梳理追溯中发现,学校虽然几经风雨、几经变迁,但有一条课程线索始终贯穿办学历程。

在回望中,生活教育的办学追求从模糊到清晰。

一、百年历史中走出的巷子学校

20世纪初,洋务、西学之风"渐植华土",各地开明士绅、有识之士、文人墨客掀起了办学浪潮。周氏乡绅名士聚会，认为"天下已变，生活必变"，遂商量"出资办学，改变乡邻生活"，以反哺家乡——一所借废弃的社桥庵办起来的学校产生了。此时的学校办学规模小、条件差、课程内容简单，所有学生均为本村本族子孙后代。"学生交米当学钱，老师领稻谷当薪水"是当时学校的运营状态，师生工作与上学，均以解决生活温饱为目标。

民国二十二年（1933年），社桥乡乡长周近官先生带头出资并再次发动民众将学校从废庵中迁至周家巷老巷东首，造了两幢工字形教学楼，大大改善了办学条件，并提供了算术、历史、绘画、体操等课程，被百姓称为"洋学堂"。这所巷子里的学校以先进的办学条件与扎实的教学吸引了百姓，学生开始陆陆续续增多。

解放初期，周家巷小学堂一直将"劳动与生活"作为学校的主要内容推进。在风雨飘摇中一路走来，学校一直扎扎实实围绕"改变生活"的办学者初心，坚守在湖塘镇西的农村。

从巷子中走出来的百年老校，有着朴素的办学情怀：知百姓疾苦，为百姓谋划，将改善百姓生活作为办学者的使命与担当。

二、数十年探索聚焦的育人初心

时代的大潮起起落落，许多同时建立的农村小学在"撤点并校"等情况下消失于历史长河中。而星河分校屹立百年，仍有着顽强的生命力。虽然在城镇化建设进程中变为处于城乡结合的地理位置，但学校却一直顺势而为，不断调整办学理念，探索更适合本校学生的教育方式。

回到二十多年前，城镇化建设使学校四周的民房拆迁，村里的巷子变成了街道，田野变成了工厂。学校农村小学的生源结构发生了很大变化，本村的孩子陆续随着拆迁离开，随迁子女不断加入我校学习，比例很快提升到近30％。1998年，学校首次研究如何帮助新加入湖塘城区的随迁子女提高生活适应性。

2007年，学校加入湖塘桥中心小学教育集团，成为成员校之一。集团一直践行"平民教育"，提出"这里走出幸福人"的教育目标，力求通过"平民教育优质化"来改善百姓教育生活，提升一代人创造幸福生活的能力。

2008年，学校的随迁子女比例已经近80％，学校又组织实施了常州市市级教研课题"促进流动人口学生和谐发展的教育策略研究"，从文化融合、教育融合、生活融合等方面进行探索实践，研究成果获得了常州市课题研究成果奖。

随后，学校紧接着进行了以《七彩语文》为载体架构的随迁子女阅读课程的研究，期待用阅读来改变随迁子女的日常生活方式，用书香来创造"文明、有爱、温暖"的童年生活。

第一章　创意生活课程的逻辑起点

2018年,又一个十年过去,我们发现学校的随迁子女比例已经超过96%,而这些孩子的情况与十年前、二十年前又不尽相同。他们中的一部分出生在常州,对常州有着比故乡更亲、更深的感受,期待在常州安家落户,过稳定的生活;一部分孩子的家长对常州这个江南宜居城市是慕名而来,期待全家人在这里可以创造一种全新的生活。他们都对优质教育有着更深的渴望,对未来生活有更大期待。

尽管学校的课程发展也好,课题研究脉络也好,并没有十分清晰的体系,但是,学校一直是沿着"生活教育"这一条轨迹在前行,办学行动、教育行为的目标是学生能够通过课程,去获得更好的生活技能,去创造更美好的生活。

三、集团化办学重塑的教育理想

习近平总书记说:"我们的人民热爱生活,期盼有更好的教育、更稳定的工作、更满意的收入、更可靠的社会保障、更高水平的医疗卫生服务、更舒适的居住条件、更优美的环境,期盼着孩子们能成长得更好、工作得更好、生活得更好。人民对美好生活的向往,就是我们的奋斗目标。"

星河教育集团的组建模式,是"优质学校+薄弱学校"的组合,是期待集团的先进文化与理念、先进方法与策略,可以浸润到集团的每个成员,促进每个校区的发展。我们的奋斗目标就是"让老百姓享受优质教育,让孩子成长得更好、生活得更好"。

当百年老校遇见新生名校,我们可以看到,一百多年的历史文化让学校"朴素而沉静",星河的到来又带来青春与活力。

我们究竟要办怎样的学校?这是集团化后,全校教职工对学校发展到新的历史时期的思考。一所老校,又是一所村小,如何在名校林立的武进城区走出一条属于自己的路?如何在条件有限、人员有限的情况下,办出自己的特色?如何在加盟星河教育集团后快速汲取星河养分形成属于分校的特质?

我们决定从梳理学校的文化做起,找准改革发力点。在一次次论证中,我们找到了"办一所蓬勃生长的活学校"这个共同的办学愿景,以"从乡村出发,从世界归来"为办学宗旨,以"学会生活,创造未来"为校训,传承"躬耕乐道,励志家巷"的教育哲学,瞄准"生活教育"这个学校的隐形力量,致力于"培养当家少年,创造幸福生活"。

在捋顺文化后,我们又思考,接着做什么来落实生活教育?答案不约而同。

大家都认为,课程是一所学校发展最活跃的因素,是给予师生发展最有力的机遇,是评价办学水平最明显的标准。星河本部建立短短8年,就从一所捏着小广告拉生源的新生校,变成了区域内百姓交口称赞的名校。它们的成功经验,就是用课程为杠杆,推动整个学校前进。

这个经验可以拷贝。我们将课程建设作为重点工作纳入三年发展规划,期待借课程的开发实施,最快速地调动起师生的积极性与创造力,去"实现改变"。

在规划论证现场,江苏省教育科学研究院原所长成尚荣先生说:"星河分校站在新的历史起点,能够准确地把脉问题,瞄准症结,找对方子,把课程建设当成改变一所学校的关键,这条路的方向是对的。但是,课程建设只是路径,根本目的还是要借课程建设来让这所沉静的百年老校沸腾起来,让它焕发出和星河本部一样的活力,创造出一种蓬勃生长的农村教育生态来。"

时逢"普通高中语文课程标准2017版"出台,提出"坚持时代要求""坚持科学论证",课程要"遵循教育教学规律和学生身心发展规律,贴近学生的思想、学习、生活实际,充分反映学生的成长需要"。于是,我们的初步设想就是继承学校多年追求,以生活为课程,将课程用于生活。至于是命名"生活课程""新生活课程""幸福生活课程",还是"创意生活课程",江苏省科学规划领导小组办公室原主任彭钢指出:"现在的生活不同于过去的生活,星河分校的生活课程也应该有别于办学史上其他时候的生活课程,应该是更有时代感、更具创造性,应该相信我们学校的师生,可以通过学习,过上一种有创意的、区别于普通平凡的生活。"所以,我们命名为"创意生活课程"。

第二节 当家少年的成长需求

2019年6月23日,中共中央、国务院公布《关于深化教育教学改革全面提高义务教育质量的意见》,在基本要求中提出:"树立科学的教育质量观,深化改革,构建德智体美劳全面培养的教育体系……坚持知行合一,让学生成为生活和学习的主人。"

"让学生成为生活和学习的主人"这句话我们并不陌生,然而,在真正的教育实践过程中,我们还远远没有做到。当然,这不仅仅是学校的问题。

北大周其仁教授曾经有个12分钟的视频刷暴网络,内容是谈以色列的教育。视频里讲到,中国妈妈接孩子时会问孩子:"今天你考了多少分?在学校里有没有听老师的话?"以色列妈妈则会问:"今天你在学校里问老师问题没有?问了好问题没有?"孩子们是一张白纸,大人在上面涂上什么颜色他就会变成什么颜色。中国家长长期存在的这种思维模式和行为模式,让儿童成为大人灌输的对象,好奇心会随着学习时间的增加而越来越少,求知欲也会被扼杀。

那么课程建设与儿童有着怎样的关系?杜威在《儿童与课程》中希望彻底

解放儿童，选择与儿童实际生活紧密联系的教育内容，引导儿童积极参与教育活动，充分发挥他们的主动性和创造性。

传统课程的开发，往往是考虑教师可以提供什么样的课程，学科知识需要开发什么样的课程，学校竞赛需要开设怎样的课程，而常常要等到课程开发出来之后，才去思考这个适不适合儿童，再让孩子们选择要不要这个课程。从儿童中心论的观点来看，儿童是课程的起点、重点，也是目的。研究儿童，研究儿童的需求，应该是先于课程设计并伴随课程建设整个过程。

于是，星河分校在决定启动新一轮课程改革的时候，最大的改变是先调研学生，了解他们究竟需要什么、想要怎样的课程、想要怎样的学习。

一、每个孩子都是原野上最珍贵的种子

星河分校的一部分孩子是跟随父母来到常州的，他们来自7个民族，分布于17个省份，幼儿时期在老家生活。到上小学读书的时候，父母把他们从老家带出，在常州找一所好学校，期待他们通过读书，学到知识，以改变命运。这些孩子在一座新的城市初来乍到，他们张大好奇的眼睛，喜欢这里的环境，但对一切又感到陌生，急需要提升自己的适应能力，去适应新的环境、新的学习、新的生活。

另一部分孩子是周家巷自然村的小村民。在城镇化建设过程中，这些小村民一下子成了"拆二代"，有着自身的优越感，却少了"动手能力、刻苦精神"。他们与新进入城市的儿童一起，将过一种新的生活。

这些孩子身上承载着父母师长的殷殷期望，他们都将成为"当家少年"。这个家，既是每个孩子的小家，也是国家这个大家。他们都需要变成家里的顶梁柱和社会的"承重墙"。

尽管家庭生活背景不同、生活条件不同，但是这些孩子身上有很多的共同点：

1. 短暂的农村生活经历

他们原本都来自农村，身上有着农村孩子朴素单纯的特质：害羞而敏感，内向而有礼，很听话，但不善于表达，少有独立的想法，不够自信。

2. 儿童共有的天性

好奇——对新事物非常感兴趣，容易受吸引；爱美——爱美好的事物，有儿童独特的想象力；喜动——喜欢运动，喜欢动手，喜欢到更宽阔的空间去，不愿意受教室的束缚。

3. 对美好生活的向往

我们曾在孩子间开展过职业启蒙访谈和校本课程征求意见问卷。在两项

活动中,孩子们都期待可以过上美好的生活。至于怎样的生活是美好的,他们用了"稳定、平安、富裕、高雅、有意义"这些关键词。

令我们意外的是,在首次校本课程问卷中,孩子们都对学校原有的校本课程"非常满意"。谈及理由,他们认为"学校给学生准备的课程,肯定是最好的,肯定可以学到很多本领"。但问到是否有自己特别想要的课程时,大部分孩子没有自己的想法。当提出由儿童"自己选择课程,自己设计课程"的时候,孩子们表现出惊讶的表情,没有"课程自信"。因为没有人告诉他们,他们对于学校课程有激发作用,而且作用很大。父母忙于工作、忙于生计而造成对他们成长需求的忽略,教师传统课程观造成对儿童能动性的忽略,使他们根本不知道自己对学校课程建设的意义与重要影响。

于是,我们把"每个孩子都是原野上最珍贵的种子"当成是课程观中的重要原则。一方面,首先让教师树立正确的儿童观,不因儿童地区差异、发展快慢而区别对待,关注每一个、理解每一个,从而为了每一个、成长每一个。另外一方面,也期待通过课程,去引导家长和孩子们发现自己,树立"不求第一,但求唯一"的自信心,希望孩子们变得更加阳光,有更大的勇气面向不确定的未来,接受挑战。

在随后的课程改革中,"每个孩子都是原野上最珍贵的种子"成为我们心头、嘴边常说的一句话,它让星河分校的孩子越来越自信、越来越大方。

二、每个孩子都是星河里最闪亮的星星

是种子就要发芽,就要长大。在星河分校这片原野里,你想长成什么样呢?要实现这个理想,你要做哪些准备呢?你希望学校提供哪些课程以帮助你实现愿望呢?这些是我们在课程开始前测问卷当中提供给学生的问题,但孩子们的答案并不是一开始就是明确的。对于自己要什么,他们没有好好地思考过。未来的不确定性使他们不敢轻易下决定,不敢谈自己的梦想。

小学生不能够准确地给自己的未来定位很正常,但他们不能够没有自己的梦想,哪怕是暂时的。于是,我们开展"与未来的自己对话"的活动,引导孩子们去寻找自己的特长、优点、兴趣,去畅想自己的未来,去描绘二十年后自己的美好生活,并规划路径。下面是五(1)班李老师带着孩子们上的一节课。

任务一:认识自己
要求:向小组成员介绍自己,不得少于五条优点,至少要展现自己最擅长的两大方面。

任务二:梦想画像

邀请小组成员根据你的兴趣爱好,为你设计"未来的你"梦想画像。(可以有2~3个选择)

组员要阐述设计的理由。

主角根据组员所提供的选项,选择自己最喜欢的、最想要的,确定自己的未来画像。

任务三:群策群力

大胆说出未来画像,邀请同学们一起帮助其出谋划策,设计成长路径。

学生向学校递交"成长需求档案"。

本次"与未来的自己对话"活动中,一个文静矮小的女生刘一晨得到了大家高度一致的画像设计:古典艺术家。看同学们给出的理由:气质文静,写字漂亮,画画传神,喜欢汉服(虽然不穿),善于观察,手很巧,和妹妹的房间很小但整理得很干净。

这个姑娘站在讲台前邀请大家给自己出谋划策,少有的笑容就没停下过。事实上,这孩子来自一个有三个孩子的家庭,父母忙于打工,作为长姐的她平时就承担起了照顾弟妹的责任。默默地付出,让所有人都忽略了她的光华。而这次活动,点燃了她对未来生活的一种期待。

她向学校递交的成长需求档案是:书法大师课程。而同学们帮她提出的成长路径还包括:参加少儿书协,增长更多见识;在母校办一场个人书画展;毕业典礼前,创作一幅最好的作品留给母校,激励自己不断向前,多年后,让母校因有你而骄傲;寻找一所可以发展书法特长的中学,继续加油……

后来,刘同学进入了湖塘实验中学;一年前,又考入常州最好的高中之一——江苏省常州高级中学。

有梦想谁都了不起。就这样,心中有了方向的孩子,眼睛里有光。于是,我们又有了第二句给孩子们的寄语:"每个孩子都是银河里最闪亮的星星。"学会发现,学会选择,学会创造。

这些工作都是课程的前期准备。让学生更了解自己,让教师更了解学生。这是一个"打开"的过程,学生打开自己,亮出需求;教师打开头脑,创造课程发生的更多可能;学校课程打开系统,让更多活力元素进来,充实课程动力。于是,在做过预习功课之后,一场根据成长需求进行选择的课程展销会开启了……

"首届星河分校创意生活选修课程展销会"顺利举行

为了推进学校整体架构好生活力课程,星河实验小学分校于9月3日开展了第一届"创意生活选修课程展销会"。

在展销会现场,孩子们兴高采烈地穿梭于各个展位前,只为给自己最心仪的课程投上一票。

据悉,为使本次展销会顺利举行,学校老师提前了解学生需求,广泛寻找资源,共计摆出63个课程摊位。各课程导师更是想方设法展示课程魅力,有的制作了精致的课程海报,有的将课程作品布置成了小型展览,还有的甚至进行现场表演。而同学们有些在安静地阅读课程海报,了解课程的内容,思量着在课程的学习中会获得的知识和技能;有些在兴奋地参与精彩的课程活动,体验课程的乐趣,憧憬着在课程的学习中会感受到的快乐和幸福;有些在专注地欣赏精美的课程作品,感受课程的意趣,期待着在课程的学习中收获惊喜和满足。

展销会结束后,学校课程研发部根据学生的投票数量遴选出了最受学生喜爱的课程,并结合"康健生活力、劳动生活力、科学生活力、艺术生活力、社会改造力"五个范畴,合理地开设学校的生活力选修课程,为丰富学生的生活体验、增强学生的生活能力奠定了基础。

课程的开发和实施,是学生成才、教师成长、学校发展的引擎。星河分校将借助前瞻性改革试验项目的推进,努力为学生提供最适合的课程和教育,为学生的终身发展和幸福生活奠定坚实基础,让每个生命都因教育而精彩。

第三节 行知理论的自然相遇

任何课程的建设,都是理论与实践的结合,都是行与思的共生。但事实上,小学老师往往很努力地"埋头苦干",却不擅长寻求理论指导或理论研究。所幸的是星河分校的"创意生活课程",自提出起就很自然而然地找到了理论依据——陶行知的生活教育理论。对生活教育理论的学习,既使我们对正在进行

第一章　创意生活课程的逻辑起点

的创意生活课程充满了信心,又使我们的课程建设有据可依。

一、相遇,从一个课题的申报开始

与课程建设一样,星河分校的课题研究也是一项薄弱工作。恰逢江苏省教育科学院组织"十三五"课题申报,正在为课程改革绞尽脑汁的我们,立刻意识到"课程—课题—课堂"三位一体,形成合力,可以实现事半功倍。

于是,我们迅速招募教师,组成核心课题组团队,商量确定了题为《指向儿童成长需求的创意生活校本课程的实践研究》这一全校性研究课题。

那么我们期待通过这个课题来解决哪些问题呢?

1. 校本课程与儿童需求不匹配的问题

学校原先设计的校本选修课程以容易操作为要,主要是立足于"教师有哪些特长?上级各部门会组织哪些竞赛?学校现有哪些场馆?"学生处于被动状态,虽然可以选择课程,但可参与的选择范围比较小,而且在实施过程中,我们发现存在诸多不理想现象:为保证学生都参与选修课,教师为学生分配课程;不同年级不同学科的校本课程内容存在着重叠、交叉、断裂;同一个校本课程实施班级中,有可能会存在不同年龄层次的学生,认知水平发展需求完全不在同一层次上;一个孩子学了两年的课程,突然因为某个老师调动而停止了,该学生不得不重新选择自己退而求其次的课程;同一位老师带的同一门课程,第三年开始,重复使用前面的教学内容……

这样的课程,起点上没有符合儿童的需求,过程中不符合儿童的成长。我们期待通过课题研究去发现自己的问题,去寻找更科学、更适合的渠道与途径,去推进新一轮课程改革;通过课程改革,使星河分校的校本课程成为儿童的校本课程,成为每个儿童"我的课程"。

2. 学校课程与办学需求不匹配的问题

课程是一所学校最具活力的因素,也是彰显一所学校办学水平的重要因素。多年的村小办学经验,使得学校在课程发展上定位比较低,出现了"扎扎实实教教材"的特点。虽然学校前期也进行了课程改革,在校本课程上也做了一番努力,但基本还是处于浅层次的选修状态。课程的设置多为技能性学习,学科型、模仿性再造的比较多,而忽视了对学生的探究性与创造性的培养,学生的个体体验和个性发展不足。这与星河分校发展到新时代所提出的"培养当家少年,创造幸福生活"的培养目标不相符合。尤其是集团化后,我们感受到这所学校的气质"沉稳有余,活泼不足"。我们期待以课程改革为支点,来推动整个学校的变革,促进教师、学生、家长及整体的观念改变、行动改进,从而过上一种积极的、有活力的、有创意的生活。

3. 教师课程力与专业发展不适应问题

多年自上而下的课程实施方式,使很多教师在课程方面形成了思维定式——"等",等国家课程改革出方向、等学校课程改革出方案、等优秀学校出案例,然后参考现有案例去模仿。在课程的设计与实施方面,教师缺乏主动思考的意识与能力。这种思维模式与行为模式造成他们在专业发展上也没有很好的规划意识、设计意识以及探索意识。整个教师团队呈现出工作很踏实,但创新力和创新精神不足的现象。长期这样以后,教师害怕改变,专业发展动力不足,优秀教师比例不高。我们期待通过课题研究,以课程开发设计为切入口,激发调动整个教师团队的创新精神,并运用课题研究的整个体系来带动教师专业发展体系,实现课程、课题、课堂的多元联动,形成专业发展的自运转系统。

而课题研究的一项主要任务是文献研究,它能够让我们站在巨人的肩膀上少走弯路。于是,老师们前期围绕"生活力""创意生活""生活校本课程"进行了大量的文献检索,包括13本专著、150多本教育类杂志、1 600多篇文章。通过对文献的批判性分析,寻找创意生活课程的理论源流,对我们的实践研究作出科学的指引。大家学习后的分享聚焦到了陶行知的"生活教育理论",相比之下,陶先生用最通俗的语言、接地气的事例,把生活教育理论的原理、方法化整为零地表达了出来。很多教师觉得,我们的创意生活课程,就是对陶行知先生理论的校本化传承与时代性升级。

"行是知之始,知是行之成",陶行知先生鼓励我们要在实践中去理解、应用、创新这些理论。就这样,在行知理论的感召下,我们准备以课题研究为助力,更深入地了解本校儿童的需求,通过"创意生活课程"的实践,为儿童带来多姿多彩的创意生活体验,师生创造更接近理想的生活——这是课题与课程结合的最大利好。课题组制订了详细的研究计划,包括课程依据、课程目标、课程结构、课程形态、课程实施、课程评价等等方面。2018年,《指向儿童成长需求的创意生活课程的实践研究》成功申报批准立项为"江苏省教育科学'十三五'规划课题",并列为重点自筹课题。

创意生活课程的建设与课题的研究相遇,使我们的行动更具理性与智慧,也使课题研究有更多案例实证。往后几年,当初想破解的几个问题,在行动与思考中一一得到回答,在课程的升级式发展中,一系列看得见的关键信息展示了研究成果。

二、相知,赴一场理论的学习之约

课程建设与课题研究相结合带来的最直接影响,就是理论学习带给我们整个教师团队的力量,它让我们的行动从摸着石头过河变成自信大胆前进。

而关于生活教育的理论并不在少数,在全校教师经过专项理论学习和专题研讨分享之后,大家发现,最接地气、最适用于我校的就是陶行知的教育理论。在对于陶行知相关理论的学习与思辨中,我们更坚定地看到了创意生活课程的实践价值。其生活教育理论的三大核心观点,给我们提供了实践依据。

1. "生活即教育"的启迪

这是陶行知生活教育的中心。他认为"好的生活就是好的教育,坏的生活就是坏的教育"。生活与教育密不可分,一方面好的生活可以促进教育、促进儿童的成长,反之则阻碍儿童的成长。从中可见,生活环境之于学生成长,有着"助力"与"阻力"两种截然相反的作用。

回到我们学校的实际中,很多孩子的生活现状与儿童的生长不相符,形成了阻力。所以,我们在课程建设过程中,必须要努力和儿童一起创造美的生活,使其遇见美的教育;创造善的生活,使其享受善的教育;创造健康的生活,使其得到健康的教育;创造智能科技的生活,使其享受到数字化现代化的教育……

在陶行知看来,提升儿童生活力是教育的一大目标。他在《我们的信条》中说:"我们深信教育应当培植生活力,使学生向上生长。"他在《育才二十三常能》里,把生活力分成"两级五类",两级即初级与高级,五类"核心生活力"是"健康的体魄,农夫的身手,科学的头脑,艺术的兴味,改造社会的精神",即"康健生活力、劳动生活力、科学生活力、艺术生活力和社会改造力"。这些都成为我们课程分类的很好依据。

随着学习的深入,我们发现,1996年,联合国提出"学会求知、学会做事、学会共处、学会做人"的教育四大支柱;随后又在2003年提出第五根支柱"学会改变"。2014年教育部印

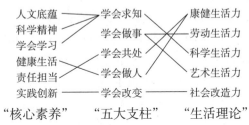

发《关于全面深化课程改革落实立德树人根本任务的意见》,提出"教育部将组织研究提出各学段学生发展核心素养体系,明确学生应具备的适应终身发展和社会发展需要的必备品格和关键能力……"。我们发现,这些理念与陶行知先生的五种生活力有着紧密联系。

而创意生活课程的实践,正是对现代教育理念的贯彻,也是对陶行知理论的传承与发扬,既可以使核心素养在课程之上落地生根,也可以使陶行知理论在创意生活课程中焕发新彩。

2. "社会即学校"的启迪

胡塞尔在《生活世界现象学》中,把生活分为三类:狭义的生活世界,即日常

生活;特殊的生活世界,即人们实践活动的专业领域;广义的生活世界,即与人有关的一切世界。陶行知先生则把社会、人生都列入生活教育之中,一方面扩大教育的范围,所有生活都是教育;另一方面扩展教育的时间,以一种终身的眼光来看待教育;还增加了教育的对象,使之不再仅仅是学生,"人人都是先生,人人都是学生"。这给我们的启迪是:打开教室,打开学校,把世界当成教材,从浩瀚的社会中去探索广袤生活的原理与规律,去获得真的、活的体验。

3. "教学做合一"的启迪

"教学做合一"是方法论。它很明确地针对传统课堂中"教与学分离"现象提出改进方法,重点提出了"做"这一关键。这提醒我们去反观我们的教育,是否还更多地停留在知识层面与智力层面,是否把"德智体美劳"五育并举喊在口号中,而没有完全落实到行动上。陶行知先生提出的"六大解放",是在"教学做合一"基础上的递进,也是我们在儿童学习方法指导上的行动纲领。"动手又动脑,才能学创造"随即被提出,以关键点之一,作为我们评价课堂、评价学习的重要标准。

三、相融,共一程生活的创造之旅

20世纪90年代以来,世界各国都启动课程改革,课改的趋势之一就是教育要回归生活。随着陶行知理论学习的深入,我们更加意识到,创意生活课程的目的,不仅仅是课程本身,而是通过课程来树立一种更科学更先进的生活理念,通过学习来掌握必要的生活技能,从而打造一种全新的生活。

首先,要弄明白第一个问题:"什么样的生活是孩子们所期待的?"其实,老师们并不真正了解,也没有专注思考过以下问题:

什么是儿童现在的生活?

什么是儿童所期待的生活?

未来的生活应该是怎样的?

我们怎样可以与儿童一起营造更好的生活?

但这些都是课程建设与课题研究带来的基础性思考。它们既有自己的独立性,又有内在的联系性。只有把以上这些问题的来龙去脉摸清楚,那么我们的努力方向才会正确,我们的行走之路才会离愿景地越来越近。

在一次班会上,六(1)班班主任陈老师与孩子们聊聊未来生活,课堂目标是了解学生目前生活存在的不理想,激发学生去尽可能发挥想象力,设计出自己理想的生活。每个孩子都领到了一张表格,填写完后,可以在四人一小组里交流,听听其他小伙伴的建议。

第一章 创意生活课程的逻辑起点

活动中,大部分孩子非常乐意去积极思考,去描绘自己的梦想生活。但也有一小部分的孩子,他们更愿意当听众。

于是,课后,陈老师把孩子们的学习单回收了上来,其中有一张字迹潦草的单子吸引了我们的注意:

你目前的生活存在的最大问题是什么	租房子、搬家
你期待未来的生活是怎样的	在常州有自己家的房子,不用很大,够我们家四个人住就可以,不用一直搬家
你觉得现在可以为创造美好生活做哪些准备	好好学习,长大可以买房子; 学习设计,设计出漂亮温暖的房子

从表格中我们可以看到,儿童现有的生活对于他对未来生活的憧憬是有非常大的影响的。或许之前该同学只是对现有生活不满意,却没有想着未来可以怎么样,自己要怎样才可以去无限接近自己想要的生活。而集中的讨论,让他可以真正地去思考将来的自己、将来的生活和现在应该做些什么。

随后,第二次班会中,陈老师又让同学们"用关键词形容你向往的未来生活"。打开一张张纸条,高频词分别为:美丽、温馨、平安、稳定、健康、高品质、高科技、有创意、艺术化、和谐、高雅。可以看出,孩子们对美好生活的向往是有共同之处的。

其次,要设计"我们如何到达那里"的行动路径,也就是老师要思考,我们如何与儿童在共同的生活中走向未来,尽可能达到理想的状态。从儿童的生活空间出发,可以考虑家庭生活、班级生活、校园生活、社区生活。这打开了我们开发课程的视角,从近处出发,将孩子所到之处的场景融合考虑、统筹设计,将孩子生活中同行的人卷入课程的建设过程中来。

一方面,我们先改善生活,让新的创意生活成为课程的土壤,为课程成长提供必不可少的营养。也从中培养儿童观察与发现的能力,懂得寻找生活中可以改进的点,形成改变生活的意识。

另一方面,设立与之相应的"创意生活课程",逐渐形成"生活化、创想化、合作化、现代化、体验化"课程体系,通过课程学习,师生共同获得"健康的体魄,灵巧的身手,科学的大脑,艺术的兴趣,改造社会的精神"。

那么,课程如何架构?内容如何选择?这些问题不是一蹴而就的。我们采取了分层论证的策略,一层层从上往下宣传理念,一层层往上传递"草根智慧"。这样,创意生活课程就从"结构、骨架走向有血有肉"了。

6月份的一天,星河分校会议室里,又一次"诸葛亮会议"正在进行。这次会议的主题是"创意生活课程"的落实,会议对象是校内全学科骨干教师。

会议主持人、时任课程研发部主任许英老师,首先向大家介绍了创意生活课程的立意与宗旨,介绍了陶行知生活教育理念,提出研讨任务:"围绕身体课程、生存课程、智慧课程、品格课程、艺术课程这五大课程体系,从校本选修课程、学园班本课程和社团活动课程这三个维度来进行。"

现场所有老师按自己最感兴趣的项目,自发组成团队,结合本校实际,提出自己的可行性设想,分类、分层、分时,用思维导图的方式呈现了初步的框架,并汇报了小组的设计意图。在汇报的过程中,小组之间不断产生思维的碰撞,智慧的火花瞬间迸发。

班主任秦燕老师已经有32年带班经验,她提出:创意生活课程首先得有环境与氛围。作为学生一天中待得最多的地方,教室更应该有创意,不然,创意生活课程就是纸上谈兵。她提出创想:开设微书吧,可以让学生过书式生活;建立植物窗,可以让学生过把种植瘾;设置展示台,用于分享学生的创意秀;布置问题墙,可以唤醒儿童的科学性思维……

成长部周仙主任则认为:活动课程除了由教师担任课程导师之外,还应该邀请更多社会专业人士来为儿童拓宽眼界;课程指导除了在课堂上操练之外,还应该延伸到家庭与社区,让课程与学习在儿童的成果上得到彰显,也让儿童在创意生活课程作品上获得巨大成就感。

…………

研讨活动的开展,使大家对创意生活课程体系有了进一步的规划,明确校本选修课程的特点要更倾向于不同学生提升生活力的需求,源自生活;社团活动课程要扩大范围,更注重借助已有的活动聚焦于生活运用,回到生活;学园班本课程则是指向于高质量、沉浸式、情境化的体验学习,指

第一章 创意生活课程的逻辑起点

向综合。未来的学习一定不是单向的,一定是综合的。

创意生活"诸葛亮会议"上,老师们还从一线实施的角度,向学校提出建议,从编制课程纲要、建构课程样态、构建评价体系等方面给予教师系统指导,让创意生活课程走得对、走得稳、走得快。

就这样,老师开始将创意生活课程与日常生活融为一体去思考,创设与新时代、创意生活相适应的真实情境,引导儿童从共同生活的情境中发现问题,通过观察、讨论、研究等心智活动,提出具有创意的解决问题方案,并付诸行动。

第二章
创意生活课程的整体构建

对于学校来说，课程是师生活动的总和，也是区别于其他学校的重要指标之一。合适的课程，会把师生最真、最好的状态激发出来，展示给所有人看。这种展示，并不是专指集中的"秀"，而是自然而然地流露与彰显。就创意生活课程而言，展示的不仅仅是课程，更是师生的生活方式。小朋友在制作陶艺作品的时候，不仅仅是追求作品"做得像"，还要考虑作品表达的主题，适合摆放布置的位置，需要增加怎样的配景，可以创造怎样的氛围，形成一种怎样风格的生活场景。

可以说，创意生活课程，绝对不只是课上学的内容，还包括在什么场景中学，以及带着怎样的情感、熏陶着怎样的文化气味去学。它绝对不是一节节独立的课，而是一个完整的体系，需要关照整体，从宏观上进行整体构建，使课程相关的元素呈现"聚焦下的独立"。

第一节　顶层设计：塑造文化共行动的立方体

课程不是空中楼阁，而是在特殊的文化土壤里生长出来的，它不是由学校向教师、教师向学生的单向输出，而是与课程相关的所有人的共同行动，是人与相关物型课程元素的心神互动，是一个多元共生的立方体。这个立方体围绕一个核心目标，搭建横向分类、纵向分层、轴向经纬的框架，边开发、边实施、边充实。

一、课程目标：育当家少年 创幸福生活

课程目标是整个课程实践的方向,是课程编制中所必须遵循的最关键的准则。陶行知在《我们的信条》中说:"我们深信教育应当培植生活力,使学生向上生长。"

我们围绕"育当家少年,创幸福生活"这一课程目标,以"正确的生活认识、积极的生活态度、科学的生活习惯、创意的生活实践"为横向具体目标,以"接受改变—适应改变—主动改变—引领改变"为纵向能级目标,通过对儿童未来生活中的必备品格、关键能力和价值观念的梳理和统整,设立系统课程,使学生通过在创意生活课程多方面的改变,实现从被动地适应生活到主动地改变生活。

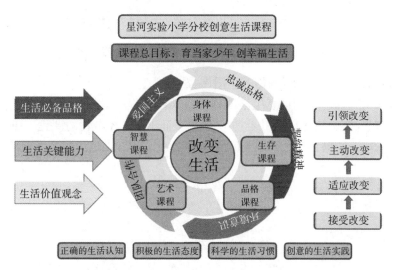

创意生活必备品格包括:爱国主义、忠诚品格、团队合作、环境意识、契约精神。

创意生活关键能力包括:健康力、认知力、生存力、品格力、审美力。

创意生活价值观念包括:积极的人生观、系统的世界观、正向的价值观。

具体目标:以"学会改变"为主旨,以培养学生健康力、认知力、生存力、品格力与审美力为五大主线构建"创意生活课程",使儿童具有较强的生活力,去改变并创造幸福而完整的人生。

总目标	素养主线	具体指标
接受改变 ↓	健康力	良好的生活习惯,力争身体发育良好,每个学生至少有两项自己喜欢的体育项目,有积极乐观的心态、坚韧不拔的毅力和敢于挑战的精神
	认知力	具有良好的学习习惯和科学的学习方法,勤于学习,敏于求知,拥有扎实的基础知识,保持积极的学习状态
适应改变 ↓ 主动改变 ↓ 引领改变	生存力	无论在哪种环境中生活,都有较强的适应性,健康、向上、向善、合群、守约、诚信,培养适应群体生活、遵守城市群体生活规则和契约的人
	品格力	积极实践、顺应变化、勇于面对生活中遇到的实际问题,帮助他们适应并获得成功,进而赢得尊严;成为走向社会的现代公民,具有民族情怀、公民意识和初步公民品格的人
	审美力	具有一定的艺术兴趣和审美情趣,至少掌握一门艺术特长,向往和追求美好形象和美好事物,具备感知美、发现美、体验美、理解美和创造美的能力

二、课程框架:五力为主线 创造为核心

(1)聚向"学会改变"的创意生活课程结构

聚向"学会改变"的创意生活课程不是学校课程的全部,而是针对本校学生的生活背景、年龄特点以及社会适应的需求而开发的校本化的课程。由身体课程、生存课程、智慧课程、艺术课程、品格课程五个相互渗透的子系统组成。

星河实验小学分校创意课程体系

身体课程:优雅其身形、强健其身体、舒展其身心。
生存课程:适应新环境、掌握新本领、创造新生活。
智慧课程:增长其知识、成长其思维、自由其思想。

品格课程:完善其品德、文明其品行、豁达其品性。
艺术课程:丰富其兴味、培育其美感、提升其修养。

(2) 指向"学会改变"的创意生活课程内容

我校的"创意生活课程"与其他学校的生活课程有怎样的区别?其最大的特点就是在课程建设上聚焦于"创意"二字。在主题的选择、内容的厘定上,都需考虑以下三点:从需求出发、立足当下、放眼未来。由于时代不同、生活不同,所以,我们所进行的创意生活课程,不是简单地延续过去的、正在进行的生活类课程,要从"改变"的视角去创造性地探索、发现、解决,从而使生活变成一个动态向优生长的过程。

所以,我们草拟了课程开发指标,用于给课程开发者以导向。

课程类型	开 发 指 标
身体课程	一是确保孩子们的健康、安全和营养 二是让孩子们舒展、健壮和有纪律性 三是让孩子形体显现出礼仪、美丽和高雅 四是探索科学的生活习惯,使生活更健康
生存课程	一是学会社会适应,自立、坚强、高雅、担当 二是掌握生活的技能,就会懂生活、爱生活、会生活 三是积极的生活态度,有健康积极生活的品质和力量 四是创新的生活能力,使生活更有创意
智慧课程	一是学会学习,自主探索学习方法 二是学会思考,形成较科学的方法体系 三是学会探索,体验学习的乐趣,自主自律地学习 四是终身学习,使生活与时俱进
品格课程	一是养成主动学习的习惯、积极生活的习惯、交往的习惯等 二是系统地学习礼仪规范,以礼待人,养成良好的礼仪习惯,全面提升人文素质 三是形成较强的沟通能力、理解能力和组织能力以及良好的共情能力等 四是具有民族精神、国际视角理解力,使生活更加和谐
艺术课程	一是让孩子们的仪容优雅,懂得礼仪 二是让孩子们会唱歌,能绘画,懂表演,把感官打开,丰富美的感受 三是让孩子们向往美好,亲历体验美好,有创意表达能力和设计感 四是用艺术改变生活,使生活更有品味

(3) 形成"学会改变"的创意生活课程体系

围绕"育当家少年,创幸福生活"的课程总目标,将整个学校的课程体系分为基础型课程、拓展型课程、研究型课程。基础型课程为全员必修,拓展型课程为全员选修,研究型课程为混合参与。课程是学习的载体、依托,也是学习要达到的"目的地",它与学习相辅相成,相互促进。创意生活课程提倡"基于情境的具身学习,基于问题的探究性学习,基于主题的项目化学习,基于专题的整合性学习,基于个性的定制式学习"。

星河实验小学分校"创意生活课程"图谱

（课程图谱包含以下内容：）

育当家少年,创幸福生活

课程目标	健康力	认知力	生存力	品格力	审美力	
	身体课程群	智慧课程群	生存课程群	品格课程群	艺术课程群	
基础型课程	体育与健康	语、数、英、科、信	安全劳动实践	道德与法制 习近平读本	音乐、美术	引领改变
拓展型课程	举重、篮球、足球、轮滑、田径、武术、影视欣赏、跆拳道……	主持人、戏剧、课本剧、英语配音、车模、航模、机器人、电路工程师……	茶道与文化、布艺与设计、美食与厨艺、家庭与种植、建筑与造型、财商与金融	少年法庭、模拟联合国、志愿者课程、十德习惯、礼仪课程、交往课程	陶艺、素描、国画、儿童画、乱针绣、棋艺、拉丁舞、民族舞、合唱、古筝、爵士乐队	主动改变
研究型课程	儿童力量 场景体能	好奇工场 自然数学 4D英语	扫除有道 游学课程 安全卫士	三礼节庆 自我领导 品格工程 成长思维	常州非遗 墨香童年	适应改变 接受改变
学习方式	基于情境的具身式学习	基于问题的探究式学习	基于主题的项目化学习	基于专题的整合性学习	基于个性的定制式学习	

星河实验小学分校"创意生活课程"图谱

三、课程实施:序列化展开 主题性统整

创意生活课程关注孩子的终生发展,形成好品格,铸就好体魄,养成好习惯,培育好公民。为了更好地推进创意生活课程实施,我们提出两条最重要的实施建议。

1. 序列化展开

课程是一个系统,我们以"课程总目标—年级目标—主题活动目标—课时活动目标"逐级制定,形成一个多层级的体系。

	低年级	中年级	高年级
健康力	1. 乐于锻炼,学习基本锻炼方法和体育游戏 2. 掌握体育与健康基础知识、基本技能与方法 3. 初步了解个人卫生保健知识和方法 4. 保持正确的身体姿态与积极的心态,感受运动的乐趣,学会合作	1. 乐于锻炼和竞技,习得锻炼方法和游戏能力 2. 了解卫生保健的知识和方法,尊重生命 3. 保持或改善体型和身体姿态,增加身体柔韧性、灵敏性、速度与力量。形成活泼开朗、团结合作、竞争进取的精神	1. 科学锻炼,了解健身价值,学编体育活动 2. 熟练掌握一至两项体育运动项目 3. 提高柔韧性、灵敏性、速度与心肺耐力。能够控制情绪,形成克服困难的品质

续表

	低年级	中年级	高年级
认知力	1. 注意观察，仔细倾听，学会提问，勤于动手 2. 调动各种感官，凭借形象思维来发展初步的逻辑思维 3. 自觉完成作业，初步学会分析问题和解决问题	1. 学会质疑，初步具有审题意识、分析能力和解决思路 2. 学会观察、主动探索、乐于表达，大胆创想，有浓厚兴趣，自觉并创造性地完成作业 3. 正确运用归纳和演绎的形式进行推理，形成逆向思维	1. 善于观察，有批判性思维 2. 能进行逻辑分析，并进行间接的推理 3. 在生活中善于表达、观察、比较、辨别、概括，提高沟通、分享、合作和交流能力
生存力	1. 熟悉守则、规则，并能自觉地遵守，养成良好的生活习惯、卫生习惯、学习习惯、行为习惯并规范化 2. 自己的事情自己做，注重个人的卫生，学会收拾自己的物品，逐步培养自己的劳动能力，融入生活实践 3. 有初步的自我保护意识	1. 主动遵守公共规则，热爱并关注自身生活环境，维护公共卫生，养成良好的卫生习惯 2. 能够自觉做好课前预习、课后复习。学习记录课堂笔记	1. 具有审题意识、分析能力和解决思路，形成主动探究的能力 2. 大胆展现自己，敢于主动表达自己想法，逐步提高语言的表达能力和概括能力 3. 学以致用，有生活智慧
品格力	1. 主动参加少先队，认真参加升旗仪式，认识队旗、国旗，学唱国歌，文明礼貌，轻声慢步 2. 与小朋友和睦相处，诚实、不说谎，爱家人，爱老师，虚心接受老师的教诲 3. 爱护集体荣誉，乐于为集体做事；遵守公共规则，爱惜公共财物	1. 遵守会场纪律，听从指挥，认真参加升旗仪式 2. 爱自己、爱家人、爱老师、关心身边的同学；诚实待人，勇于改错，自信 3. 注重个人卫生，衣着得体 4. 有集体意识，自觉维护集体荣誉；自觉遵守公共规则，爱护公物	1. 修生养德，能够自我约束和自我管理。学会承担自己的责任，信守诺言 2. 自觉遵守法纪，维护公共安全，维护自己生活的环境卫生 3. 集体意识强，主动承担集体的事务，组织和参与集体活动，锻炼协调能力
审美力	1. 选择一项自己喜欢的艺术学科进行学习，感受艺术活动给人带来的愉悦，并对艺术活动产生兴趣 2. 参与一项或两项艺术活动，并对此艺术学科课程学习产生兴趣	1. 持续对一项艺术学科进行学习，了解与艺术活动相关的人文精神，积极参与集体的合作演出，感受成功的喜悦 2. 熟练掌握一项艺术学科项目的基本功，善于合作，进行简单创作	1. 持续对一项艺术学科进行学习，积极参与艺术创作，并从中培养良好的审美品格 2. 积极参与个人或集体的演出，能够在作品中展示个人的情感

2. 主题性统整

北师大褚宏启教授认为:"课程整合是目前培养核心素养的最重要途径,即通过课程的改革来推动素养的提高。"课程统整乃是寻求"现在与过去""学校与社会""学科与学科""生活与课程"的联结,设计一个特殊的整体课程。

课程统整的四个层面:

经验的统整:强调现有学生知识与经验作有意义的统整,将学习落实于情境中,让文化、背景后设认知与个人经验密切结合。

社会的统整:强调课程以个人或社会责任为核心,学校和社区生活结合。

知识的统整:强调知识的脉络化,视知识为真实生活中统整的整体,使学习更有意义。

课程的统整:根据创意生活课程中的六个力为主线设计课程,顾及学习者个人经验、社会的关注与知识的应用。

课程统整主要采用以下两种统整方式:

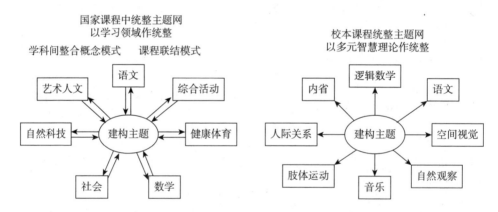

例:和豆豆做朋友

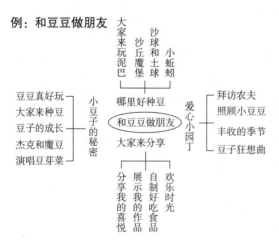

以单元主题统整:每个单元主题均由统整健康力、认知力、生存力、审美力、品格力等目标而成,并纳入大情境、大单元、大主题中,不断建立单元主题内涵,以符合生活化的教材内涵,制定出相应的能力指标与之对应,以培养学生基本能力、必备品格和价值观念。(左图为低年级中的以"与豆豆交朋友"为主题的统整设计)

四、课程评价:全过程参与 多维度提升

课程评价是一个长期存在的难题,是课程建设进程中的"大石头"。它既包括对课程本身的评价,又包括对学生学业的评价。

1. 即时性评价,从过程看课程落实。对每周一创意生活选修课程、每周五学园自创生活课程,课程部以及各学园课程主管都会巡查评价,就教师的授课状态、学生的学习状态给予及时评价、即时反馈,对共性情况进行大范围公告,对个性情况进行点对点指导,好的做法实行当场共享。

2. 展演式评价,从结果看课程效果。每学期结束,创新生活课程都会为学生提供展示舞台,与六一、元旦庆祝活动相结合,安排半天时间,既有类似于创意作业等静态展示,又有动手操作、现场演说等集中展示,这是创意生活课程的学期博览会。集中展示既是学生经过一学期课程之后的成果评价,又是对课程活动中学生们的合作意识、团队精神、创新能力等的一种综合性评价,还是对教师落实课程效果的衡量。

3. 考级性评价,从能级看学生成长。把生活力关键能力与必备品格,按三个年段提出不同要求,并在相应结束的学期进行考核(与积分制配合进行)(见下表的星河实验小学分校学生生活力能级量)。

星级	品格力	健康力	认知力	审美力	生存力
二星级 (青苹果) ★★	美言美行 知礼守礼 纯真善良	喜欢运动 健康达标	喜欢学习 认真听讲	审美意识 主动表达美	自理书桌 卫生习惯 欣赏他人
三星级 (红苹果) ★★★	自我约束 诚实守信 环境意识	坚持锻炼 养成习惯	尝试自学 学会合作	审美评价 熟练表达美	热爱劳动 岗位负责 懂得感恩
五星级 (金苹果) ★★★★★	爱国守法 责任担当	珍爱生命 体育特长	主动探究 学会创新	审美品位 创意表达美	职业体验 学会选择 礼尚往来

4. 竞赛性评价,从活动看学生特长。一方面,通过校园吉尼斯、星河科技节等活动,学生进行有选择的参与,鼓励学生去审视自己、认识自己、发展自己,使其在某一个领域内得到更好的成长。另一方面,通过日常活动的竞赛,帮助学生看到自己在生活普适性技能方面与其他同学之间存在的差异,知不足而后进。

5. 沉浸式评价,从问题解决看素养提升。创设真实的生活情境,以模块化的方式,根据不同年龄的素养要求,组织游园等活动,采用沉浸式的评价,通过任务清单与问题解决来提升孩子素养。比如,2020年六一节,我们采用"一路唱

响幸福歌"为主题,组织了游园活动,每个学园根据儿童年龄特征,开设了很多项目,在真实情境中开展实践性评价,融入创意生活课程"五力"评价元素。学生可以有必选项目,也有自选项目,多方面展现素养和收获。

记星河分校创意生活课程巡展

2021年12月27日,星河分校创意生活课程巡展顺利举行。由课程部牵头、家校社共同参与的考核小组对本校创意生活课程成果进行了总体考核。

该课程遵循学生全员参与、全面发展的原则,学生根据自己的爱好和兴趣特长,自主申报,课程指导老师围绕本课程特点和学生年龄特点,做好合适的规划,有序推进。

考核小组成员由教师代表、学生代表、家长代表组成。考核中,所有人员本着公平、公正、公开、实事求是的原则,从活动教案、签到表、课堂教学、学生展示、成果展示等方面对各生活力课程进行了评定。学生们积极的态度、甜美的声音、动人的舞蹈、矫健的身影、流利的口语、娴熟的技巧,令考核小组成员啧啧称赞。

三(2)班的潘昱晓同学说:"今年我参加的是手工编织课程,这门课程不仅培养了我的兴趣,更培养了我持之以恒的精神,这次我还被老师选为课程宝贝,我很自豪。我非常喜欢这门课程。"

二(2)班蒋卓均同学说:"我参加了跆拳道课程,不仅学到了打拳技巧,身体也更棒了!每周一的创意生活课程,是我一天当中最喜欢的课程!"

创意生活课程的开展,是适应"双减"形势下素质教育的需要,是给学生提供了一个放飞希望、铸就梦想的平台,学生在自己的爱好或一项技能的学习中,开启了心灵的智慧,发掘了独特的潜能。学生在这里学会求知,精于合作,勇于创新。

本次课程考核,也为进一步推进星河分校创意生活课程有序、有效开展总结了经验,也为"双减时代"实施素质教育,走特色办学之路,奠定了良好的基础。

五、课程运行:有原则开发 有策略推进

创意生活课程的质量与效度,在一定程度上取决于教师的课程理解力,也依赖于学校课程的运行体系。而课程实施,需要我们边行边思,做着、想着、反思着、总结着,"一路播种,一路开花"。

1. "以学为本"的创意生活课程开发原则

① "生活为源"原则。创意生活课程以儿童需求为出发点,那么它必定来源于儿童生活而又围绕儿童生活,最终服务于改变儿童的生活。所以,教师要有敏锐的观察力与设计思维,从学生们日常生活的好奇点、问题点、矛盾点出发,用设计思维带着孩子们一起去搭建框架、开发研究,形成具有特色的创意生活课程。抓住日常生活中的三个着力点——"时节、地利、关键事件"开发,将课程融入班级生活、校园生活和家庭生活,实现全景式的课程生态。

② "学习为基"原则。准确把握住学生的成长需求设计课程。儿童的世界是真实的,也是原生态的。儿童想选择的课程,肯定是好玩的。但有些课程,仅仅停留在思维浅水平的"好玩"上,不具备挑战性与生长性。所以,设计课程的时候,我们更加关注该课程对于儿童来说有没有引导他们参与学习的功能,有没有促进他们成长的作用?没有儿童学习的课程是假课程,没有深度学习参与的课程是浅课程。课程的设计除了课程资源的收集、课程框架的搭建,最主要的还有学习活动的设计与组织,学习效果的评价与完善。

③ "创意为标"原则。创意生活课程与普通生活力课程的区别,就在于创意二字,课程结果是"创新设计、改变生活"的导向,不是简单的生活常识的知晓、生活技能的习得。例如,"半亩方塘"课程,不仅仅是定位于"了解池塘生态,了解动植物习性",更在于"给学校提出改进池塘合理化建议、优化池塘生态"。

2. "聚焦生长"的校本课程实施策略。

① 情境育人策略。"兵马未动,粮草先行。"温馨的情境会激发学生对生活的热爱,鼓励他们对美好生活的追求,对未知生活的探索。在情境打造方面,首先要做好大环境:一方面以学校扩建为契机,精心设计,将扩建后的星河分校建设成"五园、四馆、三室、两广场、一厅"的创意生活课程基地。在扩建工程启动之前,我们着力做两件事情:一是打造了"四大空间"的好奇工场,以场景唤醒儿童好奇心、想象力与创造力,开启探究性学习;二是对每间教室进行了主题式装修布置,给孩子们一个高雅的学习环境,让他们在潜移默化中感受生活的美好;三是要做好小环境,包括楼道、角落、书吧等地方,在精细处花心思,并围绕课程去做灵动的、可变的情境建设。要注意的是,情境的建设更强调互动性和生长性,反对大量购买张贴有文字而没文化的东西。

② 多元主体策略。解决课程谁来实施的问题。社会化进程造成人类分工越来越细,专业人才越来越专。在很多方面,教师的知识面、视域、能力层是有很大局限的。未来学校的课程,教师肯定不是唯一的课程实施者。尤其是在创意生活课程实施过程中,儿童的需求五花八门,想象五光十色,必然推动着学校广挖课程资源,邀请某些领域的行家、校外专业人士、家长朋友走进学校,一起参与课程的设计、实施、评价,课程更具社会性,更与时俱进。

③ 内外结合策略。向外拓展课程资源,把世界当成教材,借用更丰富的环境给孩子创造更具创意的课程情境,更适合课程研究。儿童的生活不仅仅是校园生活,他们的成长也不应被禁锢在校园里。创意生活课程只有链接校内外,实现课程与生活完美的统一,打通课程与现实的一致,才能真正体现"生活即教育",才能真正创造"完整而美好"的生活。

④ 动态管理策略。课程发展是一个动态的过程,项目管理也应该是一个与时俱进的过程。我们按照课程发展规律,研究创新的管理流程。在项目研究过程中,结合项目成果每阶段特点,应用"现场监测""学生、家长创意生活课程学期开展情况调研""师生调查问卷"等科学的评价方法,进行客观定量或者主观效用的评价,并根据评价调整下阶段项目实施。

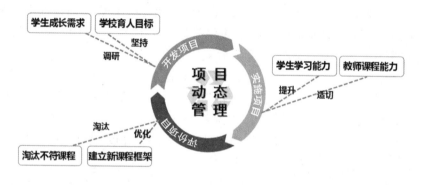

第二节　中层对接:架设蓝图到现实的实践桥

学校课程建设要给学生提供适合成长的环境,让学生自然地、适切地生长,成为一个个当家少年,创造幸福的生活。那么,有了课程的蓝图,如何架设蓝图到现实的实践桥呢?

第二章 创意生活课程的整体构建

一、把好课程"方向盘"

在研究国家课程的基础上,我们思考了如何选择学校的特色课程。校本课程应当是对国家课程的补充和发展,是为助力学生成长,使学生能够享受丰富多彩文化的课程。学校以"国家课程的高质量校本化实施"为基础,以"精品特色校本课程开发"为辅助,构建多层次、多维度、有特色、充满生机活力的课程结构体系。全体教师在认真钻研国家课程的前提下,充分整合学校资源、学科资源,想学生所需,通力合作,开发既能彰显学校特色又贴合学生生活的各项校本化课程。

学校创意生活课程以小学阶段的综合实践活动主题课程活动为蓝本,选取贴近学生生活实际或学生感兴趣的主题,师生共同设定系列主题方案,引领学生进行实践探索活动。学校在制订各项工作计划时,也会充分考虑将学校活动与部分课程内容进行整合,例如:对于节日课程,抓住了契机打造峰值体验,在多样活动中,学生通过体验式学习,感受生活的美好,在真实的情境中习得生活技能、学会适应生活、改变生活,进而创造生活。

每年暑期老师们就会积极思考如何开展下一学期的创意生活课程,在开学初积极向各学园及学校课程部进行申报,学校会统一组织创意生活课程论证答辩会,通过论证、修改完善后的课程才会在本学期中具体实施。这些年,学校创意生活课程体系也在不断地更新、完善。

在实践中,老师们也逐渐达成了共识:学校课程的方向需要从"知识逻辑"中跳出来,站到"学生的发展"的角度来思考怎样通过知识的学习促进学生的发展。创意生活课程的开发并非只是一味地开发属于学校的特色课程,而是国家课程的校本化实施,是以学生为中心的课程活动。创意生活课程的开发实施,要结合学校特色、融合社区环境、整合各界资源,立足于学生核心素养的培育。

二、放开课程决定权

每周一下午1时35分,随着下课铃声的响起,星河实验小学分校一至六年级所有同学纷纷走出教室,充满期待地赶赴下一个教室,参加即将开始的创意生活选修课程。以兴趣为导向的生活选修课程是星河分校学子最期待的选修课。

每学期开学初,学校会发布选修课收集信息,老师们都会为每门选修课自制海报,介绍课程内容并发布在校园内。此外,学校还会推出微信自主选课计划,"校本课程"选修表上,每门课程一目了然。每门课程表相应的后面有授课时间(每周一次)、内容简介、上课地点、授课教师、选修人数等信息。在星河实验小学分校,课程的决定权在于学生,同学们可以根据自己的兴趣、爱好与特长,自主选择一门"校本课程"来学习。那时,学生间和家长间最流行的一句话就是:"今天,你选课了吗?"

创意生活力课程的一个最大特点就是学生没有班级限制了,甚至年级也被打乱了,一个教室里可能有三年级、四年级各班的学生。学生根据自己的兴趣爱好与发展方向选择课程,用他们的话评价这样的课就是两个字:"给力!"

学校之所以这样做,完全是为适应社会对多样化人才的需求,满足不同学生的发展需要。在确保每个学生基础学习的前提下,各学科分类别、分层次设计了多样的、可供不同发展潜能学生选择的课程内容。学生真正成为课程学习的主人。

儿童立场是学校课程建设的原点。学校到底要培养什么样的人是学校开设校本课程必须回答的问题。因为课程是育人价值的体现,或者说,课程是育人价值实现的有效载体。学校的课程目标决定了校本选修课不是基础课程的陪衬,而是基础课程的丰富和延伸,是育人方式更清晰的开始。

一年级(2)班的骆雅琪同学坐在二年级(2)班的教室里上课,课程是"彩泥"。"我特别喜欢彩泥,学校宣布选课的第一天,我就报名了。"骆雅琪同学一边捏着"贝壳",一边庆幸自己的明智选择。五(5)班的鲁勇同学正在机器人课程教室中熟练地操作着各类设备。他告诉我们:"机器人课可好玩了,因为它有无限可能,我喜欢有挑战性的课程。"

创意生活力课程的授课老师不局限于本校老师。学校还会根据学生的需求专门聘请校外专业老师参与授课,为孩子提供更专业、更权威的课程支持。

三、取消课程"定时器"

在人们的印象中,小学阶段每节课基本都是40分钟。不过,在新课改背景下,我们学校已经悄然改变了这一传统,取消了课程的"定时器",采取更灵活的教学策略,不再搞"一刀切",而是把"长短课"引入课表。

"长短课",顾名思义是课时具有了伸缩变化。把原本40分钟的课堂,或拉长或缩短,实行"长短课时并行"的策略,让课程设置更加符合教育规律。

腾出5分钟,课时虽缩短,效率却提升。基础型课程内容是按照国家和地方课程标准规定的统一学习内容,如美术、信息、体育等。在保证开足开齐这类课程、保证周课时数及不删减教学内容的前提下,每节课腾出5分钟,"瘦身"到35分钟。这样做一方面,符合小学生的年龄特点——孩子的注意力集中时间大约为20分钟。另一方面,教师会更加合理安排教学任务,熟练掌控教学流程,真正做到教师精讲、学生精学,实现高效课堂。以美术课为例,我们强调"一课一得",每节课抓住一个训练要点,采用先学后教、以学定教、小组合作的策略开展高效教学。

20分钟短课,课时虽短,成长却无限。每天下午,在原先2节课的基础上增加一节20分钟的"星娃成长课"。学期初,各年级制定课程实施纲要,教师根据不同学段学生特点,在内容深度、技能难易、认识深浅上有所区别:一、二年级关注学生的习惯养成教育,涵盖游戏课程、安全课程、劳动教育、心理健康、幼小衔接课程;三至五年级关注习惯与规则、安全与健康、自我领导力等,每学期设置十多个主题项目;六年级侧重心理辅导、小初衔接课程。

比如,一年级的入学课是带领学生参观校园,了解各功能室的作用,了解学校发展历程,用走一走、看一看、摸一摸、找一找的体验方式,消除学生对校园的陌生感。同时,让学生在参观时,接受文明礼仪方面的教育。

60分钟长课:课时拉长,学无止境。每周一下午连续1个小时的创意生活力课程,满足学生探究的欲望。目前,学校已开设了39门创意生活课程:有知识拓展类,如"数学思维""读写社"课程;有体艺拓展类,如"武术""篮球"课程;有实践活动类,如"手工编织""创益科技"课程;有生活技能类,如"中医与生活"课程。其中,体艺和实践类课程占80%以上,基本满足了每个学生的个性化发展需求,全面实现了"选班走课"。每学期初,学生都会选择一门自己喜欢的课程,通过一学期的认真学习,发展自己的兴趣爱好。

90分钟"半日综合活动"课:课时更长,趣味更浓。每周五下午两节课时间,是全体学生最期盼的"半日综合活动"课程,时间为90分钟。这是项目化主题探究式课程,兼具跨学科、综合性、实践性特点,以全面提升学生素养为目标。课堂有不少于三分之二的时间让学生进行讨论、操作、交流,培养学生自主学习、合作学习、活动探究的能力。

这一学习过程,使学生置于真实情境下,尝试整体认知、全科参与、综合发展。

学校取消课程"定时器"后,课程体系因此大变身,学生学习劲头更足了,潜能也得到释放。值得一提的是,无论长课或短课,都是拓展型课程,都以体验活动为主要形式。每门课由15次左右体验活动组成,而且这些课不是孤立存在的,都要围绕一个主题串联起来,这就要求教师先进行课程设计,保证课程的顺利实施,让每个学生获益。

四、开发课程资源库

为全面展示一学期的创意生活课程风貌,巩固课程建设成果,提升课程品质,评选并打造精品课程,给学生提供学习展示的平台,每学期学校都会开展"创意生活课程巡礼活动"。每位学生及课程导师都做好充分准备,与大家一起分享一学期的精彩成果。有静态成果展示,也有动态表演,形式多样。精彩的巡礼活动让师生感受到每一门课程的扎实过程。每一位老师都有强大的课程意识:电脑绘画有序列性,注重基本方法的教学;机器人课程有主题,注重创想能力的培养;软笔书法有方法,注重静心训练;创意科技创意无限,注重动手能力的培养;读写社课程有规划,注重方法运用。

如""包'你满意"课程,从小处着眼,以学生身边的书包为研究点,通过网络调查了解书包的历史演变,并学会选择、整理、清洗书包,设计多功能书包,尤其是对旧书包进行特别有创意的处理。

学校结合成果展示、日常巡视、全校师生投票等形式,开展"卓越课程评比"。在期末的"成长论坛"中,卓越课程师生会围绕本学期课程开展情况,进行经验分享。学校指定专门人员来进行课程资源库的建设和维护,老师们也会主动参与学校课程资源库的建设,将课程纲要、课程实施计划、课程评价、课程成果等上传至学校资源库。学校课程资源库坚持"开放、动态"的建设观。师生在选择主题课程时,在资源库中进行选择和优化。

学校创意生活课程的设计重在鼓励教师开发和挖掘有意义的课程内容,提升教师课程意识和能力,从而发展学生个性特长,满足学生兴趣发展需求,聚焦学生适应未来社会发展和终身发展所必备的核心素养,促进学生全面发展和校园文化建设。

第三节 基层创新:绘就课程与生活的实景图

学校层面负责组织核心组成员进行课程的顶层设计、框架结构、管理制度、考核评价等,都采用自上而下推行的方式,将创意生活的理念、文化、要求等向师生宣传推广,从"课程定位、课程目标、课程主题、课题内容、课程评价"等方面开展规范引领。

每学期开学第一天,学校都会举行创意生活课程展销会,由学生对自己感兴趣的、有需要的课程进行点赞投票,以决定开设哪些课程。在具体的园本、班本创意生活课程开发过程中,充分发挥每位老师、每个班级、每个学生乃至每位家长的智慧、才能,课程的开发、课程的选择、课程实施的方式、课程展开的节奏,则由实施主体自下而上确定。

简单说,课程大方向自上而下,而实践层则自下而上。如果说,顶层设计给了创意生活课程以大脑,中层指导则搭建了课程建设骨架,而基层创新则给予课程丰富的内在,使其"有血有肉"。

那么,老师们开发的创意生活课程又是怎样的呢?下面以四个课程为例,介绍星河分校创意生活课程实景中的细节,这也是老师们的"独家课程秘籍"。

一、案例1——一个词语引发的课程研究
——从"克隆吧"到"星农场"

四(1)班在上语文课时,孩子们对课文中出现的"克隆"一词不太理解,通过查词典等方式,孩子们稍微有些了解但还有强烈的好奇心,于是班主任秦老师带着孩子们开始了一段研究旅程。

在四(1)班教室里,有着一个特别的地方,叫作"克隆吧"。发芽的生姜、红薯、百合成了宝贝,从公园捡来的树根、老树桩,成了多肉的家;酸奶瓶,成了水培龟背竹的基地……这是发现和再造之旅。从一个问题开启一方空间,由一方空间链接一串关乎科学的探究,由一串探究带起了一种与生活、与自然、与世界的联结。

(一)课程价值

借助劳动实践课程,策划、学习、调研、种植、销售、观察、管理、记录、测量、采摘,以人为师,以物为师,以自然为师,缔造个性育人情境,提升空间育人价值。

(二)课程目标

"克隆吧"构建教室个性空间,将常见植物的几种繁殖方式可视化,亲身经历一年四季的星农场的变化。在种植常见蔬菜和农作物的实践中,孩子们体验农耕文化,获得操作的常识,理解节气与生活的关系,体会劳动的内涵,感悟劳动的价值,更珍惜所拥有的一切,同时,将数学、美术、语文、科学等学科与销售、种植管理与收割、烹饪等生活技能有机融合,最终将所学内容在生活中实践。

(三)课程内容

在"克隆吧"中,不仅要感受四季、生命的变化,更要构建课程标准下的"学科

群",利用逻辑连接,营造儿童得以悦纳、可以创造、乐于探索的课程活动场域。

模块一:学生谋划

综合实践活动课上,学生对于教室里的"克隆吧"充满兴趣和好奇,他们主动、积极地寻找素材,贡献器具和物品,甚至将"废物"也拿来,希望老师带着他们一起玩"克隆"。因为教室是个小型的"克隆基地",连别的班级的同学都要进来免费参观,学生们都很自豪,更乐意打造自己的领地。于是,各种大小、形态不一的盆啊、罐啊、瓶啊都汇聚一堂,什么发芽的土豆、山芋、豆子、多肉植物、麦子、小金鱼、河螺、河藻、浮萍、水葫芦、薄荷都进了教室。

模块二:学生学习

首先,我们利用科学课,了解常见植物的"克隆"方式:种子繁殖、根繁殖、茎繁殖、叶繁殖,然后大家去给这些等待克隆的植物朋友们分类,同时关注植物生长需要的条件:水分、阳光、空气、温度等。

其次,了解到不同的植物繁殖也需要不同的时令,需要我们知道中国传统的节气文化。大家除了在生活中关注节气的变化,还买来了《二十四节气》这本书进行学习。

另外,语文课上,我们搜集了很多农谚,他们也是很有指导价值的,比如"清明前后、种瓜点豆""东风是雨娘"等。

模块三:学生调研

分组进行,一组到附近社区或村里完成调查报告,了解常见蔬菜和作物的种植时节、种植条件、管理方法、收获保存、食用方法等。一组现场跟进学习,拍照或者记录,准备分享。一组去花木市场了解多肉植物的品种以及种植方法。

最后,汇总以上成果,继续提出问题,到生活中去咨询或查找答案。同时开始利用现有的常识进行实践。

模块四:学生实验

动手"智"造"克隆吧"。河藻放进透明的大圆柱形玻璃缸,里面有河螺、小鱼、浮萍、水葫芦等。天气热要经常换水。多肉是叶繁殖,并且不喜欢水,所以对待它可"懒惰"一点。大蒜头搁置在有水的瓶里即可。土豆属于块茎繁殖,切成块埋进深一点的土里,浇透水即可。山芋属于根繁殖,小部分浸到水里即可。麦子和豆子都是在盆底铺一层报纸或者海绵,浇水后洒上麦子、豆子,隔天喷淋一下,避光,就能看到发芽过程,收获青苗食用……

"星农场"是"克隆吧"的延续和拓展,在学校东北角开辟的星农场,成了我们的拓展试验基地,这里有用种子繁殖方式种植的黄瓜、豌豆、玉米、青菜、花生、蚕豆、小麦、蒲公英,还有用茎繁殖的大蒜、土豆、山药、空心菜。从春季开始,这里欣欣向荣,我们连下课了都要直奔"星农场",真是一日看三回,倾注了我们的财力、物力、人力,真是无比牵挂!无比珍惜!无比期待!无比自豪!

(四)课程实施

"克隆吧"围绕"生活""生态""生命"理念,让每位学生探索在生活的世界里、科学的天地间、审美的空间里,让学生具有丰富体验且勇于探究、善于合作、踏实能干的精神,促进学生寻找到自己看待世界的方法与途径。

第一阶段:选定项目

如何让实践活动更"实",更丰富,更贴近学生的生活和学习,更有融合性?

现在的学生已经远离土地,远离我们祖先流传下来劳作的传统,既不能看到,也不能感受,更不能感悟!课堂不仅仅是教室,更应该是广阔的生活本身!从一粒种子的成长开始,考虑到大家的兴趣和可视性、可操作性等,学校决定从教室里的实验区开始,逐步走向"星农场"。

第二阶段:制定计划

本次课程计划18课时,具体活动安排为:确定主题(2课时),调查采访(2课时),学习探究(5课时),创意手绘(2课时),观察日记(2课时),管理、销售以及烹饪等拓展活动(4课时),总结感悟(1课时)。

第三阶段:活动探究

教室里开辟"克隆吧",是实验区、学习区、问题区。大家可以随时补充、随时观察、随时发现、随时提问、随时讨论和研究、随时记录和总结。

当我们找到了规律,总结了一定的经验后,就走向"星农场"。开辟长大约十米、宽大约四米的一个蔬菜、农作物种植区。从春季作物到秋季作物,我们学会了根据节气的变化安排种植的品种。从翻地、除草、松土、播种、浇水、管理、收割到销售、烹饪,一系列的实践,大大锻炼了学生动手能力、学习能力、观察能力,也似乎能初步理解中国人说的"天人合一"之理。

第四阶段:成果交流

学生成果包括:学会了播种、浇水、除草、松土,学会了销售产品与管理小金库,形成了绘本、观察日记,总结成为五彩小课题并获得武进区一等奖,班主任总结撰写的《克隆吧:后物型课程的落地》获得江苏省教海探航征文二等奖。

(五)课程评价

评价是课程实施的重要环节。本课程评价分别从评价原则、评价实施、评价等级三个层面予以实施。

1. 评价原则

本课程按照评价主体多元化、评价方式多样化原则实施评价,尤其重视过程性评价与结果性评价相结合。充分发挥评价对于学生学习兴趣激发、学习方式转变、学习结果完善的功能作用。

2. 评价实施

为了吸引更多的学生参与,课程评价重点关注孩子的综合能力的发展提升,采用自评、互评、师评相结合的方式。

经历了一学期的课程实践,小组的每一位成员都能积极参与活动,进行合理的分工,在不同的活动中更加提升了调查、采访、上网收集资料、观察、实践操作的能力。特别是在对实验研究的过程中,学生不仅学会了怎样做简单的调查和研究报告,更重要的是通过活动提升了综合素养,付出的劳动获得了认可,明白了"劳动最光荣""劳动者最美""劳动铸就美德""劳动提升能力"的道理。在后期材料汇总过程中,学生们更学会了采用丰富多样的展示方式把结果呈现出来。

二、案例2——一次搬迁带来的课程实践
——湖塘印巷:一街一世界

因学校改扩建,从原来周家巷校区搬到武进高级中学(老地块)进行过渡。来到这里同学们发现校门口的这条古方路上两边商铺林立,很是热闹。但随之师生们也发现每天上学放学的时候,路上一直车辆拥挤,若是碰上下雨等不利天气,常会被堵在路上。为什么会这样呢?

孩子们很快发现,古方路是湖塘一条有名的美食街,但是随着时间流逝,这里逐渐出现管理不到位的问题,脏、乱现象频生。如何让短短三百多米,汇集了四十多家不同风味、不同特色餐饮店的古方路能够成为具有湖塘地方文化特色的网红打卡集聚地,如何让古方路焕发新颜,变得更有特色和亮点呢?我们组建了团队,组织孩子们为打造"湖塘印巷"而开展研究性学习。

(一)课程价值

作为社会的一员,小小的我能做些什么?师生们把打造"湖塘印巷"创意生活活动课程实施过程与国家课程进行有效整合融通,以寻访古方路历史,了解古方路名人,感受趣味方言,听乡曲,说乡音,知乡俗,明乡史等方式,充分彰显学校课程文化特色。

研究性学习和社区服务的行为展现和提升了孩子们的社会责任感。对湖塘古方街道存在的问题抽丝剥茧,发现内在的原因,提出改善的策略。同学们在发现问题、分析问题、解决问题的过程中,提高对问题的理解、拆分和应对能力,锻炼自己,让将来的自己能完成更高级别的挑战。

(二)课程目标

1. 通过"湖塘印巷"课程的开发与实施的研究,在文献检索、实地调查的过程中打开古方路的发展历程图,了解古方路的建筑文化、民俗文化、饮食文化、

历史文化、生态环境文化等。

2. 通过"湖塘印巷"课程的开发与实施的研究,以跨学科主题教学的形式展开,让学生在具身体验的过程中,尝试运用多样化的手段,进行"湖塘印巷"改造微策划,对某一方面知识形成系统化、整体化的认识。

3. 通过"湖塘印巷"课程的整体规划设计,发现问题内在的原因,提出街道管理改善策略,培养小公民的社会担当与责任意识,提升学生的综合素养。

(三)课程内容

五年级开设"湖塘印巷:一街一世界"打造古方路课程的开发与实施。其中每周用一课时进行校本课程的实施。内容如下:

1. 探寻湖塘古方路的"前世",研究古方路独特的历史文化。
2. 寻访湖塘古方路的"今生",把脉古方路的特色与问题。
3. 设计湖塘古方路的"明天",创造古方路发展变化的可能。

模块一:设立古方路文化研究所

为引导帮助学生增进对古方路的全面了解,深入对古方路文化的研究,学校成立古方路星河娃研究所。学校以"推荐一条全新的古方路"为主题,组织学生分小组展开探究与实践。品牌文化小组对古方路历史传承与保护的现状展开调查,撰写调查报告和倡议书。经济文化小组从古方路美食及其他特产带给家乡人民的经济效益入手,制作宣传名片和营销策划书。名人文化小组则通过实地走访和网络查询,了解古方路名人的奇闻轶事,在班级举办古方路名人文化故事会活动。

模块二:打造古方路体验游馆会

通过湖塘古方路寻访打卡,推荐交流,学生形成了湖塘古方路初印象。他们通过对湖塘古方路系列文化的进一步学习,围绕湖塘古方路历史文化、建筑文化、民俗文化、饮食文化、生态环境文化,组织策划一次湖塘古方路微景观探索,逛一次湖塘古方路特色餐厅、特色小巷,进行个性化分享。学生在玩的同时,对"湖塘印巷"课程有了系统的认知。

整个过程中,孩子们或者通过小组合作,或者通过上网查找,或者通过现场走访,或者通过宾客对话,去了解一个立体全面的古方路特色街道,实现了学习方式的变革。同时湖塘古方路乡土文化的熏陶能为学生从小烙下乡土文化的印记、种下思乡的种子。

模块三:设计古方路未来新样态

师生们策划制定了"湖塘印巷"街道改造策划书,紧扣交通和油烟问题向周边居民、商家发出倡议,给街道管理处和交通管制中心写建议信提出改进建议,并且恳请学校邀请相关部门参与新古方路的设计论证。比如,店面设计没有形成统一风格，丢失了江南小店特有的味道，可以与文化馆协商，参考古方路历史上最兴盛的时代，用文艺复兴的方式，形成特色街道，可以是"唐风"，也可以是"清韵"，由规划局提出全面规划建议。

关于客人多、车辆停放难的问题，可以利用街角转弯处的小型公园广场，开设临时停车场，并在用餐高峰期间将附近几条非主干道的两侧设为临时停车区域；同时，将几所学校的停车场改建，设为晚间对外开放的封闭式停车场，充分利用资源，有效解决停车难的问题。这需要交警部门参与指导与论证。

针对餐饮店的文化意蕴不足、个性化的文化产品不足、街景特色不明显、缺乏吸引力的问题，引导孩子们提出建议，包括开展古方路美食节、江南湖产丰收节等活动（见下表的课程内容教学安排）。

单元主题	内容要求	学时安排	课时数
古方路调查团	穿街走巷：走进常州湖塘古方路拍照打卡	1. 古方路初印象：我了解的古方路 2. "问题星"发现及"问卷星"调查：对街道交通管制及周边环境进行多方面考察和分析 3. 进行问题的汇总梳理和分析研究	5课时
古方路文化团	饮食文化（古方路小吃、特色美食等）	1. 古方路趣味方言（收集整理供班级交流） 2. 历史民俗、精美手工艺（结合传统节日，如春节、元宵节、中秋节等）	5课时
古方路故事汇	古方路由来	与古方路有关的民间故事、神话故事传说；古方路奇人轶事	2课时
古方路策划展	我是古方路代言人	1. 国潮来了：设计一张古方路文化名片 2. 我喜欢的古方路"湖塘印巷"微景观	4课时

（四）课程实施

本课程适用于五年级，共16课时。4—6名孩子组成一个小组，利用每周五下午综合实践活动课开展课程学习实践活动。课程实施以跨学科主题教学的形式展开，让学生在亲身体验的过程中，对某一方面知识形成系统化、整体化的认识。学生们走进湖塘古方路，用镜头捕捉建筑艺术的独特，用画笔勾勒建筑线条的优美，语文与美术学科相融合。学生用导游图的形式记录下古方路的每一处独特景色，并配以简短的文字介绍，数学、美术、语文学科相融合。还有学生在游览时，给外国游客当导游，跟古方路艺人学唱常州方言童谣，跟同伴玩弄堂游戏，英语、音乐、体育学科相融合。

第一阶段：对古方路现状进行调查和分析

1. 古方路初印象：我了解的古方路。

为了解古方路美食街的街道发展历史，小组成员决定先上网搜寻资料，查阅古方路的前世今生,但是查阅后发现,网上资料过少,不够全面。师生们选择来到古方路所在社区的管理中心寻求帮助。管理中心的工作人员特别热心地向我们讲述了古方路的由来。这一趟师生们收获颇丰。

2. "问题星"发现:对街道交通管制及周边环境进行多方面考察和分析。

调查的第一步就是去现场考察,师生们发现几乎每户商家门口都有一个大型垃圾桶,大部分商家都会按要求将垃圾放入垃圾桶,看起来整洁有序。但也有个别商家因为垃圾过多,垃圾清理又不及时,导致垃圾桶过满甚至周围也堆满了垃圾。同时,有些路面因为厨余废水直排,路面污染严重,还散发出阵阵令人不舒服的味道。怪不得周围的居民怨声载道,这才春天,想必到了夏天难闻的味道会是加重。

3. "问卷星"调查:对周边商铺及居民进行问卷采访调查。

问卷的对象主要是周围的小区居民和商铺经营者。我们采用纸质问卷和网络问卷两种方式进行。共回收问卷 365 份。

4. 进行问题的汇总梳理,分析研究。

对于现有问题的成因,小组成员就手头搜集的资料展开了热烈的讨论,并将此次会议讨论结果汇总,便于商议对策。

第二阶段:策划并制订古方美食街的发展计划

1. 现场追踪观察,标注街道上最受欢迎的店家分布。

每当夜幕降临,这条街上就开始霓虹闪烁,为此,师生们特别成立了一个美食小分队,进行现场特别追踪调查。经过调查,师生们发现,古方路美食主要汇聚在西起常武路,东至降子路这一段上,短短三百多米,汇集了四十多家不同风味、不同档次的特色餐饮店,每天吸引着数以千计的本地吃货和众多慕名而来的外地游客。

2. 采访社区街道管理人员,了解目前街道环境管理的渠道和方式。

通过前期对社区管理中心的采访,学生们了解到对于街道商铺产生的垃圾处理方式及大致流程:一般商铺产生的餐余垃圾都会有专门的垃圾回收车进行定期回收,而生活垃圾一般都是自行处理。古方社区成立了商居联盟,建立了"啄木鸟"服务队,小伙伴们对此都特别感兴趣。

3. 上网搜索和采访,寻找垃圾分类及减少污水排放的有效方法。

近年来,我国开始推行生态文明城市垃圾分类管理。在我们的校园中就有五色垃圾桶,如何让周边的垃圾回收和污水排放更为规范,小组的同学开展了一次头脑风暴。同学们对于垃圾分类曾还开展过相应的研究性学习,同时提出了关于对餐厅垃圾处理的设想。

4. 规划设计,尝试运用多样化的手段,进行"湖塘印巷"改造微策划。

在前期研究的基础上,孩子们在多方帮助下完成了"湖塘印巷"街道改造策划书,并分组对策划书中的项目一个个进行可行性论证,确保在后期推广中,每个组都可以得到更多的理解与支持。汇报项目改造的形式多种多样,以效果最佳为目标。

第三阶段:对外进行宣传推广研究成果

召开听证会,邀请规划局、城管局、交警大队、古方社区及附近小区居民和商户代表、家长代表与学校老师一起参与听证会,提出项目改进方案,邀请居民与商户提出意见与建议,恳请相关部门将相应问题列入城市建设规划中,为古方路的复兴与繁华贡献孩子们的智慧与力量。

(五)课程评价

学习方式的变革受评价方式变革的影响。创意生活校本课程的评价既有统一的内容,又有各个项目自身独特的内容,但均聚焦于学生核心素养的养成。评价均既注重过程,又注重结果;评价的方式则多元化,灵活性强。

1. 评价原则

项目化学习活动的价值主要是取决于学生的参与实际问题研究的方式和过程,诸如学习的方式、思维的方式、信息和资料的收集的能力、知识的整理和运用等。在评价与诊断的过程中,发现学生的优点和特长,展示和培养学生的创造力和才华,使所有参与评价的对象充分了解整个课程,对研究活动的过程并进行调节和控制,引导和促进学生的发展。

2. 评价实施

通过建立课程学习卡和搭建的各种展示平台放大课程过程性评价的育人价值,采用数字化方式,注重即时点评;用星级评价积分方式,鼓励学生参与各项研究，及时记录成长轨迹。

星河实验小学分校"湖塘印巷"课程评价表

评价内容		自评	他评	教师评
古方路调查团	1. 绘制一份古方初印象导览图 2. 设计一份问卷调查表 3. 结合现状调查研究，小组讨论，梳理对策			
古方路文化团	1. 征集古方路趣味方言，组织一次班级交流会 2. 组织逛一次古方路年俗庙会，写下所见所闻所感 3. 从古方路历史文化、建筑文化、民俗文化、饮食文化、生态环境文化等完成一份课题小研究报告			
古方路故事汇	1. 组织一次班级故事汇 2. 开展一次班级故事大王评选			
古方路策划展	1. 结合国潮文化，设计一张古方路文化名片 2. 开展古方路"湖塘印巷"微景观宣传展会			
整体评价				
备注：星级评价，分为五星、四星、三星三个等级				

3. 评价运用

评价结果纳入学生学业评价，一方面可以丰富孩子的成长档案，另一方面也可以在创意生活课程学习专栏里，记录学生个人参与的创意生活研究与创造，使学生的学业评价更加丰富立体。

三、案例3——一个难点蔓延的课程探索
——关于天然色素的创意生活运用

小朋友们，你们有没有这样的疑问"为什么饮料明明很好看还好喝，家长却不让我喝""糖果的鲜艳色彩真的是天然的吗""美术课上五彩的颜料究竟是什么制成的"……带着满满的日常生活小疑问，李老师带领我们一起研究生活中的色素，开启一场色素探究之旅。

（一）课程价值

自古以来，食品都是人类生活中必不可少的基本需求。随着时代的发展，人们的生活条件得以改善，食品的种类也日益繁多，而人们对于食品的要求也越来越高。食品的口味、外观、包装等，都是人们选择食品的衡量要素。健康，

已经成为现代生活的关注热点,而食品中的色素,不仅决定了食品的美观程度,还和食品的安全息息相关。

食用色素,又叫食品着色剂,是制作食品时添加的对健康无害的颜料。随着社会发展,越来越多的人对于食品中使用合成色素不会对人体健康造成危害提出了质疑,与此同时,大量的研究报告指出,几乎所有的合成色素无法向人体提供营养物质,某些合成色素甚至会危害人体健康。因此,教师组织带领学生从身边的食品开始了解色素的知识,尝试从生活中常见的蔬菜、水果、花朵中提取食用色素,并将这些天然的食用色素应用于生活中。

(二)课程目标

本课程秉承学生发展核心素养理念,结合项目式学习过程,设立以下课程目标。

1. 学生通过观察、了解、研究食品中色素的情况,对天然色素和人工色素进一步深入了解,能选择健康的食物。

2. 基于项目式学习,在搜集天然色素和人工色素的相关资料以及设计的过程中,提升获取信息、整合资料的能力及动手实践的能力。

3. 能通过对色素的关注和研究,尝试从生活中常见的蔬菜、水果、花朵中提取食用色素,并将这些天然的食用色素应用于生活中,培养积极发现问题、探索问题的意识。

(三)课程内容

本课程以"天然色素的创意生活运用"为主题,带领学生从身边的食品开始了解色素的知识,并尝试从生活中常见的蔬菜、水果、花朵中提取食用色素,并将这些天然的食用色素应用于生活中。

模块一:色素知识知多少?

指导老师可通过网络资源和家长资源,带领学生研究色素的分类和运用。学生通过聆听讲座、上网查资料、手绘色素思维导图等方式了解色素的基本知识,并进行整理。

学生还可以通过采访和问卷调查,了解家长、朋友、亲人对色素的知晓程度和相关看法。

模块二:天然色素 PK 人工色素

指导老师通过实地考察和各种色素的使用,进行天然色素和人工色素优缺点比较。学生可到超市、市场查看各种物品的食品标签中"配料表"一栏中的各种色素,从名称来区分。例如,"日落黄""诱惑红""亮蓝"等名字中带有较强修饰性词汇的色素大多数属于人工色素;而天然色素的名字中往往展示了它们的提取来源,如辣椒红素、番茄红素、红曲色素、茶黄色素、姜黄色素、虾青素等。

借助实验来鉴别,天然色素极易受到储存、加工条件的影响而变色。例如花青素属于水溶性色素,对水环境的酸碱度非常敏感,通常在偏酸性的水中呈现红色,而偏碱性的色素在水中呈现蓝色。学生可以根据这一特点,利用自家厨房的醋、小苏打等营造酸性或碱性水环境,检验食品在酸、碱性环境下是否发生变色,来确认所含色素是否属于天然色素再区分天然色素和人工色素。可列表从健康、营养、颜色稳定性等方面总结他们的特点。

另外,指导老师还可带领学生设计制作调查表和考察记录表,通过采访和问卷调查,了解人们对色素的知晓程度和使用心得。调查形式以问卷调查为主,以口头调查为辅。

附1 案例问卷

有关色素的问卷调查

您好,我们是常州武进区星河实验小学分校的学生,我们正在进行一项关于色素的调查,想邀请您用几分钟时间帮忙填写这份问卷。本问卷实行匿名制,所有数据只用于统计分析,请您放心填写。题目选项无对错之分,请您按自己的实际情况填写。谢谢您的帮助。

1. 您购买食物时会关注颜色吗?
 □会　　　　　□不会
2. 您觉得色素属于食品添加剂吗?
 □属于　　　　□不属于
3. 您觉得色素的来源有哪些?
 □天然提取　　□人工合成
4. 你觉得下面哪些是食用色素?
 □日落黄　　　□苏丹红　　　□黄金粉
 □叶绿素　　　□β-胡萝卜素
5. 您对色素的态度是?
 □可以改变食品中的颜色,挺好的
 □对人体有害
 □在一定量内使用是安全的
6. 您觉得下列哪些是对的?(多选题)
 □食用色素的作用是调色,补色,护色,发色
 □在国家标准规定限量使用食用色素是安全的
 □一些违规添加物(如苏丹红,黄金粉)的非法添加会对人体产生危害

7. 对于食品中的食用色素,你持怎样的认知和食用态度?
□食用色素都有毒,食品中不该用,能不吃就不吃
□为了食用的色香味,使用食用色素无所谓,多吃点也无所谓
□食用色素要按具体的范围和限量添加在食品中,适量就好,不多吃
8. 您对食用色素未来发展方向有什么想法?
□天然色素取代人工合成色素
□人工合成色素取代天然色素
□天然色素向"天然、营养、多功能"型发展
□安全、有益的人工合成色素将占领市场

接下来,学生可在老师指导下,对调查问卷进行整理和汇总,完成图表的制作。

模块三:自制色彩乐趣多

(1) 天然色素的提取

通过网上查阅资料,询问身边的老师、亲人和朋友等,总结从身边的蔬菜水果里提取天然色素的方法,详细记录好步骤,分小组进行实验,做好观察记录工作,并形成实验报告。

(2) 天然色素在生活中的运用

从植物中成功提取天然色素后,指导老师要带领学生把这些天然色素运用到生活中。有如下实践方式:

① 制作美食

策划讨论可以制作哪些美食?学习这些美食的制作方式,分小组探索不同食品做法,观察植物色素的变化,记录规律。

② 作画

既然色素这么漂亮,何不用来画画呢?于是,又可以开始新一轮实践,尝试在宣纸上进行画画,类似于水墨画作画,从蔬菜中提取的色素,由于水分较多,很难附着在纸上,着色性较差,而从水果中提取出的颜色略微好一点,附着性也略胜一筹。

③ 制作口红

还可以尝试模仿古人,将从花瓣中提取的红色素,经过加热蒸发水分后,染于木浆纸上,晾干后做成口红。

(四) 课程实施

本课程适用对象为四年级学生,喜爱色彩、对色彩充满好奇和想象力的学生可以报名参加。任课老师为本校美术老师。教学场地在学校教室,实验场地

在学生家中。每周五下午一小时是本课程的学习时间。

第一阶段:前期部署(第1~3周)

1. 通过搜集网络资源、查阅图书等方式,了解色素是什么,色素的分类和运用,人工色素的危害以及天然色素的来源。

2. 通过采访和问卷调查,了解人们对色素的认识程度和相关想法。

3. 通过实地考察和各种色素的使用,发现天然色素和人工色素的优势和缺点。

4. 小组讨论如何提取色素。

第二阶段:色素提取与创作实验(第4~14周)

1. 色素提取实验

尝试从生活中常见的蔬菜、水果、花朵中提取食用色素,并将这些天然的食用色素应用于生活中。

具体活动步骤:指导老师将学生分为若干组,小组成员思考如何提取色素。通过组织活动,尝试从生活中常见的蔬菜、水果、花朵中提取食用色素,通过拍照、录制视频等形式,将研究成果进行展示,并宣传相关知识。提取色素有很多种方法,例如:

方法一:热水浸提

蓝色:蝶豆花 15 g,清水 400 g,步骤如下:

① 细纱布铺到筛网上,筛网下放一个大碗。

② 蝶豆花清水一起入锅,大火煮开。

③ 盖上锅盖小火继续煮 10 分钟,煮开后关火焖 20 分钟。

④ 蝶豆花水过筛,兜起纱布上的蝶豆花挤压一下。

⑤ 称一下挤压后的蝶豆花重量,放等量的清水回锅进行二次浸提。

⑥ 大火煮开,盖上锅盖,焖 10 分钟。

⑦ 蝶豆花水过筛,兜起纱布上的蝶豆花挤压一下。

⑧ 两次过滤后挤压到碗里的水再次回锅,大火煮开,浓缩收汁到 40 g 左右,倒入碗中,静置一小时以上自然沉淀。

⑨ 沉淀后把上层清澈的液体倒入精油瓶,锡纸封口后,入冰箱冷藏保存。

同样利用以上方法可以提取出绿色、黄色、橙色

① 绿色:蝶豆花 8 g+密蒙花 12 g+清水 600 g,浓缩至 40 g 左右

② 黄色:黄栀子 50 g+清水 400 g,浓缩至 45 g 左右

③ 橙色:苏木 150 g+清水 1 000 g,浓缩至 40 g 左右

根据实验发现,当地水质对色素最终呈色会有影响,比如地下水、地表水、矿物水、江河湖海水酸碱度都不同。蝶豆花普通环境下呈亮蓝色,遇酸(比如柠

檬)会呈紫色,遇碱(比如小苏打)呈深蓝色。因此试验中最好使用纯净水。

方法二:植物油浸提

紫色:软紫草 15 g,无味植物油 80 g,步骤如下:

① 锅内倒入 80 g 植物油,小火加热至 40~50 ℃,关火。

② 紫草 5 g 倒入植物油,保持油温,保持温度浸泡 30 分钟。

③ 过滤紫草油到另一个小锅内,重复第一步,小火加热油温 40~50 ℃,关火,加入新的紫草 5 g,保持温度浸泡 30 分钟。

④ 重复第三步,第三次加入紫草浸泡。

⑤ 过滤紫草油,静置一小时以上自然沉淀。

⑥ 沉淀后把上层清澈的液体倒入精油瓶,锡纸封口后,入冰箱冷藏保存。

根据资料查阅发现,色素分为油溶性和水溶性,油溶性的色素并不多,目前为止只有紫草常见。

方法三:原汁浓缩

方法三是孩子们在实践中最易操作的提取色素的方法,且见效快,因此我们在课堂上全班开展了原汁浓缩的提取实验,以红色为例,大红色:甜菜根 500 g,新鲜柠檬果肉 15 g,步骤如下:

① 细纱布铺到筛网上,筛网下放一个大碗,甜菜根切片。

② 先放柠檬再放甜菜根一起进原汁机榨汁。

③ 甜菜根汁过筛,兜起纱布上的甜菜纤维挤压一下。

④ 过滤后的甜菜根汁入锅加热煮开,并撇去浮沫。

⑤ 浓缩至大概 60 g 左右,倒入玻璃碗,静置一小时以上自然沉淀。

⑥ 沉淀后把上层清澈的液体倒入精油瓶,锡纸封口后,冷藏保存。

使用上述方法,实验大量的瓜果蔬菜,从火龙果中提取出玫红色,从菠菜中提取出绿色,从胡萝卜中提取色橙色,从墨鱼汁中提取出黑色,等等。

2. 色素创作

从植物中成功提取天然色素后,指导老师可带领学生把这些天然色素运用到生活中去,进行 DIY 创作。

(1) 讨论可以将植物色素用到哪些地方。

(2) 分组体验。

(3) 成果展示与经验总结可以通过以下分类进行实践。

衣:植物染色。染手帕、染 T 恤衫、染白球衫。

食:菠菜面、火龙果饺子、三色汤圆、紫馒头。

生活用品类:画画、手工制作吧、手工皂。

第三阶段:成果交流(第 15~16 周)

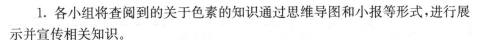

1. 各小组将查阅到的关于色素的知识通过思维导图和小报等形式,进行展示并宣传相关知识。

2. 将色素的运用及人们对色素认识的调查问卷进行分析整理,制成图表,作为课程资料存档。

3. 将色素提取实验过程拍摄成视频并记录流程,将用提取的天然色素制成的作品进行成果展示和宣讲。

4. 每位组员谈谈在活动中的感受和体会,撰写作文进行小组分享。

(五)课程评价

根据学生参与"多汁多彩"课程的表现、参与度,采用过程性评价和成果性评价作为对儿童参加课程的评价。

1. 对学生的评价

过程性评价包括前期准备、记录手册完成情况、参与实验的实践表现、后期实践活动的参与等;成果性评价包括学习课程后撰写的心得体会、提交体验收获、学习小论文或观察日记等。通过综合性评价的方式对课程进行多角度、立体测评,评价方式多元化,以涂星星的方式进行评价,综合评选出"制彩小能手"。

星河实验小学分校"多汁多彩"课程评价表(学生)

评价项目	评价具体指标	各项评价		
		自评	他评	师评
前期准备	积极主动参与收集课程的相关资料,查阅有关色素方面的知识,拟定自己的学习目标	☆☆☆☆☆	☆☆☆☆☆	☆☆☆☆☆
手册完成情况	认真、主动地按计划填写记录手册,记录手册内容丰富,图文并茂,整齐有章法	☆☆☆☆☆	☆☆☆☆☆	☆☆☆☆☆
实践表现	积极参加色素提取和创作活动,不无故缺勤,能与其他组员团结协作共同完成实践活动,主动性强	☆☆☆☆☆	☆☆☆☆☆	☆☆☆☆☆
成果展示	能根据课程学习体验,积极撰写心得体会、小论文、观察日记等	☆☆☆☆☆	☆☆☆☆☆	☆☆☆☆☆

2. 对课程的评价

课程结束后,学生对课程的设计、实施、活动等方面进行综合评价,为后面课程的改进提供意见指导。

星河实验小学分校"多汁多彩"课程评价(课程)

评价指标	分 值	学生评	家长评
课程内容丰富,有趣味	20		
教师讲解生动,有示范	20		
同学合作愉快,增感情	10		
实践活动快乐,促成长	30		
展示活动成果,有分享	20		

四、案例4——一场对话启动的课程旅程
——破茧成蝶的共同探索

美术课上,周老师带领同学们学习画昆虫这一课,重点对蝴蝶进行了赏析了解。五年级的同学们充满了好奇:"老师,为什么在我们身边虽然也能看到蝴蝶,但不常见,且数量比较少,蝴蝶的体型普遍较小,色彩也比较单一,大多是黑的、白的、黄的,基本看不到色彩艳丽的蝴蝶?"是呀,为了搞清这个问题,就让我们一起开启一场探究之旅吧!

(一)课程价值

蝴蝶,这个大自然的美丽精灵,学生在培育、饲养、观察、欣赏它的过程中,能感受到生命的可贵、生命的坚强、生活的美好。在认识、感悟到生命的意义和价值后,他们才能培养尊重生命、爱惜生命的意识,学会欣赏和热爱自己的生命,进而学会对他人生命的尊重、关怀和欣赏,树立正确的世界观、人生观和价值观。

(二)课程目标

(1)通过孵化蝴蝶的项目研究,学会采访、创意手绘、制作标本等实践研究方法。

(2)通过项目研究,提升搜集和处理信息、团队合作、与人交往、动手操作等能力。

(3)培养审美情趣、对待生命的耐心和爱心、对生活的热爱,促进家庭的和谐,培养坚忍不拔的品质。

(4)促进同学间的交流,懂得关心和照顾别人,懂得珍惜和感恩。

(三)课程内容

课程的主要内容包括:通过孵化蝶蛹实验,了解并记录蝴蝶的生长过程;通过采访学科老师,了解科学孵化蝶蛹的方法;通过观察欣赏,学习创作关于蝴蝶

的诗歌或童话;通过实践体验蝴蝶标本制作,了解制作蝴蝶标本的相关技术与技巧;通过经历孵化蝶蛹实验,感悟生命的意义和价值,学会感恩父母;通过规划设计方案,制定小组的研究策略和方法、开展创意蝴蝶作品展等;收集和整理获得的资料,将研究成果进行展示,并宣传相关知识。

本课程以"破茧成蝶"探秘蝴蝶为主题,主要有以下五个模块。

模块一:学生谋划

本次蝴蝶研究活动历时一个半月,由五(1)班、五(2)班学生参与研究性学习活动,因参与人数较多,将研究过程分为孵化篇、手绘篇、创意篇、童话篇、标本篇、感悟篇。

模块二:学生调研

为了更好地了解孵化蝴蝶的方法,小组提前设计了采访小问题,拿着采访记录表去科学教室采访了科学老师。

采访记录		
1	蝴蝶孵化的时间要多久?	
2	蝴蝶孵化有温度条件吗?	
3	蝴蝶孵化出来后给它吃什么养大?	
4	蝴蝶标本怎么制作?	
被采访人		
采访时间		年　月　日

模块三:学生学习

学生在科学老师的介绍下了解蝴蝶一生经历虫卵—幼虫—蛹—成虫四个阶段。一般蝴蝶成虫交配产卵后就在冬季到来之前死亡,但也有的品种会迁徙到南方过冬。从虫卵开始孵化,一般温度要达到 20 ℃以上成活率才会比较高。孵化时间的长短要看孵化环境的温度,快的话大概半个月,慢的话可能会更久。当然,也不是所有的蝴蝶虫卵都可以成功孵化,要知道一只蝴蝶重生的过程是十分艰辛的,需要足够的毅力和耐心。

模块四:学生实验

听了科学老师的指导,学生回到家里,立刻把孵化蝴蝶的盒子进行改良设计。为了提高温度,大家在群里交流各自想出的不同办法,帮蝴蝶孵化人工创造条件。有的在孵化的小盒子上盖了棉布增加保温层,有的家里开了空调,尽量保证温度在 20 ℃左右。渐渐地,蝶蛹开始有变化了,研究小组群里也更加热闹起来了,学生一起交流着蝴蝶成长的点滴变化,一起见证一个个美丽生命的诞生！周末，学生相约一起把这些美丽的精灵放飞，让它们回归大自然，无忧无虑地自在生活。在这一个多月陪伴蝴蝶孵化的日子里，学生每天观察，记录观察日记，把它华丽的蜕变过程完整地记录了下来。

模块五：成果分享

通过蝴蝶孵化实验，学生得到以下结论：

1. 蝴蝶孵化最佳温度必须在20℃以上，如果达不到温度，不能晒太阳，只能通过保暖或开空调等方式增加温室效应，否则虫蛹会死。

2. 蝴蝶孵化出来的时间不定，根据孵化的环境会有时间差异。

3. 蝴蝶孵化出来后要等待晾翅，完全展翅后才能放飞。

4. 蝴蝶是大自然的精灵，帮助蝶蛹孵化的过程有益身心健康，培养我们的耐心和爱心，增强责任感。

（四）课程实施

本课程为项目学习，适用于五年级学生，共12课时。以小组为单位，初期设计是蝴蝶孵化问题并对此展开调查采访，利用网络、书籍和查找资料，寻找解决问题的方法，得出孵化结论；尝试根据蝴蝶造型利用多种生活材料进行创意绘画；通过网络购买制作蝴蝶标本的材料，尝试亲自动手制作标本，将理论与实践相联系。收集整理资料，将项目研究成果进行立体多元展示。

第一阶段：选定项目

究竟是什么影响了我们身边蝴蝶的数量和种类？四年级的时候科学老师带学生一起养过蚕，可不可以一起养蝴蝶呢？小学生养蝴蝶是不是利于身心健康？确立"破茧成蝶——蝴蝶探秘之旅"作为研究课题，邀请专业老师指导参与到项目中。

第二阶段：制订计划

本次课程计划12课时，具体活动安排为：调查采访（1课时），孵化探究（4课时）、创意手绘（2课时）、创编童话（2课时）、标本制作（1课时）、总结感悟（2课时）。

第三阶段：活动探究

1. 写生篇

根据拍摄的蝴蝶照片，仔细观察分析蝴蝶的身体结构和身上的精美花纹，发现蝴蝶的身体上有一大一小两对翅膀，一对触角，三对足。蝴蝶的种类有14 000多种，它们身上的颜色和花纹也各不相同。用写生的方式把喜欢的蝴蝶画下来，需要耐心细致地观察才能具体生动地表现特征。

2. 创意篇

蝴蝶的美怎会止于自身呢？我们邀请了学校的创意达人周老师带领我们

开展了蝴蝶创意绘画活动。周老师精心准备了创意绘画的小视频,同学们真是大开眼界,大家尝试了各种利用蝴蝶造型绘制的创意作品,有的用海绵擦捆扎压印绘制蝴蝶,有的利用蝴蝶外形绘制了精美的蝶形风景。

3. 童话篇

学生带着孵化蝴蝶的盒子相约来到花园举行了放飞仪式,看着它们展翅自由地在花丛中飞舞时,我们都感到特别地开心,拍下了蝴蝶飞舞的视频,发到了我们研究小组群里分享。沈老师看到后,鼓励我们畅想放飞的蝴蝶今后的生活中会发生怎样美丽的童话故事。我们听了,觉得这个主意不错!大家纷纷拿起笔来写下了一篇篇美丽的童话!

> **毛毛虫找朋友**
>
> 星河实验小学分校 卜凌骏
>
> 从前一棵大桑树上,住着一只毛毛虫。他又黑又小,大家都不喜欢和它玩。
>
> 一天,蜻蜓和蜜蜂在大松树下玩耍。毛毛虫也想参加,毛毛虫说:"蜻蜓大哥,蜜蜂姐姐,我想和你们一起玩,可以吗?"可是蜻蜓说:"你没有翅膀,我们都是有翅膀的,你看我们的翅膀是多么美丽,再看看你,浑身小小的,全身黑不拉几的,还长着密密的毛。"毛毛虫听后伤心极了,他爬到的地方哭了起来。
>
> 蜗牛听到了他的哭声,以他最快的速度赶过来。蜗牛关切地问:"你为什么哭?是不是又有人不跟你玩了?"毛毛虫点点头。蜗牛要对它说:"其实你也可以变得很漂亮,不过这个方法你去尝试会很难受,很难受。"毛毛虫说:"只要能让我变漂亮,有许许多多的朋友,什么痛苦我都能受得了。"蜗牛回答:"好吧,其实方法很简单,只要你不断地吃桑叶,蜕三次皮。你就会变成一个蛹,在蛹里会慢慢地变成一只美丽的昆虫。"毛毛虫听后开心地说:"我这就去办。"
>
> 毛毛虫开始拼命吃叶子,桑叶开始抱怨了说:"你吃了我们这么多的兄弟姐妹。以后我怎么报答你们?"毛毛虫说不上来了,就去找蜗牛,蜗牛说:"你长大了,会有修长的三对足,你这双腿,可以帮助它们授粉。"它开心了又去吃桑叶了,脱了三次皮后,它变成了一个蛹,在他里面睡着了。睡了很长时间,它苏醒了。屋子里又闷又热,它想出去,便开始左右摇晃。可是壳很坚硬,它出不去,便开始咬壳。咬了很长时间,终于有出来个破洞。它爬出来,发现自己有一对触须,有修长的三对足,自己身上长了两对美丽的翅膀。它试着扇动翅膀,居然可以飞起来了。毛毛虫开心极了。
>
> 它飞到蜗牛住的地方,向他问好,蜗牛都认不出它来了呢。它又飞到蜻蜓住的地方,蜻蜓都不肯相信在自己面前的居然是从前那个丑陋的毛毛虫。蜻蜓不好意思地跟毛毛虫说:"对不起,之前我们不应该因为你的外表不好看而不跟你一起玩,更不能凭外表来看人。以后我们做好朋友吧!"

第四阶段:作品制作

经过科学老师的指点,学生明白了蝴蝶标本制作的方法。但是如果要把好不容易孵化出来的蝴蝶制成标本,怎么会舍得?还是在万能的淘宝上看看有没有制作标本的材料吧!果然,网上有各种制作蝴蝶标本的材料可以购买。学生们4人一小组立刻在网上下单购买了材料。综合实践课上,老师带大家一起学习制作标本。大家七嘴八舌地议论着,相互帮忙着,用科学的方法把它们最美的姿态定格。

第五阶段:成果交流

蝴蝶的一生虽然短暂,但可以成为学校师生珍爱生命、驱散阴霾的"心灵良药"。学生们举行了探秘蝴蝶成果发布会,将孵化日记、创意写生、创编童话故事、制作标本、感悟生命等系列成果在全年级进行展示。同学们兴奋不已,获得了满满的成就感。

(五)课程评价

评价是课程实施的重要环节。"破茧成蝶"课程评价分别从评价原则、评价实施、评价等级三个层面予以实施。

1. 评价原则

本课程按照评价主体多元化、评价方式多样化原则实施评价,尤其重视过程性评价与结果性评价相结合。充分发挥评价对于学生学习兴趣的激发、学习方式的转变、学习结果的完善的功能作用。

2. 评价实施

为了吸引更多的学生参与,课程评价重点关注学生们综合能力的提升,采用自评、互评、师评相结合的方式。

星河实验小学分校"破茧成蝶"课程评价

项目	评价内容	分值	自评(20%)	他评(30%)	教师评(50%)
孵化实验	积极参与孵化实验,改造孵化环境,成功孵化	20分			
创意手绘	变废为宝,创意表现蝴蝶姿态的特点	20分			
创编童话	充分展开想象,创编生动有趣的童话故事	20分			
制作标本	利用各种工具,科学规范制作蝴蝶标本	20分			
感悟生命	尊重生命,感恩父母	20分			
整体评价		100分			
总评					
备注:总评分为优秀(90分及以上)、良好(75～89分)、合格(60～74分)三个等级					

参与了一个多月时间的孵化蝴蝶活动,小组的每一位成员都能积极表现,进行合理的分工,在不同的活动中提升了调查采访、上网收集资料、连续观察、实践操作的能力。特别是在实验研究的过程中,学生不仅学会了怎样完成研究报告,更重要的是通过孵化蝴蝶不停地改善孵化环境,在等待它们破茧而出的过程中,体会到家长为学生的学习成长付出的辛劳。在后期材料汇总过程中,同学们更学会了采用丰富多样的展示方式把结果呈现出来。

第三章
创意生活课程的深层实践

可以将课程比作跑道,跑道越宽,给孩子们实践的自由程度就越大。创意生活课程的顶层设计让教师有了方向,整体架构也让教师们有了行动的"脚手架"。这些均是宏观上的指导,是学校课程建设的目标层,要到达课程建设的成果层,还需要师生大量的实践与反思。课程改革期,教师会因自己的文化底蕴、生活背景、教育经验、学生实际等情况的不同,对创意生活课程的开发与实施有着自己独特的理解与思考。老师们从"帮着做""教着做"到"试着做""我想做",一步步走向课程自觉,对于课程有了创意、创见和创造。而创意生活课程也随之走向更深层的实践。

第一节 生存课程:为学生创造一个安全的世界

杜威在《民主主义与教育》中提出"教育是生活的需要""在最广泛的意义上教育乃是社会生活延续的工具""教育即生活"。

学习是为了什么?是为了提高生活品质。要想提高生活品质,就需要学会实践。从什么角度切入学生实践呢?2020年7月,《大中小学劳动教育指导纲要(试行)》的颁布,引发了我们新的思考。正如习近平指出的,劳动是财富的源泉,也是幸福的源泉。人世间的美好梦想,只有通过诚实劳动才能实现;发展中的各种难题,只有通过诚实劳动才能破解;生命里的一切辉煌,只有通过诚实劳动才能铸就。因此,劳动是个人生存之道、安全感之源。

一、生存三十六计

教育不看一时,而是一世。孩子走出校园,带走的是一身本领。缺少技能的孩子，在他成长中会出现各种各样的问题：遇到突发情况，不懂自救，茫然不知所措，惊恐、担心、害怕，甚至出现心理问题；高分低能，成为学习的机器；不能承受挫折，常常出现意外事故，幸福指数降低……。我们可以发现，指向生活的技能，对于孩子的未来更重要。于是，教师通过各类课程，让孩子掌握"生存三十六计"。

1. 生命安全。生命安全与健康是人类生存、发展的基本需求和永恒追求。生命权、身体权和健康权是每一位公民的权利。我们利用夕会课讲好武进区教育局刊发的《安全教育》读本，让生命安全有课本可以借鉴，教学更成体系，将生命安全意识植入孩子心田。通过国家安全教育平台，布置安全教育作业，让安全知识测试测评相关安全知识的掌握程度。借助升旗仪式，让学生演安全、说安全、传安全。

在保证自我生命安全的同时，开设种植、养殖课程，感知生命的不易。低年级的小动物养殖课程，让孩子体验生命的点滴生长，践行参与生命、关爱生命；中高年级的种植观察日记，培养学生观察自然、感知变化的能力，在过程中感叹生命的脆弱与繁华，进行项目化研究。

2. 应急处置。生命无常，总有意外会发生。面对校园欺凌、坑蒙拐骗等"意料之外"的情况，学校打好"预防针"，事先进行班会、道德教育，开展辩论赛、情境模拟、同伴解围等集体性教育。将坏意识扼杀于萌芽中，让正能量更聚焦。

3. 心理健康。生命安全，不仅仅包含肉体上的安全，更重要的是心理健康与精神安全。当疫情来临时，孩子们困于家里，少了和同伴的交流，违背了正常的生活秩序，心中的苦闷、焦躁如何排解？心理花园系列节目，关注学生心理健康，及时为心理健康支招。云上班会，围绕"母亲的唠叨，是甜蜜有爱的沟通"等亲子关系主题，进行心理健康教育。心理信箱，提供疏解渠道，让困境得到疏导。我们还建立"心理月"，通过团辅和个辅、运动和心理游戏、升旗仪式等，进行心灵塑造。

4. 体能锻炼。少年强，则国强。增强学生体质，提高少年儿童生活自理能力，直接关系自我安全感、效能感和国家民族的希望。天天跳绳 App、花样跳绳竞技赛、体适能训练……老师们通过大数据来分析学生体能增长。体能训练在增强学生的身体素质的同时，能更好地调整学生的心态，释放压力，刺激多巴胺，产生快感，积极调整自我情绪。

在我们看来，孩子的生命安全是生存的基础。生命安全、应急处置、心理健康、体能锻炼，为日后的孩子生活提供安全的通道。在星河分校，生命教育摒弃喊口号的方式，扎实将生命教育落实到各项活动中，养成学生的安全意识和安全习惯，为日后的生命健康奠定扎实的基础。

二、六年十二道菜

民以食为天。养生专家万承奎认为:"用肚子吃饭求温饱,用嘴巴吃饭讲享受,用脑子吃饭保健康。"根据马斯洛的需要层次论,食物等生理的需要基于首位。让需要更具吸引力,食育课程应运而生。对于孩子们来说,吃得好,才能学得好。学得好,更能吃得健康,自此产生良性循环。

如今社会进步了,愿意做饭的人却越来越少了。在学校的一次统计中,我们发现,孩子们也陷入"不做饭"的怪圈,周六周日吃外卖的不在少数。在随后的访谈中,我们了解到主要有以下方面的原因:

父母比较忙,买洗烧太费时间,不如买着吃;

外卖方便;

小孩子没有机会学做饭,因为妈妈担心燃具、刀具不安全;

外卖也不错,挺好吃的;

……

但是,外卖健康吗?答案是高度统一的——多油,卫生得不到保障,菜品的营养不均衡。针对这一现象,我们开始思考如何将"做饭"这一生存必要的技能在日常学习中渗透进去。恰好遇到双减,于是,关于做饭的系列课程就开始了。

1. 每周一次"劳动π"。π,是数学里的一个常数,是一个无限不循环小数。劳动π,意味着教授给孩子无限不重样的劳动技能。学校设置好每周劳动π主题,进行授课。让学生在课堂上提升认知。认识到食物的来源及其营养价值;识别不安全、不健康食物;了解中国各地乃至世界各国的饮食文化的等都成为劳动π的内容。

2. 每周一次做菜实践。"纸上得来终觉浅,绝知此事要躬行。"根据老师布置的劳动作业,孩子回家实践,让孩子学会栽种一至两种蔬菜;学会到菜市场购买蔬菜;教会孩子烹饪一些家常菜。银鱼炖蛋、炒青菜、醋熘土豆丝……一盘盘美味在一个个"小厨神"手中诞生,引得父母心里乐开了花,直夸孩子能干。每学期学校还会举行

"小豆包进餐厅"活动,邀请学生代表走进学校餐厅,了解食物的制作流程,体悟食堂员工工作的不易,提醒自己珍惜食物。在自己动手劳动的过程中,星河娃挖掘了自己的美食天赋,自制菜单,研究菜的颜色、味道、营养搭配,甚至

有学生还研究起了预制菜。

3. 每周一次延时食育。"双减"政策的实施更是为食育提供了契机,每周五的延时,都是素养大课时间。一个小时的延时,班级里充满欢乐。元宵节的花样元宵、手工寿司、油炸虾饼……欢乐声此起彼伏。老师们并不局限于孩子们的欢乐,更多的是引导孩子感恩自然,给予食物;感恩厨师,辛勤劳作;感恩一切,岁月静好。而学校也对孩子们提出了要求:每个孩子六年内要学会十二道拿手菜。

自从有了这个目标,孩子们可认真了。老师与同学一起商量制定了共同学习的菜单,从低年级起,由易到难,既有大家共选的,又有自己特别喜欢的。

例如,二(2)班陈嘉淳小朋友就有了自己想学的菜单:

年 级	必 学 菜		选 学 菜
一年级	凉拌西红柿	糖醋黄瓜	可乐鸡翅
二年级	番茄炒鸡蛋	青菜炒蘑菇	麻辣豆腐
三年级	芙蓉花椰菜	玉米排骨汤	鱼香肉丝
四年级	八宝油条	红烧肉	糖醋排骨
五年级	红烧狮子头	冬瓜海带汤	西湖银鱼羹
六年级	水煮鱼	鸡汤百叶	粉丝蒸扇贝

在学习做菜的过程中,小朋友们不仅学到了做饭技术,还体验了炉火边的汗流浃背,懂得了要珍惜食堂伯伯阿姨的劳动。

4. 每周一次社团课程。学校秉承陶行知思想,每周一举行生活力课程。每位孩子根据自己的兴趣爱好进行选择,开启走班制上课学习。在学校的"美食工坊",社团老师带领大家现场教学,用锅碗瓢盆制作美食。老师给孩子们讲述制作要点、配色配菜、安全事项等。孩子们则侧耳倾听。显然,兴趣是最好的老师。孩子们学会在不同场合下吃饭应注意的餐桌礼仪,知晓餐桌文化对人际交往的价值和意义,学会控制对美食的欲望。"今天,我不下厨,家有大厨不用愁。""小学阶段就能做菜啦!以后可以合作开伙了!"妈妈们开心地反馈。

当然,受儿童欢迎的社团课程,并不是"脚踩西瓜皮,滑到哪里算哪里",而是有系列的课程化推进,以二年级为例:

课程名称	江南食味		开发教师		二年级组	
适用年级（或对象）	二年级	总课时	15	课程类型	社团课程	
课程背景	新的劳动课程纲要颁布，体现了国家对劳动的重视。二年级的孩子对食育比较感兴趣，用吃来撬动他们的劳动思想、劳动观念、劳动技能和劳动精神。我们处于江南地区，有江南特色的食材、美食制作对未来生活技能的传承更具有指向性。于是，开发了二年级食育课程"江南食味"。					
课程目标	1. 习得"劳动最光荣，劳动最美丽"的精神 2. 知道中西方饮食文化差异 3. 践行用餐礼仪 4. 理解食物是怎么消化的					

课程内容	项目单元	驱动问题	子问题	学习内容	学习目标	课时	所属模块
	一、彬彬有礼的江南人	为什么我们要学习餐桌礼仪？	问题一：中外用餐文化有何差异？	西方用餐礼仪	了解西方常见的用餐礼仪	1	食之礼
				我会用筷子	1. 会正确使用筷子 2. 懂得并实践筷子使用礼仪 3. 与西方用餐礼仪比较，辨析各自优势与存在的问题	1	食之礼
			问题二：我们本地的餐桌礼仪有哪些？	江南餐桌礼仪	懂得并实践如何入座、端碗、夹菜、咀嚼、离席……	1	食之礼
			问题三：如何把我学到的餐桌礼仪教给我的家人？	礼仪小教官	1. 调查餐桌礼仪实践中的问题和原因 2. 结合家庭实际设计家庭餐桌礼仪 3. 与家人形成共识并在家庭中实践	1	食之礼
	二、让安全与营养兼顾	食物怎么吃才安全又营养呢？	问题一：野生动物能吃吗？	拒绝食用野生动物	1. 认识江南地区常见的野生动物 2. 了解野生动物可能带来的疾病 3. 自己不食用并选择恰当的方法呼吁身边的人不食用野	1	食之识

续表

项目单元	驱动问题	子问题	学习内容	学习目标	课时	所属模块
课程内容	二、让安全与营养兼顾 食物怎么吃才安全又营养呢？			生动物 4. 明白科学饮食也是对社会的贡献		
		问题二：我们需要哪些营养？	合理营养助我成长	1. 认识食物中的六大营养素 2. 懂得基础营养素缺乏的危害 3. 会自己搭配一天的营养食谱 4. 为家人做一次营养早餐，感谢家人对自己的付出	1	食之识 食之择
		问题三：食物是怎么消化的？	绘本阅读：食物是怎么消化的	1. 通过绘本学习食物的消化过程 2. 认识人体的消化器官和作用 3. 了解食物的营养是怎么转化为人体的营养的 4. 通过实验探究唾液消化淀粉	1	食之识
		问题四：我喜欢吃，我就可以使劲吃吗？	我爱的食物	1. 学会看产品包装袋上的标签信息 2. 学会区分哪些食物是安全的，哪些是有安全风险的（健康食物、垃圾食品、烧烤食品、罐头食品、街边的油炸食物……） 3. 学习辨别腐烂变质的食物 4. 通过薯片燃烧实验，认识到薯片中的能量极高，不要多吃	1	食之识 食之择
	三、花花世界 花可以吃吗？	问题1：咱们平时怎么利用花？	花艺	1. 花艺之插花 2. 花艺之做干花	2	食之创

续表

项目内容	项目单元	驱动问题	子问题	学习内容	学习目标	课时	所属模块
课程内容	三、花花世界	花可以吃吗？	问题2：所有的花都能吃吗？	认识能吃的花与不能吃的花	1. 能吃的花有哪些？有哪些吃法呢？ 2. 不能吃的花有哪些？为什么呢？	1	食之识 食之创
			问题3：花有药用和保健的价值吗？	花茶的知识知多少	1. 花的药用、保健价值研究 2. 泡花茶：泡、品、比较 3. 做花茶	2	食之识 食文化 食之技 食之享
			问题4：花在江南菜肴中的角色是什么？	含有花的食物	1. 江南鲜花菜肴研究 2. 制作玫瑰酱 3. 制作桂花食品 4. 制作创意鲜花食物	2	食之识 食之创

5. 每月一次 FSC（Family-School-Community，家校社共同体）基地课程。学校应该是没有"围墙"的。家校社一体化育人，才能事半功倍。为了让学生的学习更具有场景性、专业性，学校共建设了33个社会实践基地。每月开启一次基地课程。在佳农探趣做豆腐、磨豆浆，在茶场采茶，在自来水厂实践，在麦德龙上财商课程……让每一次食育课程都在真实的场景中发生。孩子们增加新的技能，体验制作的乐趣，更明白团结的重要性。走出去，开拓的是眼界，吸收的是知识。回过来，掌握的是技能和方法。

华东师范大学教育学部教授宁本涛认为，中小学基础教育阶段，有必要将"食育"与德智体美劳"五育"融合起来，培养具有高度生命意识和尊重自然规律的时代新人。食育，让孩子解决了自己的温饱问题。"靠山山会倒，靠水水会流。"每当爸爸妈

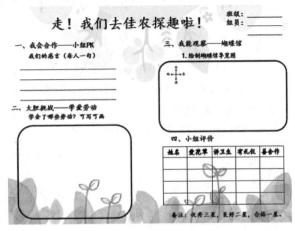

妈不在家,他们也能通过自己的劳动来解决自己的生存问题,给足自己满满的安全感。

三、班班扫除有道

俗话说:百术不如一清,百技不如一心。也就是说无论是哪一种角色,学生、教师还是企业职工,我们都需要用心地及时清理"内存",保持"空杯"状态,积极关注"学习生态链",向内探索,不断优化改良,形成可持续发展的具有"闭环"规律的进阶成长。星河娃们也熟知这一道理,每周班班都会集体性地开启扫除道工作。人人有岗位,个个有担当。

1. 美学的修行:觅劳动日的扫除"道"

一是生活的美学。"一屋不扫,何以扫天下。"先从自己身边的小事做起,才能关爱他人,干成大事。心灵的尘埃时常需要擦拭,心灵的垃圾时常通过三五好友,相互吐槽来清除。如果能像重视打扫心灵一样,重视周围的环境,清洁的环境总能让人产生一种愉悦和美好。其实,生活就是一场美学,用美学的思维审视自我、审视环境,就会深感扫除"道"的必要性。

二是身体的美学。劳动是我们有目的地去做一项工作的活动。而扫除"道"带给孩子的不仅仅是责任、生活美的发现和整理,更有全感官的参与、全身肢体的反应,养成扫除"道"的孩子们,可以在劳动中感受身体的美学。比如:简单的擦玻璃,包含着挥手臂、深蹲、站起等系列关节活动,孩子的"五感"参与,也有助于大脑发育,形成专注的习惯。

三是心灵的美学。那是因为扫除"道"最大的魅力在于让人成为有心人,让人懂得感恩细小事物,人为地缩小痛苦和烦恼;让人能持续地满怀感动,也能收获感动,并感动他人。尤其是身处困境、逆境的时候,把周围的环境打扫干净,内心会随着环境的清洁变得平静,也会充满能量感。扫除道以切切实实的一种可行的方法,有一种仪式感,让星河娃度过的每个很平凡的日子变得不平凡。

《心流》中提道:"你的幸福并不取决于你在做什么,而取决于你用什么方式做这件事情。"做与不做,它都在那里。做事情的态度、方法,取决于事情的好坏和成败归因。那星河里的扫除"道"应该怎么开启呢?

2. 流程的通行:探劳动日的扫除"法"

让孩子们爱上扫除"道",需要有一定的通行法则,我们形成了闭环的六个流程:

一是选择"道场"。每个孩子与合作小组确定自己要清扫的场所、范围和标准,将劳动的目标前置,激发热爱扫除劳动,尊重劳动者,珍惜别人的劳动成果。

关于清扫的场所和范围,先从校内和家里开始,然后慢慢地培养孩子的公德心,愿意为社会贡献自己的力量。不同的地方,标准也是不同的,这些不同的标准由孩子经过自己的调查而确定,量身定制,合理化操作,标准化检查。

二是明确"任务"。有过班级卫生管理经验的老师都知道,班级卫生往往会出现"三个和尚没水喝"现象。班级是大家的共同家园。将整个班级打扫这个大任务,分配给小组长,小组长再进行四人分工,确保人人有事做。在星河分校,有一张不同年龄段孩子要学会的劳动任务表,班主任老师也可以根据班级的实际情况与劳动的场所区域一起制定班级劳动任务清单,明确责任,利用领导力工具进行21天打卡,把劳动习惯的养成融于学生的日常生活之中,为学生创造劳动的机会。

三是身体力行。各位学生到具体的场景中去劳动,到指定地方进行扫除劳动实践。刚开始,教师要予以具体详细的指导。再循序渐进,由扶到放。春天,到星星农场拔草;夏天,捡拾垃圾;秋天,清理树叶;冬天,清扫积雪。具体如何进行这些不一样的劳动,需要老师们亲身示范讲解,讲授劳动要领和诀窍,让学生习得方法。

四是发现"美"。每个人都有一双善于发现美的眼睛。晨间午后、放学间隙,带领学生参观班级、校园,让学生发现校园之美,体会劳动创造美,感受劳动前后校园的变化。感受到劳动带来的美,会更加提高他们的成就感,他们愿意为了更美好的校园而不断努力。

五是扫除"悟道"。学生自我点评、学生互评、教师评价,并组织学生交流劳动感受劳动收获,引导孩子体会到成就感,以及了解到身边劳动者的不易,培养对劳动者的敬畏感,真正从思想上敬佩劳动者。

六是劳动"美妙"。这就是最美劳动者颁奖环节。根据学生在劳动实践中的表现,评选出"最美劳动娃""最佳团队奖"以及"最美导师",鼓励学生将劳动继续坚持下去。

3. 工具的旅行:找劳动日的扫除"术"

一是备齐工具,让扫除有"具"可依。人与动物不同之处之一在于会利用工具。教室里,要准备好相应的打扫工具,为清扫做好充分的准备,为扫除"道"奠定坚实的基础。

二是善待工具,让扫除轻而易"具"。在清扫的过程中,培养孩子的"善心",善待工具,让工具更具持久性。保持善心,是善待任何人的开始。

孟子曰:为长者折枝,是不为也,非不能也。为老人家折枝,不是你做不到,是你不想做。扫除道,非不能且非难为也,为者,匠人也。俗话说,知道的是理,行出来的才是道。扫除道的价值,不光光是清扫了污垢,更告诉人们,无论做什么,都需脚踏实地、凡事彻底。再小的事,一旦彻底做好,它便能释放出巨大的能量。

在优胜劣汰的竞争机制下,生存是一门学问。高质量的生活,更是大家对未来的追求和向往。生存课程,能让学生懂得安全知识,掌握安全生存技能,为学生认知世界、学会生存、幸福生活奠定坚实的基础,为学生的未来创造一个安全的世界。

第二节 身体课程:在力量的基础上茁壮成长

2017年"学生体质健康评价与运动干预高峰论坛"在华东师范大学举行,华东师大"青少年健康评价与运动干预"教育部重点实验室发布了与日本相关机构合作撰写的《中日儿童青少年体质健康比较研究成果公报》。这项历时三年的研究,用大量数据表明,近年来中国学生身高体重和BMI(体重指数)等多项体格指标,显著高于日本同年龄学生。但在体能指标比较中,日本儿童青少年在心肺耐力、柔韧性、敏捷性、协调性方面,显著高于中国。研究过程中的一些指标证明,我国学生存在动作不协调、力量差、耐力差、缺乏生气活力等普遍性问题。

身体健康是幸福生活的前提。在我校的创意生活课程中,我们针对提升儿童健康生活力编制了身体课程,重点聚焦"优雅其身形、强健其身体、舒展其身心"。

但是,身体课程要做的事情很多,如何把握可以影响一生健康的因素并有目的、有计划、有策略地推进身体课程呢?一次偶然的机会,由常州体育运动学校、常州市体育局牵头,国家体育总局举重部原部长钱光鉴到我校视察体育工作,看到我校运动队在练习时指出:"力量是健康的保证,是一切运动的基础。你们不能够光练运动社团的几个学生,而是要科学地力量练习,为所有学生的终身健康打下基础。"

一、把握儿童基础力量练习的敏感期

1. 什么是基础力量

力量,俗称"力气、气力"。词语解释为力气,有分量,运动生理学定义为"肌肉紧张或收缩时对抗阻力的能力"。力量与速度、耐力、灵敏、柔韧等机能合称"身体素质",而且是身体素质的重要部分。

我们常说的身体基础力量,主要包括上肢力量、腿部力量与腰腹力量(核心力量)。基础力量练习,主要指通过练习增强这些部位肌肉的快速力量、爆发力量和耐久力量等。

2. 儿童为什么要进行基础力量的练习

人的任何活动都离不开力量,力量是人体素质的核心部分。长期有计划、有策略的力量练习,可以为增强其他方面的身体素质(耐力、柔韧、灵敏等)打下扎实基础。尤其对于儿童来说,力量不达标,其他运动练习的速度、爆发力、耐力等均难以达到理想要求。基础力量练习可以为儿童的终身健康发挥不可替代的作用。

目前,大部分基础教育的体育教育,均注重技能与技巧的普及,力量练习往往成为专业体育学校的教学内容。一方面忽略了儿童的力量发展潜力,另一方面忽略了力量练习对于其他项目的促进作用,不重视力量这一个核心元素的情况下,要想提高学校体育教育质量,无疑是无本之木。我们必须通过力量练习,有针对性地设计身体课程,才可以事半功倍地提升儿童的健康。在身体课程中培养儿童的顽强意志、拼搏精神、阳光态度,这些都将以"非智力因素"提升教育质量。

3. 儿童基础力量练习的敏感期

小学阶段是学生身体生长发育的第二个高峰期,也是身体力量的第一个可练习期。身体素质发展的敏感期大多集中在儿童少年时期,如果错过了相应的敏感期,则所对应的身体素质发展将很难达到理想水平。

不少人认为,对于少年儿童来讲,力量练习相当于拔苗助长,会阻碍其身体的成长发育。其实,只要负荷相当,基础性的力量练习对少年儿童的肌肉发育、肌肉力量、用力姿势都能形成积极的正面影响。

一般力量发展的敏感期在 12～15 岁。在此之前,我们可以从游戏等方面入手,在体育课堂教学中进行渗透,唤醒儿童的力量练习意识。随后到中高年级,即可以循序渐进地进行专项的基础力量练习。

我校组织体育教师,在有关专家的指导下,深入研究小学生身心特点和成长规律,正确把握身体基础力量的内涵、要素和生长机制。在这基础上结合小学"体育与健康"课程的目标与内容,研究确定了低、中、高三个年段的力量练习关键和腿部力量、上肢力量、腰腹力量三个部分的学生基础力量练习项目,并在实施过程中不断调整和充实,构建起了比较完善的、适切小学生身心实际和成长需求的基础力量练习的内容体系,以此有序开展各个层面的基础力量练习活动。

星河实验小学分校各年段基础力量练习项目

练习重点	低年段	中年段	高年段
腿部力量	靠墙静蹲 30 秒 连续蛙跳 15 米 弓箭步走 15 米 50 米快速跑 台阶上下跳	靠墙静蹲 45 秒 连续蛙跳 20 米 弓箭步走 20 米 50 米快速跑 台阶跨步跑	靠墙静蹲 60 秒 连续蛙跳 25 米 弓箭步走 25 米 50 米快速跑 台阶单腿跳
上肢力量	俯卧撑 10 次 沙包投掷 1 千克哑铃弯举 10 次 1 千克哑铃上举 10 次	俯卧撑 20 次 垒球投掷 2 千克哑铃弯举 10 次 2 千克哑铃上举 10 次	俯卧撑 30 次 实心球投掷 3 千克哑铃弯举 10 次 3 千克哑铃上举 10 次
腰腹力量 （核心力量）	仰卧起坐 20 次 四条腿爬 15 米 跳绳 1 分钟 25 米×4 往返跑	仰卧起坐 30 次 四条腿爬 20 米 跳绳 1.5 分钟 25 米×8 往返跑	仰卧起坐 40 次 四条腿爬 25 米 跳绳 2 分钟 50 米×8 往返跑
组合力量	由教师组织学生自由选择项目搭配练习		

二、创设儿童基础力量练习的生态圈

基础力量练习以其必要性与重要性，成为身体课程的一条内在线索，也是学校提升儿童健康生活力的重要策略之一。但怎样做才可以有条不紊、有序推进呢？

回到创意生活课程设计"生活为源"的原则，只有综合考量，形成一个基础力量练习的生态圈，才可以使身体课程不搞花架子，确保儿童通过身体课程真正提升自己的体能、强健体质。

学校通过体育课堂、大课间活动、体育社团活动、体育家庭作业等多个途径，组织和指导学生开展上述项目的锻炼活动，使基础力量练习切实加强并卓有成效。

1. 在体育课堂教学中渗透

在日常体育课上结合教学内容开展力量练习活动，既是加强学生基础力量练习的一个重要途径，又能增强课堂活力、提高教学效益。体育教研组对课堂教学流程进行了改造重构，构建了"5 分钟热身运动——5 分钟力量专项练习——25 分钟技能学习及游戏——5 分钟拉伸放松练习和课堂小结"这样一个体育课基本教学流程。每堂课必须安排两段力量练习活动，一段是开始上课后的专项力量练习，另一段是融入在技能学习及游戏中。练习项目由体育教师结合课堂教学内容从上述力量练习项目菜单中选择，也可以根据本班学生情况和教学需求自主安排。

为指导学生锻炼力量的技巧和方法,提高基础力量练习的实效,体育教研组精心制作了"小学生力量练习"系列微课视频,在雨天室内体育课上组织学生收看和跟学,也上传至微信公众号,用于指导学生居家开展力量练习活动。

2. 在大课间活动中落实

我们把每天的阳光体育大课间作为加强学生基础力量练习的重要阵地,形成"1+X"的模式,"1"是确保基础力量天天练,是统一的专项练习;"X"是在力量训练基础上开发的大课间运动游戏,是班级选择进行的力量游戏。

很多学校的大课间活动一般分两段,先集体做广播操,再分散自由开展体育游戏活动。这样做的优点是激发儿童兴趣,可以调动学生的运动积极性。其缺点也不可忽视,一是游戏有一定的人员限定,一段大课间下来,有的孩子仅玩到一两次,根本起不到锻炼作用。二是游戏以玩为主,并不一定可以达到锻炼的量和质的要求,很多学生在大课间中放松了、开心了、笑了,但没有出一点汗,没有使自己的身体发展得到日积月累的改变与提升。

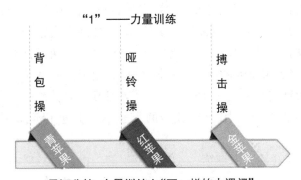

星河分校 力量训练之"不一样的大课间"

认识到这一点之后,学校就准备让大课间更倾向于力量练习,提升儿童体能。一是改变了以往统一做操、做一样操的格局,在专家指导下根据不同年段学生的身心特点和运动水平,设计创编了三个年段曲调一样但水平不同的、重在基础力量练习的广播体操:低年段为水平一《背包操》,重在练习核心力量,使低年级学生感受什么是力量;中年段为水平二《哑铃操》,重在练习上肢力量和核心力量,使学生体会力量的节奏;高年段为水平三《搏击操》,重点练习上肢与下肢力量,让学生尝试力量的爆发。三种水平的力量体操都不是单一的运动,而是身体多个部位联动的综合运动,所以不仅能锻炼基础力量,而且还能锻炼身体的协调性、柔韧性和运动的节奏感。

低年级：背包操　　　　　中年级：哑铃操　　　　　高年级：搏击操

二是根据研究确定基础力量练习的内容体系，在各年级有序安排多个活动项目，并给学生准备了沙包、哑铃、杠铃、轮胎、瑜伽球等多种多量的器材，给学生设计了俯卧撑、深蹲、金鸡单跳、青蛙跳等多个项目的体育游戏活动。在广播体操结束后，学生被分散到指定的各年级活动区域，在班主任、体育教师的带领和指导下自由结伴、自选项目，开展重在锻炼力量的体育活动。

3. 在体育社团活动中开展

为帮助学生掌握一定的体育技能，发展一定的体育特长，我校组建了篮球、足球、轮滑、武术、跆拳道、举重等多个体育文化社团，有众多学生参加。各社团定点、定时、定教练，常年开展活动，取得了比较显著的成果。学校在五、六年级组建的举重社团，与常州市体育运动学校合作，被确定为常州市举重队的一个练习点，由市体育运动学校派出专业教练来校指导，近两年该社团已为市举重运动队输送了多名可培养的苗子。我校各体育社团坚持"先力量、再技术"的练习模式，每次活动先集中到运动场上，在力量练习专业教练的指导下开展力量练习活动，然后再在各社团指导教师的带领下分开进行运动技能的学习与练习。

4. 在家庭体育活动中继续

学生在校学习时，我们能确保学生每天进行一小时的体育活动，但在双休日、节假日怎么办？为此，我校从2017年开始，就为学生布置体育家庭作业，要求学生在双休日、节假日、寒暑假坚持天天运动，并与父母一起运动。现在的家长也十分重视孩子的身体健康、发育成长，所以这项工作得到了广大家长的大力支持。布置的家庭体育作业以基础力量练习为重点，并根据研究形成内容体系。在完成居家锻炼的力量练习项目后，再开展一些学习运动技能的体育活动。在一、二年级布置的每天必做的"5+1+2+1+1"体育打卡家庭作业，就是基础力量练习加跳绳等技能练习，5分钟基础力量自由练习+1分钟跳绳+休息2分钟+1分钟跳绳+1分钟拉伸放松。三至六年级的体育家庭作业，是结合学生体质健康测试项目设计的力量练习和技能学习活动。孩子们在每次运动锻炼时做好记录，拍下录像或照片，发到班级"钉钉"打卡平台，既相互展示交流,又接受监督和评价。

三、打造儿童基础力量练习的特色团

一次机缘巧合,我校与常州市体育运动学校、常州市体育局联谊。体育运动学校推荐了举重项目:中国举重在世界上一直处于霸主地位,长期以来在各项比赛中获得的金牌数遥遥领先,不断刷新世界纪录。而常州市也有着一支专业的举重队伍,有深厚的文化底蕴并且有光荣传统,需要大量的人才储备。

当下,常州体育运动学校、市体育局达成共识,与星河分校合作建设举重特色项目。市运动学校对于青少年体育人才的发掘、培养积累了大量的经验,他们传经送宝至星河分校,重点为学校的基础力量练习提供更专业的指导。而星河分校则在现有的基础上,进一步梳理和规范儿童力量练习的体系,点面结合,分层培训,在普及性提高学生体能的同时,为上一级学校提供人才储备。

在建立举重特色项目后,学校得到合作单位的大力支持,新建500平方米的举重馆,基础力量训练器械、装备,还专门聘请了举重省冠军做专业教练。很快,学校举重队在各级各类比赛中获得佳绩,打造出了"举重"这一特色品牌。

起先,也有家长和老师不理解,小学生学举重会不会影响身高与发育。但家长发现,只要练习科学、动作规范、运动量合适,就利大于弊。

常州市运动学校学生张强:

我四年级就获得常州市举重第一名,后来被选入江苏省常州运动学校学习。2018年参加全国"体彩杯"举重锦标赛获得冠军。十分感谢母校,让我发现了自己有"举重"这个特长。力量训练不仅让我锻炼了身体,更重要的是让我成长,学会坚强,每次比赛都给我勇气,学会迎难而上。

运动员胡泊和滕云两个都是身材匀称、健美的孩子。本来,家长也担心举重是否会影响他们的身高身材。但在教练科学指导下,家长终于放心让孩子参与举重项目。六年级,这两个孩子都学习训练两不误,还在市比赛中获得冠军。

胡泊爸爸说:孩子有这方面的能力与天赋,我们作为家长,更应该支持与配合。少年强则中国强!希望我的孩子能在学校的培养、教练的指导下,刻苦训练,争取不断超越自我,实现自己的举重梦想和人生价值!

滕云说:做梦也没想到,我这么瘦的人也可以举重,我还可以拥有这样一项特长。多谢学校和教练对我的培养、支持,我会一直坚持下去,争取更好的成绩。

校举重队不断刷新成绩,蝉联七届市、区小学组团体第一名,队员一步步走出武进、走出常州、走向全国。在形成体育传统学校的同时学校也不断为学生搭建平台,近年来向上级单位输送近70多名优秀体育人才,成为常州体育运动学校的重点输送学校,更有许多优秀运动员已经进入省队、八一队或者国少队等队伍训练。

四、用好儿童基础力量练习的数据链

为加强学生基础力量练习,我校建立了学生基础力量监测机制,通过定期的专项测试,跟踪分析学生基础力量发展情况,反馈基础力量练习的成效,进而根据测试情况不断改进和完善基础力量练习的内容与方法。同时,通过检测评价激励和引导学生增强健身意识、积极主动地开展锻炼活动。

根据小学生身心特点和人体力量发展的基本要素,与《国家学生体质健康标准》项目相结合,研究确定了三个学段的力量测试项目,并制定了各个力量测试项目的评价标准,根据总得分设定优秀、良好、合格、较差四个等级,基本上与国家体测标准相一致。

星河实验小学分校各年段基础力量监测项目

项目	低年段计分	中年段计分	高年段计分
体重指数(BMI)(分)	15	15	15
肺活量(分)	15	15	15
50米跑(分)	20	20	20
坐位体前屈(分)	30	20	10
1分钟跳绳(分)	20	20	10
1分钟仰卧起坐(分)	—	10	20
50米×8往返跑(分)	—	—	10
总计(分)	100	100	100

学校由体育教研组负责,在每学年的第一学期组织学生进行国标体质健康测试,第二学期对每位学生进行一次力量测试。力量测试结果记入学生身体素质发展档案,对学生力量发展进行跟踪分析。一是用来分析各年级学生基础力量整体发展情况,以此总结反思基础力量练习的成效和存在的问题。二是用来分析学生个体基础力量发展的总体情况和单项情况,如发现学生有偏胖偏瘦、

某部位力量过弱等问题,就及时形成联动,联系任课老师、联系家长。大家一起分析原因,一起做好学生的思想工作,一起商定和落实具体的改善措施。学生的身体在先天基础、生理年龄、体重体型、饮食习惯、营养结构等多方面存在个体差异,因此我们对学生个体力量的监测分析不简单化、一刀切,不单纯地通过学生间横向比较来判断强与弱,而是结合多方面因素进行个性化分析、综合分析。

我校这几年加强学生身体基础力量练习取得了较好的成效,一年一度的学生体质健康国标测试,全校学生的合格率连年保持在99%以上,优秀率已从2013年的8.5%、2014年的14.4%上升到2018年的33.97%、2019年的24.74%。2020年,我校受常州市体育局的邀请,加入了江苏省少儿体适能项目。

当然,基础力量训练只是普适性练习,用于学生整体身体素养的提升。我们对于儿童的基础力量训练,也不是把儿童都培养成"金刚""巨无霸",而是使其有力、精神、敏捷、快速。而且,学校也会根据儿童身体素质的特点,开设轮滑、冰球、击剑、拉丁舞等多个身体课程选修课,为孩子拥有健康生活奠定基础。

我们以学生基础力量练习为一个突破口,进一步加强身体课程的研究,努力让每位学生更有力量、更加健康地成长。

第三节 智慧课程:与大人一起读

阅读是生命里的光,陪伴是最长情的告白。小学里的孩子,他们的阅读情况怎么样呢?家长是否抽出时间陪伴自己的孩子阅读呢?2018年9月,为了清楚地了解孩子们在家的阅读情况,鼓励他们与家长一起积极参与阅读行动,学校特地制作了一份调查问卷,调查数据显示,孩子们自主阅读书籍并不多,而家长和孩子亲子共读的书本更加少。

年级	每月阅读书目平均值/册	每月亲子共读书目平均值/册
一年级	8	7
二年级	10	6
三年级	8	5
四年级	7	2
五年级	7	2
六年级	5	1

我们随机对一些孩子进行了访谈,发现孩子们的阅读基本上是在学校内进行的,到家基本不阅读。

随后我们又邀请家长进行了座谈,得知孩子们在家不阅读的原因有几个:

1. 父母"读闲书无用"观念的误导:认为读好教材就可以提高成绩,读其他杂书没有什么用,反而会影响学习。

2. 父母不懂"如何读书":部分家长文化程度不高,他们自身识字不多,阅读史基本空白,更是与阅读时代脱节。有哪些书必读,哪些书比较好读,拿到一本书应该如何阅读都不清楚。

3. 家庭没有"阅读氛围":有些家长很忙,超长的工作时间使他们一停下来便想休息,无暇顾及阅读;有些家长沉迷于玩游戏、刷抖音,认为阅读枯燥乏味。

课程部负责语文教学的孙晔隽主任提出:"困难再大也要做啊,部编版语文教材对阅读进行了顶层设计,增设了'和大人一起读'等栏目,我们不如抓住这个机会,好好推进家庭阅读。说不定,阅读就可以改变一个家庭呢。"

目标虽然很明确,可是面对一群大部分是新移民儿童的家庭,他们的生活目的大多就是解决温饱问题,我们应该从哪里入手呢?

集团庄校长在听了我们的分析之后,一个活动方案——"橙风铃"书香家庭共建行动项目应然而生,这个方案是这样设计的:

从本部挑 100 个爱阅读且家庭条件好的孩子,准备简单书柜和一些儿童书籍,筹建家庭图书馆;

从分校挑 100 个爱阅读但家庭条件差的孩子,与本部孩子结对,成为第一批家庭图书馆收藏者。

设想是:通过这 100 个家庭图书馆的建立,以"雁阵"效应逐步推进家庭阅读,就像用 100 座灯塔来点亮一片星河。

一、一个共读书柜让家更具书香

2018 年的这个初冬,
我们有如星闪烁的书香芬芳,
包裹着自信、诚实、友爱、互助、勇敢等种子,
需要你带向一个个家庭。
我们相信阅读是连接心灵的桥梁,
心灵的连接是真教育的开始。
今冬,
没有转瞬即逝的短期牵手,
只有连接永存的阅读长跑,

这是一场星河和"群星"的对话,
这是一场家庭和儿童的对话,
这是一场心和心的对话。
2018的这个冬天,
如果你真爱教育,
如果你相信阅读,
如果你心中有光,
那就接受我们诚挚的携手,
因为你,一位位优秀的儿童将走进价值世界,
因为你,一本本芬芳的书香将点亮一个个家庭。
邀你来星河,做一个星星点灯的人,
因为有你,2018年的星河将是暖冬。

——记星河"橙风铃"书香家庭共建行动

我们仔细筛选了100个家庭图书馆的"捐赠与收藏"对象,精心制作了电子邀请卡,庄校长亲自写了一首关于阅读的小诗,召唤家长一起读书,一起走进家庭图书馆。

这是一个充满阳光的周末,老师们都主动加入开馆仪式的氛围创设中,有的参与制作风车,有的帮忙悬挂风铃等纪念品,体育老师把200张座椅摆放得整整齐齐,美术老师从家里带来了书柜,把操场、舞台布置成家中书房的模样。

当孩子们走进校园时,他们瞪大了的眼睛里充满着欣喜,家长们的脸上也透露出喜悦而略显歉疚的表情:"确实欠孩子一个书房。"

那天,武进区委宣传部戚清萍副部长来了,两个校区的家委会成员来了,共同见证了100个图书馆的交接,100对孩子的结对,并提议了100个家庭的阅读交往,象征着"家庭共生场"吉祥物的橙风铃响起,星河家庭图书馆开馆了。

校内活动一结束,微信朋友圈就炸开了,本部家长说"带着孩子一起做了一件有意义的事情,为推进全民阅读贡献了应有的力量"。

分校的家长则无比感谢本部家庭捐赠的微型图书馆,纷纷表示家庭阅读从今天做起。而常州电视台、武进新闻台、搜狐网等播出了我们的"100个家庭图书馆"活动后,还有家长来电咨询:"学校是否还有下一次捐赠图书馆活动?孩子也渴望有个自己的阅读角,是否下次有机会可以满足他这个心愿?"

我们强调,"家庭图书馆"不是捐赠给个人,而是捐赠给学校;学生也不是接受捐赠,图书会在一阶段之后进行"漂流"。

从那天起,分校更多的孩子拥有了自己的书柜,拥有了自己的阅读空间,他

们把自己喜爱的书本整整齐齐地放到书柜中,时不时地就去书柜翻阅图书,每一本书都留下了他们翻阅的痕迹。这一节书柜似乎成了家庭小小图书馆,打开了家庭的阅读之窗,成为家庭成员的心灵栖息地。除此以外,本部和分校的结对家庭定期开展阅读交流活动,让两校之间的孩子结伴成长,让两校之间家长共建书香家庭,为更多儿童的成长

提供支持与帮助,让这座城市的每个家庭因为每一个人的努力而变得美好!

二、一段共读时光让家更具温情

我们要的不仅仅是"外在的图书馆",而是"实质的家庭阅读"。于是,老师们又进行了进一步研讨——"建了图书馆,如何用好家庭图书馆"?

可以双线共读,儿童一条线,家长一条线;

可以阅读打卡,父母监督,儿童坚持;

可以共读共写,读写绘共进;

可以分年段进行阅读系列活动,促进阅读方法提升……

老师们是这么想的,也是这么做的。

于是,我们通过家长夜校跟家长聊读书,聊亲子阅读,指导如何进行亲子阅读,让家长了解到亲子阅读,是一种学习手段,更是一种良好的休闲方式。提倡每个家庭,根据自己的实际情况,定一个大家都相对空的时间,一般可定于19:00~20:00,关掉嘈杂的音乐,让手机静音,家庭成员坐于相对集中的地方,泡上一壶茶水,看看书,聊聊书,通过书本去看世界,形成一种温馨而有书香的氛围。通过这种方式,家长教会孩子如何热爱生活、享受生活。孩子的成长也是多读一本书,多一点心思,多一点投入,获得收获的其实不仅仅是孩子。

1. 亲子共读促进亲子良性沟通

亲子共读是指家庭内亲子互动进行的一种阅读活动。通过亲子阅读,孩子可以充分地感受到来自父母的关注,这对于激发孩子的沟通意愿具有刺激作用,对于建立孩子的安全感也有重要作用。家长在给孩子进行阅读的时候,会根据书中的内容调整自己的表情、声调,孩子看了会跟着学,潜移默化地学习沟通的方式技巧。另外,父母和孩子交流的内容不再只是枯燥乏味的话题,书中的有趣内容促进亲子之间的讨论,沟通将会变得更加愉快。

2. 亲子共读塑造孩子的良好性格

孩子在成长过程中的某个阶段会出现叛逆情绪。通过亲子阅读，我们可以缓解家长与孩子之间的紧张情绪，帮助孩子塑造良好性格。比如：有的绘本故事讲的是孩子对家长的语言行为，那通过这样的绘本我们可以让孩子学会尊重自己的父母。有的神话故事讲的是服务社会，那通过这样的故事我们可以教育孩子养成服务意识，懂得付出。儿童读物除了故事性外，大多都有着"真善美"的意蕴，对于儿童品格的养成也多有裨益。

3. 亲子共读引导家长换位思考

我们常建议父母要高质量地陪伴孩子，怎样才能高质量地陪伴孩子呢？这要求家长不仅要陪伴在孩子身边，更重要的是接纳孩子、理解孩子、尊重孩子，更要与孩子的心灵同在。可事实上，很多时候，父母想得更多的是如何向孩子灌输自己的想法，希望孩子能够理解、配合自己，能够满足自己的期待和要求，但往往忽视了孩子向自己传递过来的信息，没有理解到孩子的真正需求。通过亲子共读，家长可以学会站在孩子的角度来考虑问题，知道如何正确对待自己的孩子，使得亲子关系更加和谐融洽。

亲子共读既培养了孩子专注读书的好习惯，同时在共读交流中改善了孩子与父母的亲子关系，让亲子关系更加温暖有爱，共同分享一个充满温暖的快乐时光。而亲子之间丰富的语言交换，是送给孩子最大的财富。

一幕幕亲子共读的温暖、美好画面，是那么赏心悦目。在工作之余，父母静下心来陪孩子共读，让孩子感受父母的关爱，共同享受亲子共读的美好时光。

彭妈妈说：经过一段时间的亲子共读，我们发现，孩子的阅读习惯变得越来越好。以前我逼着他读书。他硬着头皮读，现在主动要求我和他一起阅读。更让我欣喜的是，小家伙居然改掉了回家没事就看电视的习惯，总喜欢拿着书本来找我们和他一起阅读。家人在一起的时候，小家伙就老喜欢把书中看到的有趣内容讲给大家听。他爸爸本来回来就想着刷手机缓解一天的劳累，现在也懂得用书本来调节生活。现在，我们的家庭氛围变得越来越温馨了。

三、一次共读交流让家更具思想

家,是每个孩子奔赴世界的驿站。家,是每个孩子心灵休憩的港湾。良好的教育始终离不开家的氛围与护航,"双减"背景下,家长如何做一把稳定的"弓"助力孩子的成长?答案是阅读。读了些什么?读得怎么样?怎样读才更有效果?这些问题是我们想要了解的,也是家长想从其他家庭了解的。于是,为了促进家长的阅读,我们组织了共读交流活动。有时候是现场的分享会,有时候与家长齐聚"云端",彼此看见、相互倾听,一起参与共读交流活动,开启共同成长的路径,让每个家庭更具思想。

1. 学会正面管教

比如,我们曾经向家长推荐过《正面管教》这本书,期待通过阅读让家长掌握更科学的育儿方法,通过共读交流活动,家长们往往能领悟到书中的精华,有的家长意识到自己的教育方式存在问题,有的家长学会了用鼓励表扬代替批评责备。

尚梓睿爸爸说:很多时候,我们对孩子说教也是为了孩子能更好,孩子为什么不听呢?而且有时候孩子说的话,让人真的很难过。其实面对这种情况,我们很容易以情绪来回应(大声吼叫,打骂等方式),这很正常,但我们努力控制自己,让自己停下来想想,孩子表达出来是件好事,他们的各种反应,也许是想要告诉我们什么,这是大人需要考虑的事情!怎样"赢得"孩子呢?《正面管教》告诉了我们四个步骤:(1)表达出对孩子感受的理解。(2)表达出对孩子的同情,而不是宽恕。(3)告诉孩子你的感受。(4)让孩子关注于解决问题。

潘依忱妈妈说:《正面管教》这本书,让我受益匪浅。书中写道:孩子们需要鼓励,正如植物需要水。没有鼓励,他们就无法生存。是的,那鼓励和赞扬的时机在哪里呢?这也是我们需要思考的地方。对于孩子我也一般是以鼓励和赞扬为主。因为我女儿是比较文静的女孩子,所以一般教导她都听。当她做得不对的时候,我不会大声地斥责说你不应该这样做,你不能这样做。而是会问她,你觉得应该怎样做?怎样做会更加合适?让孩子自己去思考,而不是家长一味地灌输。这些道理,我都是从书本当中读来的,特别感谢学校的好书共读活动。

2. 学会言传身教

家长是孩子的朋友、孩子的老师、孩子的引路人,家长的一言一行影响着孩子，阅读可以让家长知道教育孩子有哪些误区，让家长获得许多有效的经验，让家长的教育意识发生改变。

陈业楗妈妈说：“孩子就是父母的复印件。"作为父母，我们需要真正把他们放到心里面。家长要用心改变自己，给孩子做一个好榜样。比如不希望孩子边吃饭边看电视，你自己就不要边看电视边吃饭。反思自己之前因为家里的事情和家人吼叫，感觉孩子非常害怕，虽然不是针对他，但对他还是有影响的。作为家长，同时也是孩子的老师，每天都应该反思自己的言行举止。只有自己做到了，才能要求孩子做到！

3. 学会拥有耐心

"中等生"，一个灰色的群体，他们看上去没有出类拔萃的天分，没有耀眼夺目的成绩，就连犯错误都缺乏勇气。阅读《家有中等生》这本书，能够让家长静下心来倾听中等生孩子的寂寞、尴尬和苦闷，可以帮助那些想要名列前茅的中等生成绩变优，也可以帮助那些甘居中等的孩子绽放别样的光彩。

魏士博爸爸说：“如果健康，如果快乐，如果没有违背自己的心意，我们的孩子，又何妨做一个善良的普通人。"这是《家有中等生》这本书中的一句话，让我明白了很多。当今这个社会中，每个家长都太迫切地希望自己的孩子是个有出息的人，放平心态，积极生活，哪怕孩子未来只是工作在平凡的岗位上又何妨？我们都是普通人，好高骛远、急于求成要不得。

四、一场共读峰会让家更具品位

时间飞逝，冬去春来，时间过得很快。孩子们读得怎样？"星父母"们适应得怎么样？我们一商量，就决定给大家创设一次交流的机会，分享阅读经验。

于是，三个学园主任分头行动，制作了精美的邀请函，让家长朋友感受到"读书，是一件特别高尚、特别隆重的事情"。学园主任分别根据学生年龄特点，设计了分享会的过程。成长部还特意邀请了武进博物馆、家长学校总校亲子阅读指导专家、星河集团本部部分语文教师作为特邀嘉宾参与会场活动。

整场共读峰会分为四个板块进行:悦读好时光,七彩书香园,共读好方法,引领促成长。

1. 悦读好时光

自从小书柜来到星河分校孩子们的家里,就开启了一段段美好的悦读好时光。那么,书给他们的家带来了哪些变化呢?小朋友和家长各自说出了自己的心里话。

徐可同学说:"我爸爸妈妈每天在外上班,当我一个人在家时,总感到很孤单很无聊。上学期我们学校举行了一个特别有意义的"橙风铃"活动,我很幸运地成为图书受捐者。从那以后,我家有了一个可爱的小书架,上面有好多好多书,《鲁滨逊漂流记》《木偶奇遇记》《成语故事》《一千零一夜》《小故事大道理》《十万个为什么》……都是我爱看的书。自从家里有了小书柜,每当空闲的时候,我就会拿出一本书静静地看起来,享受着它带给我的种种乐趣。从一本本书中我学会了人与人之间如何去相处,知道了为什么会有白天和黑夜,了解了历史悠久的中华文化……我的知识越来越丰富,我的好奇心也越来越强烈了。书,为我打开了一扇通往古今中外的大门。"

魏良旭妈妈说:书,为星河实验学校本部与分校架起了友谊的桥梁。活动开展已经近一年时间,与孩子一起读书,我们共同经历着书籍带来的快乐和变化,感受到孩子心理和思想的变化:爸爸渐渐地主动拿起了书;我也放下了手机,加入阅读打卡的行列;魏良旭阅读时,还会做记录,写好读后感,现在写起作文来也能得心应手。我们能有这些收获,要衷心感谢老师和本部有爱心的家长们,是大家的爱心,让我们一家人走进了书香生活,学会了感恩。

2. 七彩书香园

时间是有限的,书的海洋却无比广阔,怎么能看得完呢?所以我们要学会精心挑选一些好书做朋友。在峰会的第二板块中,分校的几位"小书迷"给大家推荐了几本适合同学们看的好书,有充满童趣的故事书,有精彩烧脑的科幻书籍,也有古今中外名著,说起它们来,同学们是侃侃而谈,如数家珍。在场的家长朋友们看到自家孩子因阅读带来的自信与高雅,都为孩子们感到无比自豪。

3. 共读好方法

自从"橙风铃"书香家庭共建活动开展以后,每个家庭都开启了亲子共读之旅,不仅在共读过程中享受了美好家庭时光,更总结出了亲子共读的好方法。

魏良旭妈妈说： 我为自己和孩子制订阅读计划：1. 每天 19:30 之前，我必须完成工作，孩子必须完成作业。2. 20:00 开始一起阅读。3. 21:30 必须休息。这样我们每天都有固定的时间进行阅读，有时我们自己读自己的，读完之后，我和孩子相互交流书的主要内容，把自己最喜欢的句子和片段推荐给对方，让对方阅读。看看自己的感受是不是和对方一样？如果不一样，跟对方进行讨论，看谁讲得更有道理。有时我们还共读一本书，并写下读后感，或说说读完了这本书从书中体会到了什么？再讨论谁的读后感写得好，谁的体会更深刻。

她们的方法不一定会全部被其他家长赞成。比如，王登峰的家庭则表示，由于工作原因，他们家庭成员的作息习惯比较复杂，所以，并不固定每天的阅读时间。但是，他们家约定每周的阅读任务，到周末时，全家开个阅读交流会，效果也不错。

4. 引领促成长

看到分校的孩子和家长在阅读方面有了如此大的改变与收获，参与峰会的嘉宾老师感慨万分，他们对每个家庭的发言都进行了精彩点评，并给大家开展亲子共读指导，提供了一些亲子共读的有效方法。

活动最后，学校给与会家长颁发了"新父母上岗证"，祝贺他们在亲子阅读中的付出和收获。

再后来，学校投入十多万元，改建了四个书吧，为孩子们提供更多好书；

"星父母"的节日礼物不再是"吃的、玩的"，而是"精美书籍"；

周末去哪里？不再是宅家、逛街，而是去更大的图书馆……

钱国芬副校长日志摘录： 5月10日晚上，综合楼里的和大人一起读书活动的三场峰会现场座无虚席，我们除了"图书馆收藏家庭"以外，还邀请了其他有兴趣的家长和学生。100多个家庭精心准备，从"我的阅读故事""我们家的悦读时光"等不同的角度来畅谈家庭图书馆给"我家"带来的变化和收获，他们用质朴的语言，深情讲述了"橙风铃"活动开展以来收获的别样生命之旅。

我就在这三个会场间穿梭，当时的场景，可以用"震撼"来形容。我们原来的期待，只是希望看到每个家庭可以因"家庭图书馆"略微改善。但在现场，我看到无论孩子还是家长，都自信而大方地进行"悦读"分享。是的，我用的是"悦读"，因为每个人脸上都有自信的笑容，他们或展示思维导图，或讲故事，或联唱古诗，他们用各种方式，表达他们与书籍的"相遇、相知"

的故事。

　　震撼一波又一波,除了孩子们的变化之外,我更看到了家长们自然而然地交流亲子阅读的收获:有的家长注重培养孩子读书的兴趣,并让孩子把日常的生活情境编创成故事,于是有了孩子的"第一本书";有的家长以身作则,做好榜样,创造良好的家庭读书氛围,于是有了"相约八点半"的读书约定;还有的家长给孩子制订读书计划及目标,和孩子一起交流读书心得,于是有了"共写读书笔记"……家长代表们侃侃而谈,因为真的在做,所以有话说;因为天天在读,所以讲出来的话都不一样;因为在思考、在实践,他们会向指导嘉宾提问很多实在的问题。

　　就这样,我们用100个图书馆点亮了一片星河。我们家长在阅读中遇见了更好的自己,在阅读中更好地增进了理解,拥有更多共同语言,形成更大合力。

　　在"与大人一起读"项目启动初期,老师们也有担心,担心家长会不会有不同意见,认为学校把阅读指导这件事情全部推给家庭。但阅读项目的根本目的,是将孩子周边的人与物的核心元素全部转动起来,去改变原有的比较单调的家庭生活,从而建立起用书香浸润得更加高雅、更有品位、更有品质的温馨生活。

　　阶段性的努力,让我们看到了家庭休闲观的改变,看到了孩子们的改变。无论孩子还是整个家庭,都朝着大家所期待的智慧生活向前。

　　星河分校将会把"与大人一起读"这一课程持续进行下去,定期开展阅读活动,树立榜样父母,评选书香家庭,家校合力,与孩子一起成长。

第四节　品格课程:乘坐BRT驶往幸福站

　　我们的孩子,很多都是从其他地方来到常州的。城市化进程中,农村迁移到城市的流动人口逐渐变成举家迁移的模式。大量的新移民儿童随迁到城市后,他们面对多变的社会新环境有何认知和理解?适应又如何?可见,适应性俨然成为当今社会关注的热点,也是教育行业的一个痛点。

　　在2018年学校启动创意生活课程改革之时,我们就在想,用怎样的方式,可以使创意生活课程中的品格课程有更强的针对性。恰逢江苏省中小学生品格提升工程建设项目正进入新一轮申报,学校就提出了"品格BRT"的理念。"品格BRT"意为让新移民儿童在入学那一刻就进入学会适应的品格培育第一站,构建新移民儿童学会适应的品格发展生态系统,使其逐渐驶往幸福之站。

一、共建一座品格 BRT 之城

以一种发展的眼光来看,儿童的未来或多或少可能在不同城市、不同地方移民,但归宿地大多仍是城市。作为城市未来的新市民,要对城市有认同感、有归属感,以便更好地适应这个社会,产生新的价值观与必备品格,做当家好少年。

1. 城市元素:"品格 BRT"之车

BRT,快速公交系统(Bus Rapid Transit),即速度快、附带常规公交特性、有系统的管理和运营方式,是介于快速轨道交通和常规公交之间的公交客运系统,是一种大运量的交通方式,有"地面上的地铁"之称。"品格 BRT"设立了五个"适应之站",分别为心理适应、学习适应、生活适应、环境适应、文化适应,旨在让每一位儿童在小学的六年中,都乘坐"品格 BRT"之车,穿梭在新城市生活中,分别到这些站台上体验生活、适应生活、引领生活。每一次都浸润在新城市生活中,遇见一次次品格体验,实现一点点成长,遇见一个个美好。

目标	品格	指 标
爱家之心 持家之能 担家之责	乐观自信	诚实善良、宽容上进、能合群、善于沟通、积极向上、阳光自信
	知行合一	有自学的独立意识和自我实现意识,独立行动和创造的能力,有持家之能
	勇于担责	有责任、毅力、勇气,懂得爱、关怀、尊重、感激,为学校、家庭、社会做贡献
	进取刻苦	明确自己的理想和生活目标,有坚忍不拔的意志力和积极进取的精神
	学会改变	树立改善自己的信心、有改善家庭现状的目标、有改善并适应新环境的能力与品格

2. 城市印象:品格"美好绽放"

围绕"让每一朵花美好绽放"的理念,我们以"培养当家少年"为目标,使他们形成乐观自信、知行合一、勇于负责、进取刻苦、学会改善的品格。让儿童登上"学会适应的品格 BRT"之车,在"当家少年号"上,开启美好的新生活之旅,并在旅途中了解社会风俗、掌握社会规则,在最短的时间内适应社会,锤炼必备品格、培育价值观念、行为习惯以及思维方式,在"品格 BRT"系统中锤炼儿童品格,以儿童品格引领家庭品格,用一个个家庭的品格引领社会文明。

3. 城市主体：共建品格之城

① 搭建平台

家、校、社共建，在儿童学习、心理、生活指导上，完善师资保障平台，形成协作体。利用社区资源平台，来到社区，进行体验、实践、交往，提供鲜活的、多样的、个性的、创新的生活情境，提供可变的、与众不同的生活课程，让每一位儿童在最短的时间内融入新的生活，激发他们自己的意识与行为，让品格 BRT 处处、时时充满儿童风景、儿童气息，既看到今天的幸福生活，又憧憬并努力创造未来的生活。

② 主体多元

儿童的品格建设，需要多方积极科学参与。第一，不断优化家庭育人氛围，通过开设两周一次的家长夜校，来提升家长育人水平。第二，建立学校品格教育专业团队，形成儿童发展的认识，促进儿童健康成长。第三，教育场域再造。从学习、交往、家庭、社区、心理等要素建构，建立自信的心理场景、互助的学习系统、共生的和谐家庭、交往的体验情境、朋辈的交往群落等，形成与社会相适应的知识技能、价值观和社会属性。

二、共享一种创意品格生活

每一个儿童乘坐品格 BRT，穿越在新城市生活中，进入一条条线路，遇见一种种风景，共享一种创意的品格生活。

1. 学习适应：互助者"学习林"

①"语言林"。新移民儿童进城后，在相当长一段时间内，在与同乡群体沟通中，还是喜欢、习惯性地使用方言与他人交流。为此学校举行了跟我学方言、编方言手册、新移民儿童和当地孩子互相学方言等活动。开辟我是演说家舞台，学会用普通话表达，设立中国民俗节，开展民族运动会，对"民族文化 PBL 项目化研究"进行成果汇报展示，打破班级界限，通过走班的形式，一起学习、交流自己感兴趣的民族。在地化的场景中去了解各民族不同的风俗习惯、不同的历史文化、不同的生活环境，从而促进彼此对不同民族语言、风俗习惯的理解。

②"学习林"。组建班级学习共同体，对普通教室在空间上进行重构，通过学习组之间的"串联"、班与班之间的"并联"，学习组之间构建起特有的"朋辈关系"，支持与信任、爱与被爱、尊重与信任等情感因素也得到了很好地建立，促进儿童的自我认知、情绪情感压力的化解、自信心的增强。

③"交往林"。每一个新移民儿童都能与本地孩子进行家庭结对，到对方家庭中进行生活体验——年级合宿课程。一些孩子在成长的过程中，总在不经意间觉得自己长大了，不愿与家长进行沟通、交流，只喜欢与同伴在一起。在与伙伴的交流中释放自己、在学习中完善自己、在互动中调整自己，他们变得更阳

光、更自信、更乐群、会合作。通过彼此不断的交往、碰撞、融合,慢慢减少学习上的焦虑,也从彼此身上找到相互影响的优秀品质;相互学习,对未来逐渐充满信心,成为更优秀的小公民。

④"互助林"。利用不同校区之间的伙伴制、学长制、助教模式让新移民儿童与不同校区孩子之间开展交往,师生间、生生间、家庭间结成互助小组。他们参加本部的课程场馆体验活动,一日课堂生活交换体验活动,让小组成员彼此相互依赖、相互帮助、相互学习,形成良好的沟通环境,使小组成员自觉处于这个环境中去学习。

⑤"生活林"。利用校园里的家族关系,开展找老乡活动,每一个儿童都可以在校区中认识、结交到来自同一个家乡的伙伴,形成自己的"老乡家族",并进一步交往,拓展美好的大家庭朋友圈。利用同一小区,同一楼栋的关系,认识自己的邻居,增加他们的归属感,克服自卑感、孤独感。每个人在学习共同体中都有自己的好朋友,彼此互帮互助,互相尊重,逐步引导每一位学生学会改变,不断自我发展。

例:学校学生来自十七个省份七个民族,为促进民族理解和认同,提升学生的品格,学校举行了民族大联欢、民族运动会。孩子们表演了傣族、维吾尔族、蒙古族、藏族、鄂伦春族等各民族欢快的舞蹈。对"民族文化 PBL 项目化研究"成果进行了汇报展示。各学园打破班级的界限,通过走班的形式,和小伙伴们一起学习交流自己感兴趣的民族知识。孩子们通过巡游,了解了不同民族的服饰特色、风景名胜,还品尝口味独特的各族美食,并为自己喜欢的民族展示进行点赞。多种学习形式和学习策略,使同学们对祖国民族文化有了进一步的了解。在"民族趣味运动会"上,各学园根据班级研究的民族主题,制定了民族运动项目:跳跳鼠、打马球、拉棍、螃蟹接力跑、大脚板、手脚并用、拽绳子等项目,既充满趣味性,又具有挑战性。如比拼耐力和技巧的拽绳子运动,孩子们两两对决,你来我往,彼此想方设法运用智慧和技巧拽绳子,气氛热烈。别开生面的趣味运动会,让孩子们感受到了民族运动的欢乐,收获了运动带来的健康和成长,"友谊第一、比赛第二"的运动精神得到提升。

2. 环境适应:"家庭共生场"

①"常青藤绿化"家庭:制定"五好"家庭十条生态标准,绿化自己的家庭环境,通过学习与培训,在完成基本的培训后,集满学分的家庭,被颁发新父母"上岗证",创造家庭美好生活,编织和谐的家庭关系,不断提升父母素质,进行"公共品格"培育行动。

②"蓝海洋"家长夜校:我校学生父母大多为打工人群,开家长会的时候,很多家长得请假,不方便。于是,我们开设了武进区内第一家新父母夜校,请他们下班后到学校来聊聊教育、谈谈生活,帮助他们获得培育育人的理念、指导育人的方法,学会亲子沟通,掌握基本家教策略。

2018年星河分校家长夜校活动一览

场次	时间	主题	主 讲	备注
一	3月9日（周五）19:00～20:00	"智慧陪伴——与孩子一起成长"	武进区家长学校讲师团成员朱亚洪老师	
二	3月23日（周五）19:00～20:00	"关于孩子阅读"	全国优秀班主任、武进家庭心理教育讲师团成员王晓波老师	
三	4月20日（周五）19:00～20:00	"不吼不叫,养成孩子作业好习惯"	中国家庭教育高级指导师、武进区教育系统家长学校总校副主任张良	
四	5月11日（周五）19:00～20:00	"爸爸,决定孩子成长的高度"	中国家庭教育高级指导师、武进区教育系统家长学校总校副主任张良	
五	5月25日（周五）19:00～20:00	"家庭教育中的情绪管理"	武进区家长学校讲师团成员、前黄高中周燕老师	
六	9月14日（周五）18:00～19:00	"穷养富养和慢养"	中国家庭教育高级指导师、武进区教育系统家长学校总校副主任张良	
七	10月19日（周五）18:00～19:00	"高情商,让孩子更受欢迎"	武进区家长学校总校讲师团成员、李公朴小学执行校长、常州市未成年人思想道德建设先进个人万小强	
八	11月9日（周五）18:30～19:30	"孩子的身上藏着父母的影子"	全国优秀班主任、武进区家庭心理教育讲师团成员王晓波老师	
九	11月30日（周五）18:30～19:30	"隔代教育,亲子教育,实现三代共赢"	国家二级心理咨询师、市心理中心心理咨询师、区心理学科带头人钮维萍老师	
十	12月21日（周五）18:30～19:30	"建设有效的亲子沟通"	中国家庭教育高级指导师、武进区教育系统家长学校总校副主任张良	

③"紫藤花"亲子活动:开启"星父母"咖啡厅、好父母成长工作坊、效能训练营,开展亲子阅读交流分享会、亲子共游常州城等活动,加深情感交流,促进学生父母之间的良好沟通,在具体的情境中找准各种不适应的原因,尽快适应城市的生活。

④"橙风铃"书香家庭:共同开启"100个家庭图书馆点亮一片星河"活动,校区之间建设"橙风铃"书香家庭100个,一同阅读,一同成长。我们制订完善新移民儿童家庭的阅读计划,书香家庭的评选和线上线下读书交流分享会,让新移民儿童的每一个家庭都能成为"阅读场、情感墙、共生地"。

⑤"红飘带"家庭互助:不同文化背景的群体如能直接接触,并能在生活、工作、文化与育人理念上互相关照、互相影响,潜移默化必能促进每个家庭美好的生长,让社会更加和谐。不同的校区之间,形成结对关系,每一个本地的家庭,结对一个新移民家庭,互助行动,彼此共长。

3. 心理适应:"一米阳光屋"

新移民儿童的心理资本、社会身份认同、学校适应性水平间的关系会影响儿童的品格发展,"一米阳光屋"这个心灵加油站心动开启。

① "一米阳光屋"的建造。每周"一米阳光屋"开放,在新移民儿童的生活、学习、交往中出现的困扰问题给予辅导解决,并对有"焦躁""不良的"的心理性行为、问题进行及时的干预、诊断。

② 建构心理网络。增设班级心理委员,开通心理热线、心理信箱,进行心理辅导,定期开展各类课外活动,逐渐舒缓新移民儿童的压力,让每一位儿童都能展示其个性,开创自己的成长新天地。

③ 分段心育课程。设计低中高心理目标:低年级,让学生形成规范,培养自己的意识和行为,养成良好的习惯与兴趣;中年级,提升与他人交往的能力、对自己的认识,树立对生活的信心;高年级,注重情境体验,增强对社会、世界的认同,增加对美好生活的向往。

④ 完善心路历程。通过心理训练、情境模拟、辨析对错、扮演角色、心理游戏、专题讲座等一系列的活动,探究、合作等成为新移民儿童生活自信心培养的有效途径,塑造校园的新生态。

4. 生活适应:又一城体验营

学校是微型的社会,是促进新移民儿童品格发展的重要途径,在这里,一切由孩子自主建设,相互学习、互助、交流、合作。

① 开展"城市文化"服务。组织学生开展"常州地域文化"FSC活动,了解"常州地铁",走访"常州青果巷",加快熟悉城市的一些特定元素。同时,把微型城市搬进校园,设计"我和自己""我和社会""我和未来"三大主题的城市课程模

块，逐步了解城市的文化、城市的生活。

② 真实的场景体验。利用基地资源进行多种职业的体验、实践。在储蓄银行、资源中心、交易市场、交通局、邮局、医院、菜市场、设计院、志愿服务岗等不同的模拟活动场所，让儿童进行角色互换、角色体验，场景体验成为儿童最大的、最直接的学习场所、品格生长点。"果果银行"成立，推行"星河币"。"星河币"评价，不断激发学生去认识自我、发现自我、完善自我。每月的星河币兑换，为孩子创造了一个自由、开放、和谐的贸易市场。模拟发展储蓄业务，模拟银行交易，将财商意识和品性培养互相结合。学校的"好奇工场"基础设施也为孩子交往、合作、学习、发展提供了更高平台。

③ 岗位体验中的互助和互纳。建立了学生自主管理委员会，自己制定规则、自己策划管理。自主管理委员会里设立了多个岗位，全校招聘，从身心健康、礼仪规范、文化宣传、志愿服务、财商提升等方面进行自主管理。孩子们也把岗位移植到了班级，每一个班级都有岗位供选择，每个人都有义务和责任为大家服务。真正让学生成为自我管理者、共同生活者，增强了他们的责任感和主人翁意识，让他们学会共同生活。

例：我有"星河币"啦！

学校启用发行了"星河币"，孩子们通过努力学习，参加学校各类评比活动获奖，都会有"星河币"的奖励，以此来激励孩子们努力学习。当孩子们积累了一定量的星河币后，学校举行星河币兑换活动，旨在通过校园财商教育，让学生模拟体验社会生活，培养适应未来生活的能力。

同学们结伴拿着积攒的"星河币"来到学校"超市"门口，先仔细了解兑换的具体细则，再根据各自赚得的"星河币"，挑选心仪之物。文具类和特色奖券为主，文具类有笔记本、铅笔、直尺、圆规、油画棒等，"特色奖券"有"和校长妈妈共进午餐券""观影券""作业免做券"等。换购现场，同学们纷纷表示，参加今天兑换的"星河币"活动非常开心，既可以兑换到自己喜欢的物品，还可以进行"星河币"储蓄。

"星河币"的使用改变了单一的评价体系，合力营造了良好的育人环境，促进学生全面健康成长。学生通过自己的努力获得的"星河币"，不仅给自己带来了成就感，还锻炼了理财能力和随机应变能力，使每一个星河娃都努力成为一名讲道德、守诚信、重合作、求发展的新时代小公民。学习的乐趣在活动，学习的目的在生活。不只眼前的"战利品"，也并非手里的几张星河币，在每一次的兑换活动中，潜移默化的人际交往力、理财规划能力、延迟满足、即刻享受、文明礼仪等个人美好品质也在不断形成和提高。

第三章 创意生活课程的深层实践

5. 文化适应:社区"朋辈圈"

新移民儿童不仅各自的文化背景不同,其他方面也有相应的差异。一个共同圈子里,每个成员都应该具有宽广的胸怀,学会相互理解,学会文化共融。孩子们在相互理解的过程中,产生新的城市文化,发现新境的美好,融入社会的怀抱。

① 同伴合宿。这种方式可以给儿童提供一个良好的学习娱乐环境,培养学生团结友爱,相互协作的集体精神和独立生活的能力。通过不同家庭之间孩子的合宿,也通过研学旅行中班级孩子的合宿,创造一个活动空间,让孩子们的同伴关系在校园以外有更深入、更宽广的延伸,让儿童学习当地孩子的礼仪、习惯、涵养和宽广的知识面,在多元民族文化中,不断融通、融合。

② 跨地体验。设立家校社教育联合会,利用这一项目促进新移民儿童与其他各个学校的本地孩子有机会共同体验。每个月举行星河"FSC活动",孩子们在"在地化场域"中进行体验、交往和实践。来自不同区域、不同学校、不同年级的学生组成了一个个新的班级、新的合作团队,他们互帮互助,一起完成任务。

③ 融合社区。组织社区志愿者、专业社工,组织城乡儿童合作进行对对碰活动,开展邻里之间的结对、课后三点半活动及亲子活动等。让家长意识到陪伴孩子成长的重要性,充分利用身边的资源,积极参与社区文化生活,加强群体间的互动频率,形成融洽和谐的学习环境和社区环境。学生在活动中,找寻交流合作的伙伴,不断学习自我管理和社区自我管理。

④ 开启小公民课程。儿童品格的养成需要经历,需要体验。开发适合儿童品格养成的体验课程,提供丰富的体验资源与平台,才能让儿童的品格提升落地生根。通过五个维度设计课程,让新移民儿童融入社区、学校、城市。通过十小课程系列的设计,促进新移民儿童公民意识的形成和文化融入,让学生学会交往,学会生活,健康愉悦地、自由而负责任地生活。

例:FSC探寻自然密码课程。同学们在各班老师的带领下,来到漏湖低碳公园感受大自然的熏陶,探寻大自然的密码,提升保护环境的意识。同学们通过"形色"App开始了一场别开生面的"识叶之旅"。利用掉落在地上的形状各异、颜色绚丽的树叶,制作成一幅幅生动有趣的创意树叶贴画。将悉心观察后所作的记录制作成一份自己专属的"自然笔记"。通过此类活动,有效激发了学生探求自然知识的兴趣,培养了他们良好的团队合作意识,增长了知识才干,用行动践行"低碳环保"的绿色理念。

三、共营一张品格培育之网

学生积极参与品格培育网的构建行动,浸润在新城市生活中,既体现新移民儿童的特点,又着眼于人的可持续发展,不断锤炼自己的品格。让每一个孩子由内而外改变自己,建立起自信,学在当下,赢在未来,成为一个身体、智力、精神、社会情感全面发展的自我领导者。

1. FSC:儿童品格社区的建构

儿童品格社区是由学校、家庭、社区一定范围内的家长、儿童、教师、社群组成,利用各方资源和各种力量整合形成的儿童品格发展的共育平台,是促进儿童生命成长的社会生活共同体。

① 家长时间银行

进一步打破学校边界,扩展儿童品格发展的场域。让家长走进学校,走近学生,有意识地跟学校的品格 BRT"链接",共同营造一个良好的教育生态圈。每一位孩子的家长被要求六年内完成 60 个小时的品格社区义工服务:图书馆的导读、"晨光爸爸、故事妈妈"课程实施、校门口的护学、FSC 野外体验、绿植养护、节日活动策划、班级游学课程实施等。目前已形成了相应的机制,95% 以上的家长都曾来到学校给孩子们授课。每学期单周五的"故事妈妈"们组织开展的电影课、阅读课、故事课活动,让美好的精神像种子一样被植入学生心田。每学期双周五的"晨光爸爸"们精心设计的国防课、建筑课、拓展课,让多彩的世界逐渐在学生眼前铺展开来。学校整合家长教育资源,推行"专题系列"教育模式,制定课程菜单,家长自主申报并精心准备,每周按课程计划执行。优秀的"晨光爸爸"和"故事妈妈"课例,还可以到其他班级进行"走教"。开发系列游学课程,在游学情境中培育儿童良好品格。

低段模块	类别	中段模块	类别	高段模块	类别
职业认同类	我的职业	国际视野类	认识家乡	城市规划类	基础建模
	角色游戏		认识国家		城市规划
	职业体验		认识世界		未来城市
科学创想类	科学实验	艺术创想类	摄影技术	人文创想类	星星论语
	万物启蒙		认识乐器		中国文化
	宇宙奇观		创意手工		非遗文化
体育健身类	传统游戏	安全防范类	国防系列	环保系列类	低碳生活
	体育项目		民防系列		变废为宝
	健康卫生		安防系列		生态文明

② 节假日计划

学校与 33 个 FSC 野外基地建立了长期合作关系。这些社会资源为学生在真实情境中磨炼品格提供了在地化的场域。有的野外基地项目众多而且分散，学校就引导家长利用节假日，为孩子进行个性化课程开发，可以以一个班级、一个小组、一个家庭为行动单位。在每次活动前都会进行必要的礼仪教育，如参观博物馆时要安静，仔细观察各种文物，不能用手触碰，用心聆听解说员的讲解，礼貌地提出自己疑问；游览中国花卉博览园时要学会欣赏各种花木，不能攀枝折花、踩踏草坪，要礼让他人，不能人为制造拥堵，注意安全。通过不同的活动，引导儿童了解在不同场所应遵守的规则，以获得品格发展。

2. "家庭美好时光手册"的行动

"家庭美好时光手册"行动是以"用星光护照伴随家长与孩子共成长"为项目，设定年、学期、周、日四维成长时光轴，不断去编织和谐的家庭关系，融合家校社共育，开启家庭生活美好时光，营造家校社共育的教育生态。

① 年时光轴。每学期开展校级新父母家长夜校、每月家长年级学堂、双周班级家庭效能训练营，以及私人定制"星父母"咖啡厅、家长阅读社群、家长成长时间储存时间银行等活动，让家长修满学分，完成星级家长护照的评定，形成教育合力，不断优化儿童品格。

② 学期时光轴。家庭使命宣言活动的建设。在每个家庭的生活中都有自己的轴心，那就是家庭共同的价值观，而家庭使命宣言就蕴育在家庭生活的轴心里。参考各种家训，结合家庭实际，围绕共同的价值观，共同协商达成共识，使全家人在共同的目标下团结一心。通过家长和孩子设计家庭使命宣言，引领亲子计划赋能成长、情感账户储存美好、节日庆祝活动，都成为家庭峰值体验。每周五的家庭会议回顾使命宣言，这是方向，是力量，更是一种儿童品格养成的坚守。

③ 周时光轴。开启家庭"思政会客厅"，植入红色基因，在家庭会议时光里分享一周的成长，反思一周的经历，不断地坚定方向，明确原则。一周的"心灵驿站时光"成为"心理花园"，小实验、小游戏、小种植、小发明等活动成为一段段自主而又美好的时光。儿童丰富而美好的成长过程潜移默化地促进了儿童日常品格的生长。

④ 日时光轴。记录每天的亲子劳动时光、一起运动的时光、亲子阅读时光，不断催生亲子关系的亲密，让家庭真正成为最亲近、最灵活、最方便、最持续的教育场域，在思想上碰撞，在心灵上相通。一个家庭是一本厚厚的立体书，最终会支撑孩子的终身成长，让家长成为儿童品格建设的生力军。

"品格BRT"成为儿童品格发展的"磁场"，不断优化着儿童良好的生活方式、交往方式、学习方式、行为方式等，不断完善品格，驶向儿童幸福生活的彼岸。

第五节　艺术课程：在美的世界里发现天赋

让美育融入儿童充满乐趣、难忘的创意生活，那么我们的儿童才能真正体悟到生活的美好、世界的美丽、未来的美妙。丰富的儿童生活，才能激发起儿童美的想象和创造，如何守望儿童童年的自在意义，守护童年的创造天性？学生是审美活动的行动派，他们渴望释放自我灵性，彰显个性，提升生命活力，学生的这些审美诉求需要美术教育给予基础支撑。在创意生活教育理念关照下，学校以创想教育为原点开发了"生活化、创想化、合作化、现代化、体验化"的课程体系，创设与新时代、创意生活相适应的真实场景，引导儿童从共同生活情境中发现问题。观察、讨论、研究等心智活动，让儿童体会到当前教育、生活的幸福与美好，又让儿童看到未来生活的美好，同时还赋予其创造美好生活的能力。

一、空间诗学：让儿童在美的场域中相遇

场是物质存在的一种基本形式，学校是一种"文化场"，通过文化场的浸润和影响，教育获得动力和活力，学校的美育文化得到教师和儿童的普遍认同，建构"空间的诗学"和美的教育场域，通过"物"的课程意蕴与"型"的审美意象，促进审美意识、审美能力的不断生成与发展，我们指向于对美学的不断探究，建立一个儿童积极参与的立体学习空间。

1. 构造美的"物理"情境，观察生态的自然美

观察是美术的基础，正确的观察是准确表现的前提。罗丹说过"生活中不是缺少美，而是缺少发现美的眼睛"。观察能让孩子们收集素材，扩大视野，丰富想象力，接触事物的原本真实特征，培养他们眼、脑、手的协调并用能力，可以说仔细观察是绘画过程中不可忽略的重要因素。

例如在苏教版美术《叶子片片》这一课时，让孩子们先利用在校的"阳光午后"时光，在校园"星星农场"观察叶子的不同形状、大小、色彩等；放学回家让孩子们在家庭生活的小区搜集秋天的落叶带到课堂中，组织学生对叶子的观察结果交流分享。孩子们通过想一想、摆一摆、贴一贴、画一画，对叶子拼贴的不同造型展开创意联想。有的设计一幅叶贴画作品，有的利用树叶的有趣造型和鲜艳色彩用线描的方式在叶子表面绘制微型装饰画，还有的利用叶脉的肌理绘制了拓印彩叶作品。学生通过在大自然中真实的观察体验和实践操作，感受到了季节更替带来的自然之美。

2. 营造美的文化情境,表达生活的造型美

在《美丽的园林》教学过程中,我带领孩子们到校园里写生。孩子们面对大自然绘画创作时表现得十分兴奋。在写生的过程中,我发现孩子们常常有比例和布局的缺点,但是儿童写生教学与专业教学不同,所以我从不直接纠正他们的错误,而是让他们先自己观察再揣摩。为了表现真实的树干,我引导他们重点观察校园里的"校树"——香樟树,从树的枝干结构,到树冠上部与下部的色彩变化,再到树叶在光线下呈现的不同颜色,鼓励孩子们在观察的基础上创造性地表现色彩,回归童心,画出自己真正感受到的造型和色彩,融入真实的观察情感,这样,学生画出来的作品明显大胆细腻多了。培养儿童用自己的眼睛和心灵去观察感受生活,认识世界,在实践中通过学习造型来提升审美和表现能力,让学习真正达到成效。

3. 塑造美的交往情境,"活化"生长的创作美

美术课程标准指出:"尝试不同工具,用身边容易找的各种媒材,通过看看、想想、画画、做做等方法进行简单组合和装饰,体验设计制作活动的乐趣。"在此情况下,变"废"为"宝"就成为美术手工课师生共同讨论的热门话题,而有效地实施变"废"为"宝"则应是教师真正需要思考的问题。

围绕课改精神,教师应从真正意义上着手教学并合理安排教学现场,不能让变"废"为"宝"成为一种任务,一种负担。因此在制作作品前应有个详细的构思,针对作品所需材料进行合理收集,通过这样的过程,才能正确有效地进行变"废"为"宝",真正意义上实现变"废"为"宝"。整合其他学科学具,开展美术学科学习,如综合实践、科学课使用的一些实验工具材料,通过变"废"为"宝"照样可以在美术课堂绽放异彩。

例如在《漂亮的灯》课程教学中,学生在课堂上利用卡纸、报纸等材料学习设计制作了灯的外形。当时正值元宵节,学校组织策划了一场猜灯谜赏灯会节日庆祝活动。看着学生们精心制作的灯不能使其发光,总给人以隔靴搔痒之感。而信息技术的电子电路学具在此刻就大放光彩,学生们运用该学具使制作的彩灯发光,让元宵节庆祝活动现场更具真实情境,师生们收获了别样的赏灯体验,同时也给学生的美术学习带来了极大的成就感。

二、美学启蒙:让儿童在美的体验中生长

创意是未来时代人才所必需的才能。社会不断进步发展,对于人才的综合素质要求越来越高。美术学习是提高学生综合素质的重要方式。然而儿童美育不是教出来的,而是在艺术创作过程之中浸润出来的,是长时间的育化,是在长期宽容的、开放的、丰富多彩的艺术过程与活动场景中熏陶出来的。在尊重、

保护和发展学生原创能力的基础上,增强学生美术学科审美素养和创新能力,在教学过程中强调学生的主体地位。教师的责任在于更多地引导设计"有温度"的美术学习现场,使学生由学会思维到学会学习,学会创造,教师创意地教,学生创意地学,达成促进师生共同创意共同成长的目标。

1. 用感官说话,唤醒"审美之眼"

美术是视觉艺术,唤醒"审美的眼睛",是提升审美素养的基础。为了进一步拓宽学生美术学习的审美视野,学校与武进博物馆合作,利用本地博物馆群资源,设计"有温度"的博物馆体验课程单,帮助学生从实物、实体、实景中探究地方美术文化的独特魅力和馆藏藏品的艺术价值。美术学科组在高年级开设了"五分钟赏析课程",利用每节美术课开始前的5分钟,组织班级学生自主上台介绍自己喜欢的中外著名画家及其艺术作品。课前学生精心准备,搜集资料,制作PPT,课堂上通过世界经典美术作品赏析,以及中西美术文化比较,自信大方地进行展示分享,较好地培养了学生的图像识读和文化理解能力。

2. 用意象勾勒,开发"审美之脑"

国家课程是教与学的基础,是艺术思维形成的根本。通过学科联合实施跨界融通课程,实现多元开放性学习。五年级学生围绕"蝴蝶"主题开展项目化研究学习,将语文、美术、科学、音乐等学科进行了统整,打破了学科界限的壁垒,围绕主题从不同学科的角度展开相应的学习研究,学生的学习思维发生了迭变。语文学科涉及到观察"蝶蛹"蜕变的过程用思维导图记录观察日记,童话故事、童谣创编;美术学科涉及到从写生蝴蝶到创意蝴蝶作品设计;科学学科涉及到科学孵化蝶蛹,制作蝴蝶标本;音乐学科涉及到关于蝴蝶歌曲的创编,从而学会感悟珍惜生命的美好。学生从文学之美、生活之美、科学之美、艺术之美,全方位多角度达到对"破茧成蝶"现象既"有温度"又有深度的学习。围绕大单元、大情境、大主题整合课程内容,最大限度地串联起学生审美素养提升所需的知识和技能,有效化解跨界课程内容碎片化而导致的重复投入和高耗低效。

3. 用创意印记,练就"审美之手"

审美素养的目标直指美好生活,所以学以致用至关重要,它的建构为我校实践体验课程奠定基础。例如为了让学校拥有更好的发展空间,学生拥有更好的学习场所,学校扩建工程如火如荼地进行着。对新学校的小主人,老师专门设计建构了新校区文化建设参与课程,引导学生主动参与校园绿化环境图文创意设计。通过对新校区建设规划蓝图的剖析了解,学生分组组建了设计团队,寻找懂绿化的家长进行采访,并且专门针对四季绿化植物的生长习性进行了调查,筛选了适合在校园种植的物美价廉的绿植,并绘制了设计图进行汇报交流。设计实践课程有效拉近了学生学习与生活之间的距离,提高了建设美丽校园的实际操作能力,让学生在审美实践活动中真正找到主人翁的感觉。

三、学科美感:让儿童在美的课程里得到润泽

在儿童审美教育过程中,学生不仅要习得种种知识与技能,更要将此过程中的思维、行为和态度内化到自身思维观念之中,改变自己的认知方式、行为方式和思维模式,从而获得感受美、鉴赏美、想象美、创造美的能力,同时需树立正确的审美意识,养成健康的审美情趣,提升文化修养并形成高尚的人生观,从而不断汲取生长的养分。

1. 积极"入场",让儿童在自选课程中寻美

每学年伊始,学校教师会将自己拟开设的创意生活力课程制作成一张图文并茂的宣传海报,摆放到学校操场中。通过现场作品展示和课程宝贝的介绍,吸引学生参与到课程实施中来,于是校园里的选修课程超市便开张了。此时学生成为顾客,可以从选修课程超市里任意挑选自己喜欢的商品,和老师共同开启一段创意生活课程探索的旅程。学期末各选修班成员将自己的课程成果以摆摊的形式大方地展现给大家,或完成一幅创意装饰画摆台,或制作一枚创意书签,或绘制一个创意手绘帆布包,或制作一幅创意剪纸,或捏制一个创意笔筒,孩子们的展示成果形式多样。结合学校"星河币"兑换活动,通过同学评,教师评等综合评价方式,他们可以支付不同金额的"星河币"兑换心仪的创意艺术作品,用这种方式给予售卖创意的学生以激励。

2. 自觉"在场",让儿童在拓展课程中"育美"

每学期初,教师都会根据美术教材制订教学计划,合理安排相应的教学内容开展学习活动。而有时,又会打破"常规",及时进行教学内容的调整。"双减"之后,为了丰富学生在校的学习生活,校园里请来了几位"新朋友"——三只小白兔,从此校园里课间变得热闹非凡!每层教学楼走廊上都站满了向楼下草坪围观的学生,就连上课铃声响起,还有学生依旧依依不舍!于是老师临时调整教学内容,组织学生讨论交流,课间从正面、侧面、背面不同角度以及动态、静态观察小白兔的特征并展开奇思妙想!学生积极讨论,灵感迸发,进行创意迁想,运用夸张变形、添加重组等方法设计了许多关于兔子的新颖有趣的创意作品,让课堂真正"活"了起来。

3. 持续"闹场",让儿童在定制课程中"创美"

学习应在置身情境的快乐生活中进行,每个人都希望是在这样的"场"中的学习者、参与者、探究者。意境是指文艺作品中描绘的生活图景与所表现的思想情感融为一体而形成的艺术境界。儿童的审美创造注重"场"的效应,为儿童定制的艺术场,对他们是一种耳濡目染的熏陶。一是在兴趣中定制,积极参与

绘画、手工制作、作品欣赏、色彩游戏等活动,使工艺品、雕刻作品、民族服装,具有强烈特色的民间艺术作品更具创意,激发儿童的想象力和审美情趣。二是在情感中定制、交流,通过分析美学元素,使孩子能够与他们的作品进行情感交流,让孩子获得审美体验,产生情感共鸣,并获得正确的审美观念。三是在实践中定制,如去年下大雪就有了冬天里,用脚印在雪地创作的活动的创想,孩子们在自由的空间中,共同释放想象力,这样的作品充分达到情感启蒙,情感交流和情感表达的效果。师生在真实思维和生命情感(道之审美)的交流中,一起构建想要的学习、生活,一起创造美好的世界。

　　在实用主义至上的当下,审美能力教育一直为人们所淡化,游离于教育的边缘。画家吴冠中先生说:"今天中国的文盲不多了,但美盲很多。"什么是美盲?美盲不仅仅表现为缺少基础的审美意识,还表现为对美的感知力的丧失。美学家蒋勋先生认为:"一个人审美水平的高低决定了他的竞争力水平,因为审美不仅代表着整体思维,也代表着细节思维,可以说给孩子最好的礼物就是培养他的审美力。"其实每个孩子都有天生的对美的渴望,但很容易在成长中被削弱。面对席卷而来的教育新浪潮,我们以求新、求变、求美的变革者的姿态迎接未来,期许在为丰富学生审美生活的每个场域,能够与美相遇!

第四章
创意生活课程的学科升级

课程改革是一项系统工程,会将与其相关的内容卷入改革的核心圈中,由"被转"引起"自转",从而推动课程发生更强的"运转"。其中,学科是受课程改革牵引力影响最直接的部分。在创意生活课程的带动下,各学科也在发生创意育人的质变。尤其是在2017年高中课程标准颁布之后,我们再一次反问:如何让我们的学科课程价值最大化?如何让我们开发的创意生活课程在学科中烙上明显的印记?学科如何在课程现场中"化整为零"?

"你只有到水里,才能够学会游泳。"学科升级成为我们引导师生适应创意生活的重要内容,在日常教学中不断蜕变。

第一节 创意语文:为素养而教

2017年,《普通高中语文课程标准(2017年版)》颁布,其中就提道:"语文学科核心素养是学生积极的语言实践活动中积累与构建起来的,并在真实的语言运用情境中表现出来的语言能力及其品质;是学生在语文学习中获得的语言知识与语言能力,思维方法与思维品质,情感、态度与价值观的综合体现。"为了让我们的学生能够适应未来语文学习的要求,变革小学语文教学方法势在必行,必须抛弃原来的死记硬背方式,减少机械重复的训练,建构一个以素养为导向的语文学习模式。于是,我们提出了"创意语文"这个概念。我们希望语文教学能在大单元、大任务、大情境的背景下展开,在语文的阅读教学、习作教学与综合性学习板块中积极探索,不断创新教学方法,升级语文学习活动设计,为学生良好语文素养的形成打下坚实的基础。

一、串"三位一体"的阅读教学"贯通链"

阅读是语文教学中的重点内容,在学生的学习过程中,引导学生进行合理高效的阅读不仅是提高语文教学质量的有效途径,也是提高学生学习能力、促进学生综合素质全面发展的有效手段[1]。在现在使用的部编教材中,安排了精读课文、略读课文和"快乐读书吧"这些内容。我们认为在阅读教学中要建构"三位一体"的阅读教学贯通链,才能让学生在不同的阅读学习活动中习得阅读方法,提升阅读能力。

1. 教读:教学得法

教读,就是指精读课文的教学。精读课文就是学生学习的一个例子,一般都由老师带着学生学习,学生在课堂中经历完整的学习过程,参与学习活动,从而习得阅读方法,发展语言能力,提高阅读水平。

① 确立精准的素养目标

教学目标的确立,决定着课堂教学的效果。以往,我们都是从知识与技能、过程与方法、情感态度与价值观来确定我们的教学目标。按照这种方式确立的目标,在实施过程中很容易出现虚化的现象。现在,我们确立教学目标,首先要站在单元的角度,明确单元语文要素目标,同时要把单元语文要素在每一课当中的落实点梳理清楚,然后再确立课堂的教学目标。比如在四年级下册第一单元中,我们来梳理素养目标如下:

部编版小学语文四年级下册语文要素梳理表

单元	第一单元	类型	阅读单元
人文主题	淳朴的乡村,一道独特的风景,一幅和谐的画卷		
单元内容	1. 古诗词三首 2. 乡下人家 3. 天窗 4. 三月桃花水 口语交际:转述 习作/习作例文:我的乐园 语文园地:交流平台、词句段运用、日积月累		
阅读训练要素及要求	抓住关键语句,初步体会课文表达的思想感情 1. 第1课　读下面的诗句,说说你眼前浮现出怎样的画面,体会其中的乐趣 2. 第2课　你对课文描写的哪一处景致最感兴趣,和同学交流 3. 第3课　找出文中反复出现的句子,体会它所表达的情感 4. 第3课　读句子,回答括号里的问题,抓住关键词来谈感受 5. 第4课　体会优美的语言,读出对桃花水的喜爱和赞美之情 6. "语文园地"交流平台		

续表

表达训练要素及要求	写喜爱的某个地方，表达出自己的感受 1. 第2课 写一写自己眼中的乡村景致 2. 习作 回忆自己的乐园生活，借助表格提示，写清楚乐园的样子和在乐园中的活动，表达自己快乐的感受 3. "语文园地"读句子，再选一幅图画照样子写一写
口语交际训练及要求	主题：转述 弄清要点，转述时不要遗漏信息 注意人称的转换
整本书推荐	《绿山墙的安妮》

通过这样的梳理，老师们就会清晰地知道在某一堂课的教学中，学生在语文素养方面要达成的目标是什么，同时也知道自己需要在哪里去设计学习活动，帮助学生达成素养目标。

② 设计多样的学习活动

学生的学习效果取决于在课堂上参与了什么学习活动。好的课堂教学不再是老师针对关键问题组织的讨论交流，应该是结合素养目标设计有意思的活动让学生来体验。学生在有意思的学习活动中，调动原有认知，获得解决问题的方法，习得语用能力，从而提升其语文核心素养。

因此，我们转变观念，在备课时从思考"如何教"转向思考"如何让学生学"。

比如在教学三年级下册第三单元的时候，我们以单元整体教学的方式设计了四个学习任务：

任务一：我们和古人一样过节；

任务二：一张用了一千九百年的纸；

任务三：一座建了一千四百年的桥；

任务四：一幅名扬中外的画。

在任务一中，我们又设计了四个学习活动：

活动一：关注报道，引发思考；

活动二：诵读故事，一起过节；

活动三：我感兴趣的传统节日；

活动四：分享我家过的中国节。

通过这样的一些活动的设计，引领学生，走入情境，与古人一起过节，感受传统节日魅力。尤其是活动二，通过三读古诗，让学生用多种方式去诵读,借助注释、插图和想象了解古诗的大意,并能根据古诗的内容整理对应的三个传统节日的时间、习俗和作者的心情。在提升理解力的同时,掌握学习关于节日的古诗词的方法。

③ 参与主体的教学评价

课堂教学的评价首先指向学生的语文素养,关注学生能力的形成和素养的提高,其次也要关注学生的学习兴趣、情感态度等方面的发展。以往我们对课堂教学的评价一般以教师为主,教师根据学生的学习情况对自己的课堂教学效果进行评价。现在提倡让学生积极参与评价,结合课堂要达成的素养目标,让学生用星级评价的方式来审视自己的目标达成情况。这样的评价,能增强学生发展的内驱力,也能让学生学会诊断反思,从而调控自己的学习行为。

2. 自读:方法迁移

"自读"课文强调学生"自己读",主要不是老师讲,而是学生自己读,把教读课学到的方法运用到自读课中[2]。所以,老师需要准确把握"自读"的定位,合理组织教学活动,充分引导学生自读自悟,在合适的时候进行指导和评价,从而促进阅读方法的迁移和运用。

① 领悟提示

在部编教材的略读课文前面,都有一段学习提示。这段学习提示除了能激发学生的学习兴趣之外,还使其对课文的阅读重点和要求有相对明确的学习方向。因此,在学习课文之前,我们引导学生充分领悟阅读提示,明确学习目标和学习路径,这样为有效展开自主阅读指明了方向。

比如五年级下册的《月是故乡明》的导读提示中有这样的要求:"默读课文,说说作者由月亮想到了哪些往事,抒发了哪些感受。"这就让学生明确了本课的学习重点,要在自读课文的基础上,梳理关于月亮的往事,同时要体会作者抒发的情感。阅读提示等于就是学生学习的航标。

② 充分自学

略读课文的教学要想取得最佳的学习效果,必须要给学生留有充分的自主阅读的时间,让学生在自主阅读的过程中,运用之前掌握的阅读方法,去思考,去批注,去梳理阅读所得。同时,老师对自主学习有困难的同学进行一些帮助和提示,让他们也能够读有所思,读有所得。

比如在四年级下册《芦花鞋》一课的教学中,课文导读中要求给每一部分列小标题,教师就可设计了一份学习任务单,让学生根据任务单充分自学。

《芦花鞋》学习任务单

1. 结合空行,找一找,课文写了几部分的内容。
2. 分部分阅读课文,思考每一部分写了什么,用简单的语句概括。
3. 把概括的内容提炼成小标题。

③ 适时点拨

在学生充分自学的基础上,教师组织学生进行交流,将交流对话引向深入,在学生有疑问的地方进行点拨,帮助学生进行学习方法的迁移。有时还需要适当整合课外资源,作为教学的延伸。还是以《芦花鞋》为例,在学生结合任务单充分学习的基础上,组织交流每个部分的小标题。在结合内容交流的基础上进行拓展。小标题除了根据主要内容浓缩,还可以采用摘录法,到文中去摘录一些关键词语或短语,并且当场指导学生使用这种方法实践。

3. 课外阅读:知识融通

在部编教材中,把课外阅读也纳入教材体系中间。因此,整本书的阅读也成为教学的一个重点。在新颁布的2022版《义务教育课程标准》语文课程标准中,在"拓展型任务"板块中,专门设立了"整本书阅读任务群",对整本书阅读的落实情况提出了明确的要求。所以,我们结合年段目标,上好导读课,做好读中的跟进,最后上好读书分享课。

① 导读激发兴趣

有人说兴趣是最好的老师。导读课就是激发学生阅读兴趣的最佳时机。因此,在开启整本书的阅读时,我们需要精心设计导读课。导读课可引导学生观察图书封面、了解作者、阅读目录和名家推荐等内容,让学生对一本书的阅读产生期待[3]。同时跟学生分享一些精彩的情节,把学生带入阅读情境。

② 读中跟进督促

在学生开启整本书的阅读旅程之后,他们会有一段时间的持续热情。但是,如果没有读中的跟进,有的同学往往会半途而废。因此,加强读中的跟进也是非常重要的。一般我们可以用每天布置阅读任务的办法,每隔一两天举行一次简单的交流,在交流中运用一些预测来保持学生阅读的热情。当然,我们更需要结合不同的书来设计阅读单,让每一位学生带着任务阅读,并且能边读边思考,提升阅读的效果。

③ 读后交流分享

读后的交流分享是学生特别喜欢的环节。我们精心设计交流分享的内容，一般会结合前期的阅读单，从回顾作品内容、人物形象分析、文章主题探究、精彩情节欣赏等环节来组织交流。有时，我们会向学生征集他们自己最想聊的话题，然后从中甄选大家普遍感兴趣的或者有争议的话题开展读后分享课交流。这样的交流会更贴近学生的阅读实际。同学们最期待的是课本剧的表演。他们选择书中的内容改编成剧本，自编自导自演。排演课本剧，深化了学生对整本书的理解，培养了学生的审美情操。

二、架"联系生活"的习作教学梯度桥

部编教材中的习作编排是有序列的，比如有想象序列、观察序列、写景序列、写人序列、写事序列和实用类习作的序列，而且各年级对某一序列的素养目标呈螺旋上升的趋势。因此，我们要明确各序列的教学目标，联系学生生活，架起一座习作教学的梯度桥。

1. 梳理目标梯度

部编教材中，对每一个序列的目标达成，各年级都有相应的要求，我们必须把相关的目标梳理清楚，这样才能更好地分年段落实语文知识要素，有效地进行习作教学。比如对序列的习作教材是这样安排的：

部编教材人物写作序列安排表

年级	话　题	知识要素
三上	猜猜他是谁	能选择一两点印象深刻的地方，介绍自己的同学，体会习作的乐趣
三下	身边那些有特点的人	根据表示人物特点的词语，写身边的一个人，尝试写出他的特点
四上	小小"动物园"	从外貌、特点、性格等方面发现人物的特点，并与某种动物相关联，从而写出家人的特点
四下	我的"自画像"	从外貌、性格、爱好等多个方面写出人物的特点
五上	"漫画"老师	结合具体事例写出人物特点，先想象你的老师有什么突出的特点，如外貌、衣着、喜好，再选一两件能突出其特点的具体事例来写
五下	他___了	能选择某人给自己留下深刻印象的事情，把经过写清楚，把他当时的样子写具体

我们这样列表梳理之后，老师们对想象序列的习作在每一个年级的每一个学期的按要求落实就有了清晰的认识，教学时层层落实，目标达成度才会增加。

2. 挖掘生活资源

学生怕写作文,提笔就抓耳挠腮,不知道写什么,脑子里一片空白。这是很多学生的现状。其实写作文并不是一件难事,只要有了素材就不会面临无米之炊。所以教师引导学生主动从生活中挖掘资源,这样就会有话可写,写出来的文章就有真情实感,能打动人。

① 用心观察生活

我们常说生活是丰富多彩的,而学生总觉得自己的生活是单调的,除了学校就是家庭,每天都在重复循环。也许,这就是学生眼中的生活。怎样才能让学生观察到独特的生活呢? 老师需引导学生有目的地去观察生活。就像福楼拜在指导莫泊桑时所说的:同样是马车,装饰简陋的马车和装饰豪华的马车是一样的走法吗? 烈日炎炎下的马车和狂风暴雨中的马车是怎样走的? 我们也可以引导学生观察:风和日丽的早晨同学们上学和下雨天上学有什么不同,老师在教室和不在教室同学们的表现有什么不同,学校的操场有学生时和没学生时又有什么不同……另外,我们还需要引导学生有顺序地观察,多角度地观察,持之以恒地观察,这样一定能积累到丰富的写作素材。

② 积极体验生活

我们都有这样的感受,如果亲身经历某一个活动,在写作的时候就会滔滔不绝,反之则像挤牙膏。因此,丰富的生活体验是获得写作素材的保障。在创意生活课程观指导下,我们更倡导组织丰富的活动,增加学生的体验机会,比如趣味运动会、十岁成长礼、爱心义卖……同时,我们也鼓励学生积极参加社会实践活动,比如针对项目化学习进行实地考察、调研和采访,参观博物馆,当小小志愿者……一次次的体验,丰盈了学生的心灵,丰富了他们的体验,写作就有了源头活水。

③ 勤于记录生活

俗话说:"好记性不如烂笔头。"再好的素材随着时间的推移都会渐渐淡忘,因此我们鼓励学生记录生活,记录生活中的点滴体会和感受。我们鼓励学生用多元的方式进行记录。我们要求学生每人准备一本习作素材本,经常记录生活中的一些事,记录自己内心的感受,记录自己对某件事的看法。每月对习作素材本进行一次展示,让学生有动力做好这件事。我们还鼓励有条件的学生用"数字故事"记录,把随手拍的照片和文字一起放在电子文档里面。这样,不仅帮助学生积累了素材,在不知不觉中学生的表达能力也得到了训练。

3. 设计训练梯度

在目前的习作教学中,往往存在这样的问题:年段目标模糊,老师们一味地在习作字数上拔高要求,结果反而导致习作教学的效率低下。因此,我们强调在习作教学时要把握好梯度,循序渐进,步步踩实。

① 了解习作内容梯度

习作内容是有要求的:第一学段写想说的话和想象的事物;第二学段写见闻、感受和想象;第三学段写丰富见闻,独特感受。结合这样的要求,我们应该精心设计训练内容,以适应各学段学生的需要。

比如针对"自我介绍"这个话题,我们就可以设计不同的训练内容。在一年级安排了口语交际《我们做朋友》,一般我们会要求学生说清楚我是谁,是哪个班级的小朋友,我喜欢干什么……用简单的几句话面向全班同学介绍自己。而到了中年段,三年级就安排了《猜猜他是谁》的练习,先开展一次练笔《夸夸我自己》,引导学生选择一个优点并结合事例来介绍自己,把某一个方面作具体介绍。最后在四年级安排了《我的自画像》,指导学生抓住自己的整体形象、性格、兴趣爱好等方面的特点按照一定的顺序来写,形成一篇相对完整的自我介绍的文章。而这些,都是以孩子们的真实生活为源头的。

② 领悟表达方法梯度

学习课文的表达方法,并迁移到自己的习作中,这也是提升学生表达力的有效途径。在部编教材中,对于表达方法其实也是有明确的要求的,并且也是有梯度的。我们在教学的过程中要指导学生领悟表达方法,并且尝试运用。

比如关于描写动物这类文章,三年级下册安排了习作内容《国宝大熊猫》,写这篇文章的时候要运用《海底世界》一课中学到的列数字、打比方、做比较等说明方法,文从字顺地介绍大熊猫的相关信息。到了四年级下册就安排了习作内容《我的动物朋友》,同样是写动物,但是表达的方法就完全不同了,除了运用之前学过的方法描写动物之外,还要学习老舍、丰子恺等名家在描写动物时融入感情的方法,比如明贬实褒、欲扬先抑等等。

③ 把握习作评价梯度

习作评价是作文教学中的一个重要环节,通过评价能激励学生更好地投入写作,也能帮助学生认识到自己存在的问题,找到努力的方向,而这往往是被我们所忽略的。习作评价要把握好梯度,才能充分发挥评价的作用。这里的梯度,一方面是指根据年段目标设置评价要求,让评价更精准。另一方面是指在完成一篇作文之后,我们也可以设置有梯度的评价标准,为学生习作寻找生长点。

比如三年上册第八单元《那次玩得真高兴》我们就设置了星级梯度评价表。

三年级上册第八单元习作星级评级表

作文等级	内容说明
一星作文	1. 能够完整地叙述一次玩的过程 2. 缺少新鲜感的词语,印象深刻的那一刻不够突出,能简单表达自己快乐的心情 3. 字数少于200字
二星作文	1. 能够完整、有条理地叙述一次玩的过程,语句较流畅 2. 有新鲜感的语句,把印象深刻的一刻作为重点来写,能表达自己快乐的心情 3. 能合理分段,正确使用标点符号 4. 字数在250字左右,字迹工整清楚
三星作文	1. 能够完整、有条理地叙述一次玩的过程,语句通顺流畅 2. 能多次使用新鲜感的语句,把印象深刻的一刻作为重点来写,能表达自己快乐的心情 3. 能巧妙地分段,正确使用标点,没有错别字 4. 字数在300字左右,字迹工整美观

三、综合性学习:建"自主合作"的"学习场"

语文综合性学习是综合性与实践性并存的一个重要的语文学习板块。经过综合性学习活动,可以让学生成为语文学习的主人,体会到语文与生活、语文与实践的联系,提高学习语文的兴趣[4]。在教学中,我们要充分挖掘资源,建构"自主合作"的"学习场",让学生在自由的氛围中开展语文实践活动,在活动中感悟语文的魅力,提升语文综合能力。

1. 整体设计学习任务

语文综合性学习单元不同于语文教材中的其他单元,教学内容的安排相对比较灵活。有的综合性学习单元安排了相关课文的学习,结合课文开展综合性学习,比如三年级的《中华传统节日》和四年级的《轻叩诗歌的大门》。而有些却是直接安排学习活动,提出相关的活动建议,比如五年级的《遨游汉字王国》和六年级的《难忘小学生活》。对于不同类型的综合性学习单元,我们都应该整体设计学习任务,安排学习活动。比如,对于《遨游汉字王国》,我们带领学生一起了解教材,共同讨论设计三个任务:一是制订计划,开展研究;二是成立班级汉字魅力研究会;三是调查研究,撰写报告。在每个任务里又设计了1至3个活动,其内容如下:

《遨游汉字王国》学习任务表

活动名称	活动步骤	活动内容		
我爱你，汉字	制定计划，开展研究	阅读材料，了解汉字		
		搜集资料	汉字历史文化	
			社会用字事例	
			优秀书法作品	
		分组整理，完善活动计划		
	汉字魅力研究会	汉字历史、趣事知多少		
		书法作品欣赏		
		了解制定国家通用汉语言文字法的必要性		
	调查研究，撰写报告	学写研究报告		
		组织调查活动	街头"侦查员"行动	
			班级"啄木鸟"行动	
			个人姓氏的历史和现状资料搜集	
		形成研究报告	小组调研报告、小小建议书	
			姓氏研究报告	

2. 分步推进学习活动

设计好学习任务和学习活动之后，我们就要按照步骤来分步推进活动计划。在我们设计的活动中，有些活动可以独立完成，而有些活动需要大家合作来完成。学生根据自己兴趣和爱好，组成合作小组，开展相关的活动。他们根据自己的选题，制订研究计划，确定研究内容，并且进行分工合作。老师成为学生的支持者和帮助者。比如在上述第三个任务中，"组织调查活动"中的三个任务，基本都是学生分组完成的。在学生分组的基础上，老师视情况在人员的安排上进行微调，确保学生全员参与，而且人人有事做。在此过程中，学生从学校走向了社会，把语文课堂延伸到了课外，他们在广阔的空间里学语文、用语文。

3. 充分展示学习成果

语文综合性学习学习开展的一个重要环节，就是要安排多种形式的学习成果展示活动。一般有调查报告、朗诵、情境剧表演、制作小报和现场借助PPT汇报等方式。成果展示能充分调动学生的积极性，也给学生创造了学习交流的机会。在展示活动中，学生能看到他人的长处，了解自己的不足。同时，成果展示也是对学生学习成果的一种评价，有时候我们把家长邀请到学校，参加展示活动，把家长也作为一种资源加入,为学生后续的综合性学习提供更加有力的保障。

第二节 自然数学:越过教室的风景

美国作家理查德·洛夫的畅销书《林间最后的小孩》写道:"儿童在大自然中度过的时间越来越少,从而导致了一系列行为和心理上的问题。"这种危险的现象,被称为"自然缺失症"。这一概念旨在表明儿童与自然的关系断裂问题,以及与自然直接接触对于儿童身心健康发展的重要性[1]。

从自然世界、自然这所学校里能学到的东西从未如现在这般重要。放眼当下,小学数学学习也出现了"自然缺失":孩子们整整齐齐地端坐于教室内,听着老师讲、看着书本想,解一个又一个练习题,迎接一场又一场测试。"辨识、理解、记忆、练习"成为数学学习的一般步骤。于是,儿童天天面对的数学,像无源之水、无本之木;儿童每天进行的数学学习,变得单调而无趣。据调查,我国大约有70%的中小学生缺乏对数学的兴趣。而一线数学老师都有这样的体验:统计学生最喜欢的学科,选择数学的寥寥无几。其中不乏许多数学成绩优秀的学生甚至无法树立学习数学的信心,惧怕数学。

在创意生活课程的顶层设计中,数学作为智慧课程板块的主要内容,作为一种普遍适用的技术,在孩子们心目中是怎样的呢?

在一项课程调查中:"你认为学校目前课程中最有创意的是( )?"学生大部分填写的是艺术、科学、信息技术。而数学被纳入最没有创意的课程,理由栏里,孩子们写上:

数学就是套路,套公式;

数学就是刷题,一题又一题;

数学学了没有用,除了最简单的计算,生活中很少用到数学知识;

很难懂,不知道为什么要学数学;

……

作为智慧课程中的一项重点工程,对应该如何实现儿童数学的创意学习,应该走向何方才可以让儿童过一种创意数学学习生活,永葆其学习数学的兴趣、热情,使其拥有主动学习与研究的方法,拥有数学式解决问题的策略与智慧呢?

一、回归自然是创意数学的另一种表达

学校的数学教研组在数次智慧碰撞中,聚焦于"自然数学"。数学的核心素

养表达为"用数学眼光观察世界,用数学思维思考世界,用数学语言表达世界"。其意义就是指导作为基础教育的数学,必须"从自然中来,在自然中学,到自然中用"。

但是,从目前来看,从"教室数学""课本数学"到"自然数学"的路途有多远?现状的观察结果并不乐观。现代化进程使得人能够做的事情越来越多,但与自然接触的时间、机会却越来越少。孩子们学习就在一个限定的"围栏"中,数学学习也如此。曾经,我们过于强调认知结果,过于关注学生"对错",从而忽视了儿童对数学的自然观察、情感体悟、具身体验等。

1. "造数学":学习素材缺乏自然元素。数学是研究数量关系和空间形式的科学,它源于自然而又高于自然。很多数学知识可以从生活当中找到原型,但儿童与教材等学习素材面对时,却无法找到足够多的数学与自然的"链接",有的甚至与儿童的生活实际相违背。从而使学生感觉到学习的数学是空中楼阁,老师是为了数学而在"编题""造数学"。曾经有学生问老师:"生活中,数学除了买东西需要之外,真的有用吗?"

例如下图例题学习过程中,在解决完问题之后,有女生轻轻地说:"我们上次在新天地乘坐的船是每条船可以坐4人,大船每条可以坐6个人,怎么是偶数呢?"在春游时,同学们又一次验证,小游船限乘是双数。再后来,王同学的爸爸恰好在游船厂工作,在周五的"晨光爸爸"活动中,他跟同学们讲:"为保持平衡,小船一般都是限乘双数,但也有少数是单数。"同学们虽然明白了道理,但还是建议例题要与现实情况一致。

 全班42人去公园划船,一共租用了10只船。每只大船坐5人,每只小船坐3人。租用的大船和小船各有几只?

 你准备怎样来解决这个问题?

又如下图例题的学习过程中,一调皮男生说:"咱们学校没有这么大的草坪!"教师一想,确实学校没有,就随口说了一句:"咱们学校没有,并不意味着其他学校也没有。"但好奇的学生利用周末跑了附近城区的几所学校,发现确实没有一个学校有这么大一块草坪。学生回馈:要改成长方形花园还成,或者公园倒有大草坪,但多是不规则的,不会是长方形这么没有艺术感!

> **例6** 红光小学有一块长方形草坪，长50米，宽30米。把这块草坪按一定的比例缩小，画出的平面图长5厘米，宽3厘米。你能分别写出草坪长、宽的图上距离和实际距离的比吗？
>
> 怎样写5厘米和50米的比？

2."拔数学"：学习过程缺失自然规律。"课程内容要反映社会的需要、数学的特点，要符合学生的认知规律。"儿童作为自然的一部分，他们的成长过程也应该符合一定的自然规律。这就要求我们的数学教育必须遵循少年儿童的生理发展规律与年龄特征。数学活动，不仅是一个认识活动过程，而且是一个情感活动过程。但目前整个数学学习目标过高、内容偏难、练习过偏的现象存在已非偶然。整个小学数学体系系统性强，但教师在执行过程中易忽视渐进性；数学是由形象到抽象的过渡，但教师在教学过程中，往往更重视抽象推进的精进，而忽略了形象为基础的经验过渡。

例如，腾讯视频上出现的那个"背乘法口诀表"的4岁女孩，妈妈一遍又一遍地教"五五二十五"，孩子一遍又一遍地记不住。背到眼泪汪汪还是不会，不禁崩溃地哭喊："乘法口诀为什么这么难？"而母亲也很无奈："明明很简单的乘法口诀表，别的小朋友能会，为什么我的孩子不会。真是够笨的。"其实，是这个母亲根本没有了解儿童脑科学知识，不懂得乘法口诀表是二年级的数学知识，却仅跟风式认为，"别的孩子会，我的孩子也必须会"。

而且，目前幼儿园数学"小学化"，小学数学"中学化"的现象不在少数。数学本身就已经难，而今更拔苗助长。缺乏自然规律的数学学习，让学生觉得数学学习简单枯燥、苦不堪言。甚至有个武汉市的小姑娘在诗中这样表达了她对数学的深恶痛绝："数学是死亡之源，它像入地狱般痛苦……生命从数学中走去，一代代死得超快。"

3."记数学"：学习方式缺少自然亲近。有人说，我们所进行的数学，是"颈部以上的数学"，过多地强调记忆、思维的训练，我们往往会问"你会了吗？懂了吗？记住了吗？"但对课程标准中的"经历、体验、探索"等要求忽视、忽略了。

例如，在教学"十以内的加减法"时，很多学生在幼儿园时就已经通过

"琅琅上口"背熟了这些加法的结果。很多老师也会因为学生表面上的"会",而忽视了"形成的过程",进而求快,放弃了学生"想一想、摆一摆、说一说"的活动,认为即使没有了对外在物品的操作研究,学生也能够在短时间的一节课内掌握。但放到长时间的角度去观察,我们可以发现,有过动手操作去研究算法的孩子,在今后的口算学习中,理解更透彻、掌握更牢固。缺少与自然亲近的学习,像缺少地基的房子,基础不稳固。

有创意的数学学习,应该是一种自由的状态,一种与自然的对话,一种自然而然的对数学的整体感悟与全面综合的过程,它不仅仅以掌握知识技能为目标,也不仅仅以考到高分为目的。而我们教学中的一些表现,却使儿童的数学学习处于一种被动接受状态,整个过程缺少与自然现象、生活实际的"对话与互动",缺少理性数学思维与感性数学体验之间的衔接与过渡,在长期的灌输与说教中,儿童不是发现数学、创造数学的人,而成为机械运用公式的人、概念式输出数学的考试机器。

出于综上考量,我们决定从"回归自然"做起,来实现数学课程的创意化进程,实现儿童的自然生长,实现一种可持续的创意数学生活。

其一,数学的学习内容需要走向自然。区区数页纸上的数学,不仅仅是静止的,更是局限的。打开教材,让更宽广的数学世界呈现在孩子们面前,去接近最真实的情境,让他们自由选择最合适的材料。

其二,数学的学习方式需要走向自然。刷题式数学学习不符合一个儿童作为自然人的生活方式,要用更自然而然的方式,无限接近数学真理本身。

其三,数学的实际应用需要走向自然。只有到现实生活中去,数学才足以体现其无与伦比的价值,才可以体现其改造社会、创造美好生活必不可少的作用。

二、自然数学意识:从"桌面端"走向"生活端"

人是自然的产物,数学学习具有自然属性。数学课堂上,自然属性的回归,是一种必然、必须。基于教育实践,我们也组织数学老师观察儿童、研究儿童,立足数学与自然的关系及儿童的自然成长来思考与实践,寻找合适、合理、合度的定式,形成内在的逻辑体系,尽最大可能去防范儿童数学学习中的自然缺失。

首先需要改进的是教师自身的自然数学意识。

有些教师的功利性比较明显,在"短平快"思想的驱使下,很多老师习惯于"手握书本,一讲到底",用自己积累下来的教学经验,日复一日地传递给一代又一代的学生。现代化教学手段的普及,使老师们更习惯于从资源库当中提取大量素材,沟通数学与大自然的紧密联系,代替儿童与自然的直接接触。在这种状态下,孩子们的数学学习停留在"桌面端"上。

要想学生重建与自然的联系,以更亲近的方式去唤醒数学、点燃数学,教师就要寻找更多的学习资源——去沟通学生的"生活端"。

我们组织老师重点从两方面着手,一方面是在基本教材上挖掘"自然因子",另一方面是开发学生身边的、能够接触到的资源,让学生在耳濡目染当中与自然亲密接触。

例如,在教学"20以内的进位加法"时,经常会出现看图列式这种形式,我们会让学生看图编题,用三句话编一个数学问题。

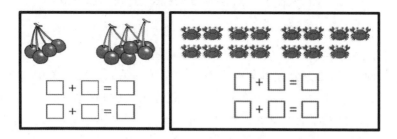

孩子们绝大多数是这样的表述方式:"左边有4颗樱桃,右边有8颗樱桃,一共有多少颗樱桃?""左边有8只螃蟹,右边有7只螃蟹,一共有几只螃蟹?"几乎都是"左边有……右边有……"的模式。

我们生活当中又有多少时候会把水果放在左边一堆,右边一堆;把花放在左边一瓶,右边一瓶;把螃蟹分左右两边放呢?这样出题是一种加法的模式,但事实上,生活中的加法和自然中的加法情境并不如此单一。

在教研活动之后,我们在处理这类教学环节时,通常会启发学生,想想:螃蟹生活在哪里呀?什么时候你见到过螃蟹呢?孩子们立刻再现起了生活场景:

学生A:重阳节妈妈先买了8只螃蟹,又买了7只螃蟹,一共买了几只螃蟹呢?(看样子,重阳节吃螃蟹了)

学生B:海滩上先爬上来8只螃蟹吃东西,又爬上7只螃蟹吃东西,一共有多少只螃蟹呢?(天生小吃货)

学生C:暑假我和爸爸一起到海滩上玩,我捡了8只螃蟹,我爸爸捡了7只螃蟹,一共有多少只螃蟹?

学生D:暑假和朋友一起去玩,我捡了8只螃蟹,我朋友捡了7只螃蟹,一共有多少只螃蟹?

学生E:妈妈买了一堆螃蟹,已经洗好了8只,还剩下7只,请问一共买了多少只？

题目与生活原型之间，需要有联系。这种有联系"功在平时、利在长久"——理解力和想象力需要从小培养。就比如这最基本层次的看图列式，可以透过图来联系生活实际，再现生活场景，让孩子们发现，原来数学不是枯燥的左右两旁，加法就真实发生在我们身边，既可以用来表示静态的前后左右上下关系，也可以发生在动作上的先后。

三、自然数学设计：从"微课本"走向"真场景"

我们常说，教师备课要备教材、备学生，我们更主张，数学学习活动设计时可以从"有限的数学课本"转向"广阔的数学场景"。

一方面，教师要充分理解与掌握数学与自然的关系。数学源于自然，而又高于自然。早在17世纪，欧洲的科学革命就提出了回归自然的口号。笛卡尔认为，"只有研究秩序或度量的那些学科才属于数学领域，指出自然界是以数学原理为基础的……""现实世界就是数学定律表现物体在时空中运动的总和，而整个宇宙则是一个以数学定律构成的庞大而协调的机器"。

另一方面，广大教师在自己有数学的自然意识前提下，把这种自然气息根植于数学学科教学当中，让孩子随时随地地感受到数学与自然的联系。在每一节数学课上，在每一次数学活动当中，都让儿童感受到"数学符号就是用来书写自然这一伟大著作的统一语言，不了解这些文字就不可能懂得自然……"。

例如在学习"认数"系列数学知识的时候，就不能光把视线圈于课堂之内，而可以充分利用饭后散步、体育活动、课间活动等间隙，数一数学校的楼、树木、花园里的花、教师的汽车……低年级学生可以观察数量的多少，物体大小比较；认识素数和合数之后，就可以到教室外面跑一圈，寻找校园内的"素数和合数"。

有个女生特别喜欢花，她就在自主学习当中，选择研究各种各样花的花瓣数量，得出了如下数据：

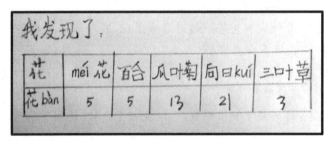

在儿童与自然、儿童与数学的"共处与互动"中,数学不再是冰冷的数字,枯燥的画面,而是一个个有生命的精灵,与儿童世界融为一体。

四、自然数学体验:从"静知识"走向"活素养"

我们曾对不同年龄的人进行了小学数学知识的调查问卷,发现他们均有不同程度的遗忘,其中甚至有才升初二的孩子,他们也坦言:"当初如何学这部分数学已经不记得了,只记得刷题刷过。"这说明,在长时间的"笔头数学"与"室内数学"下,儿童数学学习学得"惰性知识"的可能性更大。这些沉寂在头脑中的数学知识更容易对书面题目产生刺激反应,较难与现实问题实现主动联系。

而我们追求的理想数学学习,是使儿童获得数学的综合素养,使其在生活中可以灵活地调用脑中数学知识体系,自觉主动地应用数学知识解决实际问题。这种"活性素养"的养成,源于儿童在数学自然场景中的自然体验。

儿童与自然,是相互作用的。一方面,儿童通过接触大自然,尝试并不断探索自然世界中关于数学的奥秘;另一方面,自然也会对儿童的思维、世界观的形成影响。而"自然数学"所要做的,就是要让儿童在自然体验中获得更多的"活性素养"。

① 构建"自然之场",体验有源

台湾洪雪芬老师的"数学步道"值得我们借鉴:一方面我们在学校的每一条道路上设置一些数学图案、数学问题或者数学游戏,做大量体验场景的开发。另一方面,我们用现有的学生身边的活动场景,设计出一系列的数学体验及挑战活动,使学生处于一个自然的"数学之场",让他们每时每刻都生活在数学当中,随时随地可以感受数学,因此愿意主动在"数学之场"中自然而然地研究数学、熟悉数学。

如教学楼中间花园内有个长廊,长廊通往教学楼经过一扇门。孩子们天天在那里玩,我们就根据不同年龄的学生设计不同的体验方案。

"门"的数学体验单:

序号	年级	体验内容
1	一年级	数一数:"门"高有几层砖? 估一估:"门"共有多少块砖?
2	二年级	量一量:"门"的各部分长度,选用合适的长度单位 找一找:找"门"广场的图形

续表

序号	年级	体验内容
3	三年级	研究"门"各部分的周长是多少？ 多种方法研究"门"各部分的面积大约是多少？
4	四年级	估一估："门"广场共有多少块地砖？ 算一算："门"广场共有多少块地砖？并找一找规律
5	五年级	想办法算一算："门"广场的面积 站到"门"前，玩一玩"确定位置"
6	六年级	想办法算一算："门"的体积

② 享受自然之果，体验有法

现有的自然风景、自然现象、生活中的物型场景等，都是赠予儿童极好的数学学习资料。我们主张让儿童到自然当中去，享受自然，接受自然对人的数学启示。调动儿童对数学的学习自觉性和天赋，保留人生命最早期敏锐的感受力、强烈的感受欲望，对周围事物去观察、思考，去用数学的思维寻找规律、解决问题。教师利用这些现象与场景，组织数学主题活动，让学生进行纵深的体验，通过观察提出问题，并进行自己的思考。

例如，一位老师在设计学习"确定位置"的时候，就提供城区地图，并对学生提出"你能以武进区政府为观测点，描述星河分校的位置吗？你能想出几种不同的方法"的问题，组织学生分组体验，可以实际走一走，可以向长辈问一问，可以到地图上描一描。（为学生提供一张城区地图）

学生A：在地图上画出了线路图，既有方向，又有距离，详细地写出了过程

学生B：只有方向，而且用的是"向左、向右"。

学生C：有方向有距离，但表达了疑问：我这样表示位置正确吗？

学生D：用了数对。

后期，在课堂分享中，学生了解到，生活中最常用的确定位置是第一种，而在航海、作战时，通常用两三种，但还缺少了角度标志；数对虽然也是确定位置的方法，但仅限于比较小的面积范围内，大面积范围内不适用。这样的体验活动，不仅让学生掌握了确定位置的方法，更懂得了什么情况下用什么方法是最优的。这样的设计，使确定位置从书本感知走向了生活体验，除了理解知识技能，学生更将感悟到确定位置方法的多样性与选择性。

③ 遵循自然规律，体验有度

唐王紫苏指出：智慧的根源在于思想，在于学识和经验。

在日常教学中，我们总擅长于从自己的角度去考虑："这是这节课的重点，我得重点讲；这个是难点，我得多讲几遍。"殊不知，就在这种思维下，儿童就被动地陷入了"被成人化"的"离身学习"。我们需要顺应儿童的自然成长规律，创造机会，满足儿童的好奇心、好动性，让他们在"具身体验"中，保持积极的思维活动，激发他们的学习动力，实现儿童数学学习的内在动力与自我成长。

例如，"认识厘米"这一教学内容，很多教师按照教材顺序进行教学：说说课桌有多长——呈现1厘米——加深对1厘米的理解——寻找生活中的1厘米。这种方式能使学生掌握长度单位，但学生对于"厘米"是怎样来的，"厘米"究竟有什么用，还是没有深刻的体会。甚至部分学生会在学习了单位换算后，形成错误的认识——学习长度单位就是为了进行单位换算。基于"自然数学"的教学理念，我们可以这样重构教学：

创设情境：以学校新建教室的宽度需要根据课桌的长度来定。抛出问题：课桌的适合长度是多少？然后设计相应的探究学习活动：

	活动1	活动2	活动3	活动4
内容	测量课桌有多长	研究古人如何测量	体验一厘米有多长	用厘米测量
形式	学生自然活动	阅读、讲述	猜、找、示、比	生活体验
作用	形成初步认知	理解长度单位自然演变	用具身体验加深认识	回到自然

通过这样的探究，学生发现厘米这个长度单位产生于生活，经由学生自己发现，又可以应用于生活。此外，我们还可以与其他学科组合进行项目化学习，让学生在体验中感受到数学并不是独立于生活和其他学科之外的孤立学科，有意思而且有意义。

在讨论如何打造创意数学生活的时候，数学教研组也曾经出现过两种思路：一种是朝向高科技式的数学实验迈进；另一种是回归自然，从数学的本源去寻找。几番论证之后，我们选择了回归自然。因为，儿童是自然之子，数学是自然产物，在自然中去研究数学，孩子们学习数学的热情可能会远远超过我们的想象。而自然数学的学习，必定是越过教室才可见的风景。

第三节　立体英语：脑口手共进的语言学习

学生只有浸润在真实的或者模拟的场景中,通过"脑口手"的协同作用,全方位地训练"听说读看写"的关键能力,激发语言表达能力,提升思维品质,才能提升学生的理解性技能和输出性技能,星河分校在英语学科建设上通过立体的英语课程,落实学生核心素养的形成。

一、单元整体教学,打开学生的全景视野

在真实的语言情境中,教师采用多元、进阶式的实践活动,让学生将所学内容有效地迁移运用到真实的情境中,培养学生的问题解决能力。单元整体教学的提出则是实现教学改革和突破的有效途径,真正使语言学习从"被动输入"转向"主动习得",逐渐提升学生的英语学习能力。

1. 基于现状,厘清单元整体教学的内涵及价值

单元整体教学基于2022版新课程标准理念,通过深入的教材解读,提炼出单元主题意义,通过板块、内容的重组,再进行分课时内容的提炼,根据主题意义进行分目标的设定、教学活动的设计、评价维度的确定,真正实现知识结构建模。

单元整体教学有利于打开学生的整体思维,以"从做中学"为导向,让学生在真实情境中,综合运用与主题相关的纵向与横向知识,真正实现知识的融会贯通,培养学生处理信息的能力。

同时,单元整体教学的主题研究能促进教师教育理念的更新,构建"勤学习、善思考、好实践"的科研氛围,真正促进教师的专业成长。

2. 聚焦素养,挖掘课程视野下的单元统整思维

① 课程理解,追溯文本内涵

如今,课程改革的目标已经由关注知识点转向了聚焦学科核心素养,单元整体教学的实践则是落实学生核心素养形成的重要途径。目前,小学英语课堂教学中存在以下亟待解决的问题:课堂教学的效度不高,学生难以建构系统的知识体系;各课时之间内在的逻辑关系不够严谨。

基于教学现象的分析,我们立足课程视野,立足核心素养的四大维度,让学生真正学会在真实情境中有效解决问题。教学中进行教学内容的统整,进行年段教材、单元主题、教学版块的整合与重组,进而架构课程目标的点、线、面,进

一步推动学生逻辑思维的形成。

② 教材解读,聚焦主题意义

教材是教与学活动有序开展的载体,每一个版块内容都是专家们精挑细选、反复斟酌提炼出来的重要资源。在实际教学过程中,教师要认真钻研课程目标,了解每一年段的教材内容,对各册教材的相关主题进行梳理,对内容进行统筹安排,才能精准把握每个年段的重难点,从而科学合理地落实到每个课时的实施。

通过认识教材,了解文本表达了什么;通过解读内容,厘清文本想要表达什么;深度挖掘内涵,探究文本能够说什么。教师应始终立足学生的素养发展,基于学情,有效地挖掘教材,充分开发资源,实现教材的最大化使用。

③ 课堂教学,落实素养形成

在课堂教学中,可以采用学生自主学习、同伴互助学习、小组合作研讨等,通过不同的学习方式,优化其关键能力的发展。

首先,尝试设计丰富多样的英语活动,给学生创设语言运用的情境,提高学生的语言表达能力。例如通过主题演讲、探究性学习、英语风采大赛等活动,都能促进学生自主学习能力的养成。

其次,可以根据不同学生的性格特征和能力水平,采用小组合作的方式,进行互补式学习。在实际教学过程中,教师设计真实的交流情境,学生从中发现问题、探究问题、解决问题,整个学习过程类似于一个小项目研究。

3. 立足"双减",探寻单元整体教学的路径与策略

"双减"的真正目的不是要减少内容,而是要把好教育的质量关,高效地抓住课堂上的每一分钟,让学生在有效的时间内最大限度地提高学习的效率。单元整体教学是实现课堂效率最大化的有效路径,通过精准定位单元目标、主线贯穿单元话题、重组整合单元板块、整体设计单元作业,进一步激发学生的深度学习动力,内化学科素养。

① 精准定位单元目标,彰显递进性

在进行单课时目标的设计时,首先要深入解读课程目标的总要求,进行单元目标的整体架构,再进行单课时目标的螺旋递进设计。单元目标的重建要结合英语学科学生核心素养的培养目标,确定单元大情境、单元整体目标以及单元目标达成的路径。

② 主题引领单元话题,彰显语境性

主题意义探究能更好地促进单元整体教学的实施。教材单元内各课时内容与本单元话题紧密相关,教师可以尝试梳理与整合单元内容,形成单元主题下知识的结构化,从而巩固学生对内容的内化,促进学生迁移运用的能力。

③ 整体规划单元作业,彰显拓展性

单元整体教学的实施,为学生构建了完整的知识体系,为了进一步巩固学生对知识的理解与运用,教师需要进行单元整体教学下单元作业的变革。结合活泼多样的作业形式、多维开放的作业内容、协同合作的完成方式,激励多元的评价方式,让学生真正感悟到作业的趣味与魅力。

二、主题绘本融合,点亮学生的阅读心灯

1. 解读绘本阅读内涵,聚焦英语绘本特点

随着2022年新课标的颁布与实施,课程内容板块针对词汇量要求明确指出,一级课外阅读积累量要到达1 000~1 500字、二级要求4 000~5 000字、三级要求4万字以上。因此,课外阅读也变得越来越重要了。

根据小学生的年龄特征,图文结合形式的读物更能激起他们的阅读兴趣。通过生动有趣的图片内容,学生可以展开对故事的理解与创想,更增加了阅读的趣味性。

从直观的角度来看,绘本结合了生动有趣的配图,以及丰富的语言,很符合学生的年龄与心理特点,大大提高了他们的阅读兴趣,久而久之,就形成了一定的阅读习惯。

在内容的编写上看,绘本的特点就是内容丰富,短小精炼,趣味性强,学生在阅读中懂得很多道理,"育人无痕"。

2. 发扬绘本阅读优势,实践绘本教学模式

随着新课改的推进,阅读教学在日常教学中的比重也在不断增加。在读懂、读透的前提下,还要"读厚"教材。现阶段,绘本阅读与主教材的融合教学也激起了星河老师们的研究热情。

打破单一的教学模式,增强学生学习的主动性。教师在进行单元整体教学时,根据主题的需要,融合生动有趣的绘本教学。比如在三年级进行字母教学时,由于学习的内容比较简单,学生容易产生审美疲劳。因此,为了增加字母教学的趣味性,我们在教学中运用Phonics(自然拼读)教学,也可以融入匹配的绘本故事,在有趣的绘本阅读中,强化字母音、形、义的深入学习。

结合丰富的图片,增强学生语言表达的多样性。尤其是低年级的英语教学,教材的内容比较简单,但配的图片内容比较生动有趣,我们就指导学生认真解读图片信息,以故事情境为剧本,鼓励学生进行小组汇报表演,有助于开发学生的"多元智能"。例如牛津英语译林版教材中,学生尝试角色扮演,小组成员分别饰演金发姑娘和三只小熊,利用信息技术播放故事中的音乐,增加代入感,渲染气氛。此外,让学生揣摩故事中人物的心理,用他们所感知到的情绪来进

行展现,有助于对阅读的理解。因此,通过有趣的情境剧表演,既可以激发学生的阅读期待,又提升了孩子们的口语表达能力。

读写的有效结合,可丰富学生语言输出的多样性。在实际教学中,我们会发现这样一种现象,有的学生虽然也坚持大量阅读,但一旦进行语言输出时,还是会发现"词穷"。为了有效地提升阅读质量,需要进行读与写的有效结合。例如,学生在学完 Chinese Festivals 这一主题之后,教师就围绕该主题进行相关主题的绘本阅读,并开展丰富的活动,例如话剧展演、海报制作、主题演讲等。在进行一系列的活动时,学生只有结合写的实践活动,才能最大限度地发挥读与写的有效性。

三、创新作业类型,丰富学生的应用场域

小学阶段的英语学习主要是课堂教学和课后作业实践这两种形式:课堂上,教师通过构建话题情境,培养学生的言语素养;课堂外,教师通过作业设计,巩固和拓展语言积累。

通过英语组集体研讨,我们达成共识:在英语作业布置时,注重语言的实际运用,积极倡导自主学习与合作探究相结合的方式,帮助学生提高自主学习能力,使不同层次的学生都能得到适切的发展。我们主要结合以下不同的形式进行作业方式的探索:

1. 视听类作业

基于小学阶段各年级学生的年龄特征,在单元主题学习之前,教师布置前置性的试听内容,激发学生对单元主题的学习兴趣。例如在学习牛津译林教材中关于金发女孩与三只小熊的故事时,可以推荐学生看有关主题的视频资源,学生在语篇学习时,便有了一定的背景认知,相关的主题词汇、句型也进行了很好的预习,而且求知欲也更强了。

2. 表达类作业

开口表达是语言学习的必要途径,但重复、单一的视听方式会让学生失去听的兴趣,没有表达的机会。因此在布置录音作业时,要明确要求,让学生分享他们最好的成果,并进行全班、全年级乃至全校性展示。根据小学生好表现的年龄特征,在任务的驱动下,学习的积极性肯定高涨,这样便能起到事半功倍的效果。录音的内容可包括课文、律动英文歌曲等。

在单元主题的巩固环节,书面表达是必不可少的。学生学习了相关主题的知识,掌握了基本的句型表达,但只有在真实情境的实践运用中,才能自我检测出知识盲点。例如在 Unit3 Our Animal Friends 的巩固环节,我们可以让学生结合生活实际写一写、画一画自己的动物朋友,在实际运用中,学生对动词三单

形式的理解就更加地透彻了。

3. 阅读类作业

阅读类的作业能给学生带来更宽阔的视野，更好地认识世界。我们每周利用班级共读时间，让学生阅读不同主题的文本素材，并进行分享交流，了解英语国家的多元文化。并做好摘抄，整理到记录本上，定期与同学们交流分享，互补"信息差"。摘抄本还能作为"漂流本"，分享在教室的固定区域，这样既营造了英语语言的学习氛围，又增加了学生的知识储备量，同时也培养了学生的思维能力，拓宽了学生的国际视野。

4. 思维类作业

单元整体教学之后的梳理可以尝试让学生通过思维导图的方式，进行文本情节的梳理和单元知识脉络的结构化。针对学生的思维导图，指导学生进行单元主题的微课录制，为不同层次的学生提供有针对性复习的资源库。这样既进一步加深了学生对单元主题的理解，也为英语学科积累了宝贵的资源库。针对不同层次的学生，可以尝试让其为单元调研卷中的不同版块出题，既可以调动学生学习的主动性，又可以促进学生之间相互评价。

5. 实践类作业

杜威思想强调从"从做中学"，指出只有让学生在充分的实践中获得知识，才能加深他们对知识的理解与掌握，因此在布置作业时，要关注实践类作业。如学习完"How do you go to school"这一主题后，可以让学生围绕同学们的上学方式进行一次微调查。还可以让学生利用周末时间，设计实践"How do you get to Dinosaur Park"这样的创意作业，对学生们来说具有一定难度，但在实践的过程中，通过自己的努力，尝试解决问题，更能激发其内在的学习动力。

创意生活课程的改革，促使我们重新审视英语教学，从三大方面入手，建构立体英语学科。以单元教学、绘本阅读、创意作业三大项目为突破点，有效解决孩子们"英语学习家庭环境欠佳、资源短缺、氛围不足"的痛点，以发展学生的英语关键能力为学科目标，以有文化的英语学科生活为追求。

立体英语，继续在路上。

第四节 好奇工场：打开科学的知识库

小学科学教学的总目标是全面培养学生的核心素养。随着2022版义务教育科学课程标准的出台，科学核心素养有了更明确的定义，学生在学习科学课程的过程中,要逐步形成适应个人终身发展和社会发展所需要的正确价值观、必备品格和关键能力。

"好奇工场"就是在科学课程标准下,学校开发的创意科学课程基地平台。

对于孩子们来说,这里是科学研究的"物型工场"。我们把一幢楼的第四层全部打通,四大空间形成一座科学探究城,让他们随时随地解决科学问题、产生科学想象、进行科学实验。

对于观察者来说,这里是科学素养养成的"情感磁场"。"敞开、自由、泛在"的形式,宽松的研究氛围,让儿童爱上科学,是他们好奇心、想象力、创造力的培养之地。

而对于我们来说,它代表着学校科学教育儿童的立场。孩子们走进这里,现场提问,现场探究,真正从"把教材当成世界"走向"把儿童世界当成教材"。

综合来讲,好奇工场是一个实现课程物型化,结合多方资源跨学科学习的知识库,拓宽学生科学学习的渠道,丰富评价的内容与形式,促进儿童科学核心素养的养成。

一、一堵"问题墙"开启探索之门

多元智能理论告诉我们,每个儿童都有多种智力,每个儿童都有成材的潜力,教师要善于发现和引导。好奇工场的一堵墙就成为"问题墙"与"好奇镜",有助于形成开发学生潜力的体系。

(一)依托有形"问题墙",培养学生质疑能力

科学探究的第一要素就是提出问题。2022版科学课程标准也强调要保护学生的好奇心,激发学生的学习动机,也就是要引导学生质疑,培养质疑能力。问题墙成为最好的媒介。

好奇工场某一场馆的一堵墙做成了长方形转筒,孩子们将自己好奇的问题写在纸上,还配上背景,让问题更有艺术性,贴在转筒正面。比如,为什么鸟站在电线上不会触电?为什么会有四季之分?墨渍怎样才能洗掉?如果去除热水壶里的污垢?……课间,孩子们驻足在"问题墙"前,挑选自己感兴趣或者想知道的问题,研究后在转筒背面附上答案,形成交流。

(二)依托无形"问题墙",激发学生无限潜力

科学课堂、项目化学习、实践活动等等,科学课程无处不在。所以,教师还打造了无形的问题墙,引导学生以"问题"为中心,以"方法"为中介,以"答案"为结果,根据学生的智力发展水平设计具有导向性和驱动性的问题,引导学生主

动探究。

1. 注重问题的情境性

情境指具体场合的情况、环境、事件等,具有很强的具体性和"场域感"。在问题设计中融入生活情境,能引起学生情感、兴趣、精神等方面的共鸣,让"情"与"景"有机融合,对调动积极性、活跃思维有着不可替代的作用。

> 例如:在探究水的导电性项目中,设计这样两个问题:
> ① 水会导电吗?
> ② 有这样一则社会新闻:海南突降暴雨,一学生在蹚水的时候路过电线杆,突然触电倒地,幸好经抢救后脱离生命危险。新闻中的学生为何会在水中触电?
> 作为驱动式问题,这两个问题哪个更合适?
> 很显然是第二个问题。
> 第一个问题指向性比较单一,学生的答案介于他的已有认知,且指向比较单一。第二个问题利用真实生活中发生的事件,能吸引学生注意,还能启迪学生思维,使其思考多种可能性。

在问题化学习的过程中,以认知建构的方式去重组问题、重组内容,让孩子在问题与问题的联系中,在"综合地带"和"边缘地带",进行知识的碰撞,开展知识与知识之间的联系。情境教学是学生核心素养培育的途径和方法,是核心素养实现的现实基础。

2. 注重学生的主体性

在问题驱动式科学活动设计中,体现学生的主体作用是方案设计的基本要求。学生是学习活动的主体,只有激发其内部驱动力,提高其探究的积极性,才能发挥学生的主动性与能动性,我们的问题设计就需要能"吊出"学生的好奇心。当然,问题的解决也要符合学生能力水平。

> 以小学科学课程《冷热与温度》的教学方案设计为例,首先冷、热、温度本身是自然中对热量的传递过程中所体现的一种衡量方式,对学生而言,"冷与热"本身并无太大的趣味性,也缺乏进一步认识的动力,如果换成这样的问题就不一样:
> 当你发烧时,为什么忽冷忽热?冷的时候体温高,还是热的时候体温高呢?
> 体温的变化是学生生活中常见的一种冷热感知方式,同时也是已知的

一种科学问题,所有人都有发烧的经历,却不一定思考过这样的问题,学生肯定好奇,想一探究竟。以"体温"的变化为探究问题,既激发了学生的探究热情,也符合学生的基本知识能力。

要发挥学生主体作用,教师就必须联系学生在现实中的生活经验,精心创建问题情境,并从易于激发学生学习热情的方向着手,加强科学活动设计方案的"驱动力"。

3. 注重思维的进阶性

思维是人类大脑运用、分析、综合等方式在解决问题中的一种心理活动。低阶思维强调知识的记忆、描述,对问题的把握是"定式"的,缺乏发散性和批判意识。高阶思维强调分析、综合、评价等认知能力,驱动性问题的设计要引导学生从低阶思维向高阶思维发展,即思维进阶。

以《空气中有什么》一课科学活动设计为例:

根据实验步骤完成实验后提问:

通过实验,你发现了什么?这是什么气体?

阅读资料,说一说空气主要由哪几种气体组成?每种气体的比例及性质是怎样的?

很明显,以上问题都是能直接找到答案的事实性问题,只要学生去观察、阅读就行,没有思维的发展和进阶。

如果设计这样的问题:

某品牌薯片,厂家为保证安全性,没有放入防腐剂,而是在袋中充入了某种气体,同样可以达到延长薯片保质期的目的,请问:可能是哪种气体?为什么?

这个问题就是一个开放性问题,它不仅需要学生查阅资料,寻找信息,还需要提出观点、对比分析、推理论证。

上述事实性问题是开放性问题的基础,要解决这个开放性问题,仅仅知道空气的主要成分及性质还不够,还需要考虑食物变质的原因,影响微生物生长繁殖的因素以及食品安全、经济效益等问题。

可见,好的驱动性问题能在激发学生好奇心与求知欲的同时,促进知识的运用与迁移,引发学生突破思维定式,综合分析判断各种信息,从旧知到新知,主动学习,思维进阶。

二、四大场景激发个性学习

美国社会学家邓肯在《小小世界》一书中就有精彩描述:每个人都是一个小小世界,小小世界不断连接不同群体中的不同个体的方式就是场景。场景是什么?场景是最真实的以人为中心的体验细节;场景是一种连接方式;场景是价值交换方式和新生活方式的表现形态。场景构成五要素:时间、地点、人物、事件、连接方式。从以"好奇集装箱"为始点,开启生命科学、物质世界、应用科学、地球宇宙四位一体的好奇工场场景。在场景中有很多元素,但是在具体实践中,我们着力于通过观察、实验、体验等方式促进高阶认知,激发个性学习。

星河分校的好奇工场,就利用 1 000 平方米的空间,根据科学学科国家课程标准,结合科学研究的"生命科学、物质世界、应用科学、地球宇宙"四大类,建立相应的"万物梦工厂、蝌蚪造物间、智豆创意链、火星实验室"四个好奇工场。四大空间分别有对应的课程目标与实践内容。

场景层	领域	目标指向	实践内容
万物梦工厂(生命科学)	人体科学	通过牙齿检查、肺呼吸模拟器等试验帮助孩子了解人体结构和各器官功能	八个绝妙的实验从内而外揭示人体的奥秘
	植物科学	通过制作植物标本、研究植物的向光性、根茎叶的繁殖等实验,帮助孩子成为小小植物学家	八个奇妙的实验揭示植物世界的秘密
	昆虫科学	制作蚂蚁农场、昆虫陷阱,研究昆虫的活动等等,内有详细的操作指导和特殊道具,一定会令孩子们进行一次难忘的昆虫探险	八个令人兴奋的实验揭示昆虫神秘的世界
蝌蚪造物间(物质世界)	水晶科学	学习培养和生长属于自己的闪闪发光的漂亮水晶以及了解水晶的科学知识	八个炫目的实验,探索神奇的水晶世界
	气泡科学	孩子可以亲手制作泡泡喷泉、泡泡薄膜、神奇的双泡泡等,从而了解泡泡的化学生成原理等。孩子可以亲手制作气泡火箭、反应动力小赛车、苏打冲击波及其他安全的小实验等	八个绚丽的实验,制作八个创造气泡的趣味科学实验揭示奇异的化学反应
	气球科学	孩子可以亲手制作气球导弹、气垫船及气球火箭炮等,揭示神秘的动力学原理	八个有趣的实验揭示气球的力量

续表

场景层	领域	目标指向	实践内容
智豆创意链（应用科学）	机械科学	通过简单趣味的杠杆、滑轮装置来组装简单的不同机械，使孩子了解力的传导以及如何可以更省力等知识	十二个动力学实验揭示机械的力量
	光线科学	孩子们通过进行充满乐趣的潜望镜、分光器、神奇成像仪、百变万花筒等实验，了解光波和光的反射、折射等知识	十二个炫目实验揭示光的神奇魅力
	电能科学	通过模型的组建，了解魅力风车发电厂、太阳能发电、动力发电等实验，了解电能反应及电的形成及应用领域等知识	八个电能装置实验揭示电的来源与原理
	磁力科学	孩子们通过漂浮棒、酷罗盘、磁铁迷宫、钟摆和躲闪小球等试验，不仅可以认识各种各样的磁铁，还能了解磁性的作用原理	十二个奇异的实验揭示磁铁的迷人力量
	汽车科学	通过组装汽车模型、齿轮咬合动力、安全带装置、轮胎摩擦力等科学实验，让孩子们了解汽车动力原理及安全装置，培养对智能汽车的知识兴趣	八个有趣的实验揭示汽车运行原理
火星实验室（地球宇宙）	魔法科学	通过土壤、岩石、地形等方面的实验，解释这些令人惊奇费解的神秘现象背后所隐藏的简单科学知识	十二个神奇魔术揭示科学秘密
	太空探索	制作一个太阳系行星模型，研究月球火山口，了解各大行星的主要特征等，激发孩子无限的想象力和探索宇宙的渴望	八个极具吸引力的实验探索宇宙太空的奥秘
火星实验室（地球宇宙）	埃及奇观	穿越时空回到神秘的古埃及时代。探索奇妙的滚动圆筒、古埃及象形文字、神奇斜坡、古埃及日晷、苹果木乃伊等实验。了解古代埃及人的神秘科学及古代科学知识	八个非凡的实验揭示古埃及人的智慧

三、多维实践唤醒高阶认知

人类生活居住的世界，是不同物种漫长演化、相互竞争依存的自然世界，也是人类文明发展的社会和技术世界。科学素养既是关于自然与技术世界的知识和观念，也是探究自然的方法，还是改造世界的关键能力和必备品格。

万物梦工场功能区示意图

- 自主研究区
- 信息发布区
- 专题沙龙区
- 团队研讨区
- 展示成果区
- 小型研讨区
- 作品分享区
- 问题留言区
- 问题留言区

（一）区域划分，实现多维实践

不同内容的场景层中，我们又根据功能不同进行了区域划分，使每个场景都具有必需的科学研究基本功能。以激发科学兴趣、启迪科学观念为教育目的，以情境认知与学习理论为思想基础，努力为师生营造从实践中学习科学的情境，通过互动、参与、体验等实践活动，引导孩子进入探索与发现科学的过程。通过场景的沉浸感、体验感以及参与感，学习中的儿童与儿童之间、儿童与场景之间联系起来，体验区以学习科技历史、体验科学现象、培养科学思想、方法为核心，通过项目化、协同化、定制化以及情境化的学习，以培养儿童的科学认知、科学思想和方法、科学精神和价值观。

（二）逆向设计，引发高阶认知

好奇工场的课程是以学习为中心的课程。让孩子养成逻辑思维习惯的能力，培养创新发明能力的习惯，建构乐于主动学习精神，培养好奇心、探究精神，将科学知识经验运用于生活的力量。逆向设计思维是一种创新的教学设计思维，它更注重从教学目标、学科素养出发，去思考如何评价学生是否达到这种学习目标，根据评定的依据来设计师生的学习活动。与以往的教学设计相比，它更注重学生的学习理解，有明确的结果导向，更注重素养体系的形成。

1. "逆向设计"的三个阶段

第一个阶段：确定预期结果。此设计将达到什么目标？学生将理解的概念是什么？教师期望学生获得的特定理解是什么？可预见的认知冲突是什么？这个阶段可以考虑什么样的启发性问题能够促进探究、理解和学习迁移？学生将会获得哪些关键知识和技能？习得这些知识和技能后，他们最终能够做些什么？

第二个阶段：确定合适的评估标准。需要思考学生通过哪些真实的表现性任务证明自己达到了预期的理解目标，通过什么标准评判理解成效。这种方法鼓励教师和课程设计者在设计特定的单元和课程前，先要"像评估员一样思考",思考如何确定学生是否已经达到了预期的理解。

第三个阶段：设计学习体验和教学方案。这个阶段必须思考几个关键问题：如果学生要有效地开展学习并获得预期结果，他们需要哪些知识？哪些活动可以使学生获得所需知识和技能？我们需要教哪些内容，指导学生做什么？包括寻找一切适合开展教学的教育资源等等。

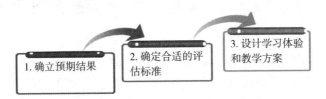

2. "好奇工场"的逆向学习设计

依托逆向设计思维，好奇工场活动基于课题、主题、问题、专题，以任务式、项目式学习为主，学生可以接受完成一个任务到完成一系列课程的各类长短课程，每项课程中设置了各种难度的任务，并配以相应的提示。工场配备有各种活动材料与任务资源包，为每项任务编制了相对应的活动指导材料。

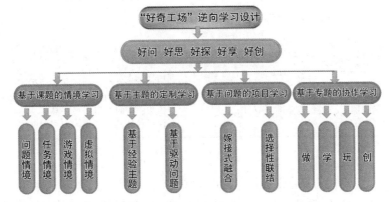

（1）基于主题：立足大概念，进行单元设计

2022版科学课程标准中设置了13个学科核心概念，教学建议围绕核心概念以学生为主体进行教学设计。结合科学新课标，设计基于目标前置的单元活动。

如：四年级昆虫单元，学生在学习这个单元后，要知道昆虫的形态结构特征、经历饲养小动物过程，能用图文的方式记录、整理，乐于合作，善于表达交流，增强对生命和自然的热爱。我们就先研究单元活动目标，重新规划教学内容，设计学生饲养活动的观察论证表，客观收集学生的学习状况、归类表现类型,论证表达力和思考力,促进科学思维发展,及时反馈,帮助学生调整学习状态,解决学习方法存在的问题。活动后,再归类科学观念,形成正确的科学态度和社会责任感。

(2)基于问题:立足驱动任务,进行项目活动

技术与工程是近年来科学课程的重要内容之一,利用逆向设计理念,我们这样来设计项目:分析任务、方案设计、制作实验作品、展示交流、评价反思、完善实验作品,让学生在项目中综合运用所学知识,解决问题,引发高阶思维,提升科学素养。

以"制作水位警报器"为例,任务是利用电子元器件制作水位警报器模型,使水位上升到危险高度时发出警报,低于危险高度时则警报器不响。下面是体现逆向思维的教学设计:

分析任务	方案设计	实验作品制作	展示交流	评价反思
要选择合适的电子元器件制作水位警报器模型	设计方案,选择电子元件,绘制电路图	分工合作,制作作品	展示实验作品是否能达到效果,同时介绍设计理念	相互评价,反思设计,完善产品

此外,我们还有基于课题、专题的教学设计,教师在教学设计中由"关注教授过程"转向"逆向设计",从追求理解的角度去定位目标、设计评价、设计活动,提高学生学习效能,唤醒高阶认知。

好奇工场的打造,让儿童突破空间、重组时间、贯通区间,形成了科学课堂体验、学科渗透体验、专用场馆体验、主题竞技体验、校园场景体验、户外延伸体验、项目走班体验、家庭亲子体验等形式,以"场"的效应唤醒每个孩子的好奇心,发展孩子的想象力,提升科学核心素养,最大限度地彰显儿童生命的意义和价值,最大限度地让他们有能力去创造更接近未来的生活。

第五节　全景体育：为儿童的终身健康服务

2020年，中共中央办公厅、国务院办公厅印发了《关于全面加强和改进新时代学校体育工作的意见》；2021年5月26日，中央教育工作领导小组印发《关于深入学习宣传贯彻党的教育方针的通知》，再次强调我们的育人目标是"培养德智体美劳"全面发展的社会主义建设者和接班人。这就意味着，学校体育课程改革进入一个新的历史时期。

在创意生活课程实施初期，星河分校认真地对学校体育工作进行分析梳理，并把"基础力量练习"作为切入口，带动整个体育课程的改进，效果不错，得到了同行与上级的高度肯定。

而在2020年4月13日的全集团艺体工作内证会上，省市体育课程专家指出，我们的体育虽然有基础力量这个明显的特色，但还不足以形成体系化的课程，希望星河分校可以站到更高的角度来设计儿童体育课程，用创意的方式、轻松的方式、儿童喜爱的方式来实现身、心、灵一体，让儿童真正拥有健康生活力。

一、终身为向，确立全景式健康体育理念

与很多学校一样，我们学校的体育课程其实面临的困难还是挺大的：全校仅四位体育老师，但面临各级别的比赛一样不少；四位体育老师均为专业队退役，有项目专业带队经验，却在课程改革的理论架构上力量不强。起初，我们也想着从体育特色项目做起，慢慢往前推进，但事实上，这种课程实施方式还是"教师角度、学校角度"。有一件事情改变了我们的想法：

> 一群初三孩子中考结束后，结伴来到母校看望老师。我们发现孩子们变化相当大，其中一个特点是大部分都变胖了。问及原因，孩子们都说自己缺少锻炼，不像小学时那样喜欢运动，更多时候是宅家。令我们惊讶的是，一个原本在小学是运动队的女学生，长跑、跳绳都是一把好手，曾经代表学校参加区运动会，在体育毕业测试中，居然只能获得良好级。女学生说，没伙伴、没氛围、没人监督，对运动锻炼就渐渐失去动力，到后来变成应试而运动，再到后来变成见体育训练就烦恼。所以，体育从她的强项变成了青春时期的一份记忆。

这个偶然的交流使我们明白，健康课程的目标，不是在学校里设立多少门类的课程，上了多少节课，得了多少奖，而应该要"立足当下，放眼未来"，让我们学校的孩子"星河六年，健康一生"。以一种"健康生涯管理"的理念，帮助学生在体育运动中享受乐趣、增强体质、健全人格、锤炼意志、形成习惯。

于是，我们重新审视了身体课程，确定了三个目标：

1. 深推"终身性"健康体育理念。理念与方向是对学校发展具有指引作用的指南针，要"把方向、控大局"。早期，基础教育阶段学校仅把体育当成课来上，课上有，课后无；课程改革启动之后，很多学校把体育当成课程来建设，设计六年，经营六年。我们期待，新一轮体育课程改革，星河可以把眼光放远，看到小学体育可以影响学生一生的健康，小学时候养成的运动习惯、体质、体能，是整个人生健康的基础。

2. 深耕"全景式"健康体育课程。体育理念的具体落实则需要依据课程逻辑进行体育与健康课程的建构与实施。全景本来是一个摄影的术语，是指一种视野辽阔的布局，把景点全貌全部呈现出来。而"全景式"健康体育课程，就是抓住体育无处不在的本质特征，进而将体育与学生学习生活中的场景、生活习惯、其他学科建立联系，使体育成为学生"随处可见、随处可玩、随处可秀、随处可赛"的"全景式"创意生活。能够使儿童不仅习得体育知识与技能，而且能够养成健康体育的理念与习惯。深耕体育课程，充分调研当前学生的身体素质与兴趣需求，做好顶层设计，实施方案、教学形式、教学组织、教学内容、教学方法、教学评价、课题研究等方面进行改革创新。使其前可以与幼儿游戏对接，后可以与初中体育相适应，远可以为终身健康奠基。

3. 深谋"生命化"健康体育生活。提高国民身体素质是一项国策，意义重大，影响深远。体育，不是一门可以轻视的小学科，也不是一项简单的校内教育工作，而是需要融学校、家庭、社会三方力量合而为一的、事关百姓生命质量的事业。所谓生命化，是立足于生命视野对体育的一种重新认识和理解。它以生命为体育的基点，强调体育要遵循生命的特性，不断地为生命的成长创造条件，促进生命的完善，提升生命的价值。

二、童趣为本，打造"全景式"健康体育文化

打破新校建设学习区与运动区分开的局限，充分利用"一馆、两场、三廊、四区"的"核心运动区域"，设计儿童随处可见的健康运动项目。包括足球场北侧建奔跑群像的雕像，东侧设置运动项目介绍牌。体育馆里将布置"举重、体适能、足球"等反映学校体育特色项目的历史与荣誉的宣传牌，激起孩子们的运动自豪感。此外，每个班级门口都有体育游戏场景区：低年级设传统游戏区；中年

级设智能运动区;高年级设器械运动区。每到下课,都播放热烈欢快的音乐,让儿童随音乐而动。

除固定的健康体育项目外,学校还结合各种时令体育活动,来设计具有创新性和激励性的体育项目,时刻给师生以熏陶,鼓励他们动起来,养成运动的习惯。

新建学校的专用体育运动区域约占整个校园占地面积的五分之二,全部对附近居民免费开放,为全民运动、全民健康贡献星河力量。

三、素养为核,捋顺全景式体育课程体系

不断研究《中国教育现代化 2035》中关于体育教育的具体要求,牢记"完善学校体育教育体系,增加校园体育的趣味性和实际性,提升青少年的综合素质"的使命,进入全景化体育课程改革 3.0 版本。

① 保证体育质量标准。根据体育健康课程标准 2022 版,将体育核心素养归纳为"运动能力、健康行为、体育品德"这三大板块,从运动负荷、体能练习、运动技能等方面提出具体要求。

星河分校体育课程质量要求

项目	内容	具体要求
运动负荷要求	学生练习时间(密度)	占课时 75%左右
	运动中心率(强度)	140~160 次/分钟
体能练习要求	课中专项	集中训练 15 分钟
	课外专项	大课间与课后服务集中训练各 15 分钟 通过六年学习掌握一套科学的体能训练方法

续表

项目	内容	具体要求
运动技能要求	技能学习	每节课20分钟左右
	技能练习	每个学生毕业至少掌握2~3项体育技能,有一项是拿手的,实现"多能一专"

② 完善体育课程体系。之前,我们设置体育课程很大程度上考虑的是体育教师会什么,包班体育容易使班级侧向于体育教师专业特长上。新体育课程改革启动,我们首先做好顶层设计,从更高、更远、更全的视角去规划体育课程,以"享受乐趣、增强体质、健全人格、锤炼意志"为体育目标,与学校"端行、好学、健美、乐创"的培养目标相契合。

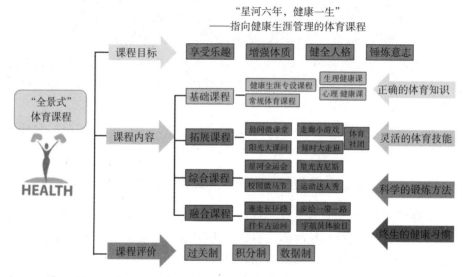

"星河六年,健康一生"
——指向健康生涯管理的体育课程

将学校体育课程分成基础课程、拓展课程、综合课程、融合课程四个类型,把国家课程、地方课程与校本课程有机整合。其中,最重要的是健康生涯专设课程,它是星河分校与其他学校区别最大的课程。我们围绕"星河六年、健康一生"的主旋律,来分门类、分年龄段开设具体内容。

比如针对目前儿童"城市化造成感觉系统失调"个例较多,分年级开设"感觉系统训练游戏群":

年段	触觉失调	本体觉失调	前庭觉失调
低年级	海洋球、钻山洞	传接球、踢沙包	抱球翻滚、秋千、跳袋

续表

年段	触觉失调	本体觉失调	前庭觉失调
中年级	大笼球、平衡木	抢座位、踢毽子	冲滑板、吊床、蹦床
高年级	玩沙子、打水仗	演镜子、独角椅	平衡台、大陀螺

针对儿童视力下降较明显，设计落实"寻找绿色补光行动"，与教育部规定的"五项管理"相结合：全面改善学习环境，使光源更明亮、更柔和；全过程开设视力初查与用眼卫生指导课；改成每天4个时段眼操，提升眼操质量；利用好午间空闲时光与课后延时服务，增加自然补光，每天进行户外运动超过2小时，让眼球随目标运动，促进多巴胺分泌，以预防近视。

比如，除二、六节课前做眼操外，四、五节课前做纠正体态的简约瑜伽或者体适能训练，破解很多小学生体态不正的问题，为孩子"昂首挺胸"打好基础。

基础课程、拓展课程包括全员必修课程和选修课程。

综合课程、融合课程包括分年段必修课程与选修课程。

通过横向的课程设置与纵向的体育课程质量要求，我们期待构建一个立体的体育教学体系，使学生逐步树立正确的体育学习观，掌握灵活的体育技能，科学的锻炼方法，并养成终生的健康习惯。

③ 丰富体育课程内容。要建设指向健康生涯管理的体育课程，就要考虑到健康一生所需要的体育理念、体育知识技能、运动锻炼方法与习惯，以及一些目前儿童亚健康问题的专设预防课。

内容广度上的完善：初步设想将体育课程分成"运动与健康"两部分，健康分生理健康课程与心理健康课程。体育技能内容涵盖"运动参与、运动技能、身体健康、心理健康、社会适应"五大领域，将这五大领域内容与国家课程科学统整，遵循儿童发展规律，开发"低年级重游戏、重兴趣"的起始课，"中年级重技能、重习惯"的行进课，"高年级重体能、重基础"的"小学初中衔接课"。

内容针对性上的细化：根据儿童生长关键期来选择与优化课程内容。体育学习捕捉不同年段的"敏感期"，体育锻炼抓住10岁前的"窗口期"，体育素养立足不可或缺的"发展期"。针对运动"敏感期"，我们在体育课中融入以下内容：

敏感期内容	年龄	年段	教学游戏	家庭作业	测试项目
柔韧最佳发展期	5~12岁	低年级	搭山洞、老鹰捉小鸡、丢手绢、敏捷梯、爬坡、攀岩	动态：爬、抱膝走、弓箭步屈肘转体（左右）静态：坐姿体前屈、肩部拉伸	坐位体前屈
灵敏协调敏感期	7~9岁			十字象限跳、T字形跑、折返跑、绳梯练习、标志桶触点	折返跑
协调性敏感期	10~13岁	中年级	仰卧起坐比快、矮平衡木、丢沙包、踢毽子、跳格子	摆臂原地抬腿跳（左右）、开合跳、匍匐爬、手足爬	双摇
速度发展敏感期	10~13岁			扶墙高抬腿、小步跑、小碎步、跳、折返跑、变向跑、转身接加速	30~50米
耐力发展敏感期	12~14岁	高年级	障碍接力、双筐投篮、滚铁环、立定跳远打擂台、运送炸药包、爬楼循环赛等	仰卧自行车、俯卧登山跑、波比跳、跳绳	50米×8
力量发展敏感期	女子11~15岁 男子12~16岁			徒手半蹲、半蹲跳、跪姿俯卧撑、平板支撑	俯卧撑

针对低年级感觉系统失衡，设置专项课程，包括体育课上多增加"感统小游戏"来共同锻炼；布置家庭体育作业，家校合作，让小朋友一级一级完成感统游戏的关卡，逐渐改善感统失衡；学期结束用项目来进行有效检测等。

四、"六个一"为宗旨，构建全景式健康体育生活

从效果图到实景图，中间有一个较长的过程。这个过程，并不是空中楼阁式的空想，而是有"六个一"为宗旨的路径。我们通过"六个一"，实现"全员、全人、全景"的健康体育生活。

① "一人一张"体育课表，我的体育我选择

除了每天一节体育课是必修的之外，每个孩子还需要参加年段必修课以及其他选修课。尤其是双减之后，第二时段的全员体育运动选修，鼓励孩子们找到自己的兴趣项目与特长项目。当然，体育运动也要做到三个结合：一是学生自主锻炼与班级集体锻炼相结合；二是学生努力程度与完成任务相结合；三是单次练习与单元练习相结合。

②"一天两时"运动总量,活动时间我自由

除了每天一节体育课外,学校还增设了晨间微课堂:"双减"开始后,我们学校早上8:20上第一节课,早到的学生可以到体育场馆进行10~20分钟微运动;上下午各有半小时"阳光大课间",春秋为"广播操＋体能操",冬天为跑操;中午是分时段的"阳光午后时光",各班学生自由散步;课后延时服务时间内,每天安排不同年级学生进行体育活动"大走班";每周一下午,还有12门体育选修课供学生选择。而在每两节课之间的十分钟,我们也创设了"坐姿瑜伽""桌面操""走廊小游戏"等创意小运动。学生每天在校活动超2小时。

③"一校一特"运动项目,我的未来我做主

寻找各级资源,寻求外部力量,发展更多适切儿童的体育项目。在现有市核心力量训练和少儿体适能项目特色基础上,再进一步深化与市运动学校的体教融合。一是把项目做深做强,二是依托扩建扩班,寻求更多项目的开发。进一步争取上级部门的支持,寻求社会力量合作,为进一步把项目做大做强而打下人脉、经济基础;抓紧时间、抓住机遇,主动出击寻求"冰球俱乐部""曲棍球基地"等外部力量。

④"一周三练"运动社团,我的特长我练就

学校目前成立了多个社团(见下表),每周三次训练,鼓励学生积极参与体育社团训练。今后,等回到新校区,我们将进一步做学生的调研,根据学生需求再更多开设社团,充分发展学生的体育运动兴趣,鼓励更多孩子掌握专业运动技能,形成"普及与深化"相结合的机制,争取为上级运动学校输送更多优秀人才。

序号	社团	负责人	序号	社团	负责人
1	体适能	王静(市体校)	11	跆拳道	陈百赏(外聘)
2	综合体能	吴维杰(体育)	12	武术	(外聘)
3	核心力量	鲁犇(市体校)	13	咏春拳	(外聘)
4	跳绳	周依依(体育)	14	击剑	张庆(外聘)
5	踢毽子	丁杰(体育)	15	足球	凌超
6	田径	王燕飞(体育)	16	排球	陈肖伊
7	轮滑	陈黎鹤(外聘)	17	体育舞蹈	(外聘)
8	乒乓球	(外聘)	18	象棋	(外聘)
9	国际象棋	(外聘)	19	围棋	(外聘)
10	街舞	(外聘)	20	曲棍球	(外聘)

注:项目会根据学生问卷进行调整。

⑤ "一个级部"一场联赛——我的比赛我参与

从2021年起,学校每学期的最后一周都会进行一场来自年级的联赛。比赛由各年级组商量,向课程部申报,再由课程部协调。今年的联赛安排如下:

一年级:跳绳优胜赛

二年级:踢毽子积分赛

三年级:鱼贯跳比赛

四年级:体适能团体赛

五年级:气排球联赛

六年级:拔河联赛

联赛的背后,是同一年级组对同一体育活动的持续组织与有效指导,从技术指导到战术指导,对学生来说是一种成长,既使其有技能技巧的掌握,又有得失胜败的心理教育。

群雄逐鹿,星河联赛开始啦!

最近一段时间,一到下午放学时间,星河实验小学分校五年级的朱玉涛就抱着足球飞奔向操场。高年级足球联赛比赛将近,作为班级足球队的主力,他和队友们要抓住课后服务的宝贵时间努力打磨战术……

这是什么情况?原来,为全面落实"双减"政策,星河实验小学分校坚持以促进学生全面而有个性的发展为目标。自从实施课后服务以来,学校着力提高课后服务质量,坚持开展"运动与健康"为主题的素养大课。而以年级为单位的运动联赛则是每学期结束前的"学期大戏"。

赛场如战场,真是热火朝天,快来瞧一瞧吧!

队员们在绿茵场上你争我夺奋力拼搏,展示着自己的球技,抢断、过人、射门、扑救……精彩的场面一个接一个,大家你追我赶,奋力驰骋。场下观看的啦啦队热情加油呐喊;他们的助威声一浪高过一浪,同学们为进球欢呼呐喊,也为精彩防守惊叹连连。

而在另一面操场上,六年级进行了拔河比赛,运动的热血燃烧青春,

拼搏的朝气温暖校园,呐喊与欢呼交织,动感与优雅碰撞。参赛队员双手紧握长绳,团结一心。啦啦队则在一边为参赛选手高喊加油,呐喊声响彻云霄。孩子们以实际行动,唱响了阳光、运动和健康的主旋律!

激烈的赛场是孩子们的舞台。无论花落谁家,都是孩子们奋力拼搏的呈现。在竞技中分享运动的快乐,在拼搏中凝聚团队的力量、合作的精神,感受着足球带来的独特魅力与激情。

星河联赛体现了"以体育德,以体促智"的教育理念,积极推动了校园体育运动的发展,丰富了学生的课余学习生活,也给孩子们打造了一个幸福多彩的童年!

此外,班级也有班级的自主运动。抓住课后延时服务机遇,我们要求各班结合传统体育游戏,每班强化一项经常性的体育活动,学校增添大量体育器材,敦促各班坚持进行有益学生身心健康的体育活动。比如,二(1)班的花式跳皮筋、二(2)班的滚铁环、二(3)班的丢沙包,都是让学生玩得满头大汗的体育游戏。

再有,全校每年都举行"亲子运动会"和"趣味运动会",春季与秋季均邀请家长一同参与学校运动会,营造全员运动的氛围。整个学校就像是为学生创建了一个全景式体育运动馆,让运动无处不在。

⑥ 一人一档综合管理,我的健康我负责

指向儿童健康生涯管理的体育课程改革,其与众不同处还在于"一人一档"的评价。我们将利用校园网,为每个星河娃建立自己的健康生涯管理档案,具体内容如下:

健康生涯管理		入学前	一年级	二年级	三年级	四年级	五年级	六年级
健康(与期末检测相结合)	身高							
	睡眠							
	体重							
	视力							

续表

健康生涯管理		入学前	一年级	二年级	三年级	四年级	五年级	六年级
健康(与期末检测相结合)	感统							
	坐姿							
	站姿							
	行走							
体能(与体测结合)	柔韧							
	心肺							
	力量							
	速度							
	协调							
	弹跳							
	灵敏							
技能(展示评价)	特长1							
	特长2							
	特长3							
综合评价	核心素养关照下的体育学习评价,将"运动参与+运动技能+身体健康+心理健康+社会适应"五者结合评价,按"30%+20%+20%+20%+10%"计分							

健康生涯管理系统的使用,并不是简单地向学生与家长提供数据,而是方便对标找差,会根据学生存在的问题,智能化地给出改进建议。比如,某学生身高与体重比超标,点击该学生的体重数据,系统便会给出"合理饮食、加强锻炼、养成运动习惯"的建议。

注意评价方式:由于体育运动和体育教学活动本身具有复杂性以及不确定性,量化评价不一定能够科学地反映出学生体育习得情况,过于简单化的评价就不会有客观性。采用"过关+积分+数据"相结合的评价方法,可以将定性评价与定量评价有效地结合起来。让学生在六年级之内至少掌握三种体育运动技能。同时,继续用"体育小明星""运动小达人"等评选活动树立健康、运动榜样。与"果果创想银行"合作,设立"体育积分支行",积分"换果币"。借助胸卡、穿戴设备等,统计运动数据,利用数据来评价学生体育素养。我们设想,如果有可能还将邀请第三方介入评价。

规范评价流程:由于体育教师管理班级多,涉及学生多,评价对象多,评价任务重,目前各校体育评价均出现"评价随意性强""评价结果无反馈及应用"等现象。我们形成"设计评价活动+实施评价+反馈与跟进"的评价流程,通过设计让更多人加入到体育评价中,利用评价结果发现人才为运动专业学校等输入苗子,也会对发现存在问题的孩子进行案例跟踪及重点指导,形成完整闭环,充分发挥评价的育人价值。

升旗仪式上的颁奖

五月的第二个升旗仪式上,星河分校的孩子迎来了一位特殊的嘉宾——毕业三年的学长张强。他来与学弟、学妹们分享收获的喜悦:在刚刚过去的全国青少年举重比赛上,他获得了全国冠军。

个子明显长高的张强同学接受了学弟学妹们赠上的红绶带,与同学们讲述了在母校读书时接触了举重训练,然后朝着目标一路勇往直前的拼搏经历。尤其是每一次比赛之前的加训,总是在汗水中咬牙挺过,因为他知道,阳光总在风雨后,历练才可以让自己更强。听着偶像介绍自己的行路历程,学弟学妹们两眼放光,他们情不自禁地为母校走出的全国冠军鼓掌。

随后,学校还为刚刚在区市级运动比赛中获奖的小运动员举行了简短而隆重的颁奖典礼,由张强作为颁奖嘉宾给他们颁发了奖状,送上了奖品。无限的荣耀感洋溢在孩子们的脸上。

星河分校重视运动与健康,鼓励学生积极参与各项运动,并为学生提供众多成长舞台,采用多元评价方式,营造重健康、重运动的良好氛围。本次颁奖典礼,只是寻常升旗仪式上的一次,学校鼓励出汗锻炼,奖励赛事英雄,已经成为传统。

第五章
创意生活课程的学习变革

在进行创意生活课程实践的理论研究过程中,我们读到联合国教科文组织在《学会生存》中提到的观点:"未来的文盲不是不识字的人,而是没有学会怎么学习的人。"怎样的学习才可以更好地发挥学生的学习主动性?怎样的学习才能引导学生找到更好的学习方法,使自己可以得到持续成长?陶行知老师的"小先生制",则在理论研究的另外一头,引起了教师的普遍共鸣。

于是,以"小先生课堂"为核心的学习变革就展开了。

第一节 小先生课堂:让儿童发现自己的学习潜能

我们期待,在星河分校的课堂里,孩子们可以充分发挥主体作用。所有的课堂,都是"学生自己的课堂",课可以由学生来上,让学生来讲,让学生来教,让学生来管。

一、相信学生,小先生课堂校本解读

学校针对课堂教师讲、学生听、气氛沉闷乏味、学生学习效率不高等一系列教学问题,因校制宜,因材施教,提出了"小先生课堂"自主教学模式的探索与研究。小先生课堂是自信的课堂、自主的课堂、民主的课堂、互助的课堂。

那么,什么是小先生课堂?星河分校的小先生课堂又与其他学校的小先生课堂有什么异同呢?

"小先生制"最先由陶行知先生提出。何谓"小先生"?陶先生是这样说的:"生是生活。先过那一种生活的便是那一种生活的先生,后过那一种生活的便

第五章 创意生活课程的学习变革

是那一种生活的后生。学生便是学过生活的人,先生的职务是教人过生活。小孩子先过了这种生活,又肯教导前辈和同辈的人去过同样的生活,是一名名实相符的小先生了。"从他的话语中,我们可以概括出小先生的两大特点:一是自己体验生活;二是把这种生活技能等教给他人。"三人行,必有我师。"学生也可以做教师,每个学生都主动参与学习信息的交流。

星河分校所提出的"小先生课堂"坚持以生为本,倡导转变,即把以教师为中心,变成以学生为中心;把教学目标从"以知识传授为主"转向"以增长经验、发展能力为主";把课堂氛围由"严谨规整、平顺流畅"转向"活泼自由、思维深刻"。

小先生课堂,不是将学生固化分类,不是让某个或者某些学生来替代教师的传授,而是灵活地关注到每个学生、关注人的全面发展,追求适合的教育,所有学生都可能做小先生,可以在自己所擅长的领域当小先生,可以在学习过程中顿悟时做小先生,可以在他人有困惑时轻轻上前做小先生。而每个小先生也都在指导他人的时候,锻炼了自己的自信、思维、表达、交流、互动。我们把"锻炼学生、培养能力"作为课堂教学的主旋律,创新教学方式,让学生自己当家做主,促使学生学习能力、学习水平、学业成绩有较大提高。

小先生课堂基于学生、为了学生,最大限度地组织学生参与课堂,努力唤醒学生兴趣、需要,激活学生话语、活动以及学习共同体的学习力,尊重儿童学习的独特性、差异性、创造性,引导学生主动学习,促进学生全面发展。

小先生课堂的基本理念:主动发展、互助合作、信任平等。

(1)主动发展:知识的获得是一个主动的过程,让学生做老师,让学生教学生,这无疑是学生主体性得到发挥的最大体现。小先生课堂中"教"的含义是教师与学生共有的,课堂上相互影响、相互促进。

例如,在探究圆面积和半径关系时,学生自动参与学习,再加上前期课外的个性化研究,孩子们有特殊的收获,纷纷走上讲台与大家分享探究过程与收获。分享期间,学生提供的素材各不相同,但聚焦的学习问题是高度集中的,这就使得学习更丰富生动,每个参与的小先生更好地发挥了自主性与主体性,打开了课堂,开放了思维,融会贯通。孩子们的理解更透彻,思维更深刻。

五(5)班"小先生"鲁勇说:"我喜欢这样的课堂,我们听'小先生'讲解感觉比老师讲更亲近,也更容易理解。而且我们当'小先生',要先学会、学透才能给他人讲解,这样我们自己也能进步,最重要的是当'小先生'是一件很自豪的事情。"

(2) 互助合作：小先生课堂需要有互帮互助的品质、有合作学习的精神。未来社会更需要能够与他人协调合作的人。疫情居家隔离，病毒虽然暂时阻挡了我们上学的脚步，但是阻隔不了学生求知的热情。他们一边当"学生"，一边当"先生"，录制"每日说题"微视频，推送班级群，以教人者教己。这些小先生们，如同一粒种子，让"学习"遇上"春天"，开出灿烂的知识之花。

(3) 信任平等：教育的底线是尊重儿童、了解儿童、信任儿童。课堂的放开，也需要以信任为前提。小先生课堂的实践，就是对教师和学生信任度的最大考验。它要求教师与学生之间、学生与学生之间建立一种互相信任、平等共处的关系。这也是小先生课堂能否收到实际效果的关键所在。

六年级语文学科陈老师在交流研讨中表示，教师在备课时要善于挖掘和开拓教材的资源，给学生当"小先生"创造机会，让"小先生"也参与我们的备课，鼓励他们借鉴老师平时上课的方式。例如，识字教学，可以从字音、字形结构、意义、组词等方面，让"识字小先生"带领学生识字，使他们由被动接受生字，变为主动自学生字；在朗读环节中，让"朗读小先生"从读准字音、读出声调的抑扬顿挫、读出作者的情感与思维、读出环境的烘托，以此给同伴做出示范，鼓励更多学生在读中品、在读中悟，最终达到在提问探索中互教互学，在合作、思辨、展示中激发学习主动性的目标。

学科组钱老师提出，老师在小先生课堂中的组织作用不可忽视，必须起到组织、引导、协调的作用，确保课堂氛围平等、专业、集中。

二、发现潜能，小先生课堂推行意义

在推行小先生课堂的过程中，也有老师发出不同的声音，高年级的秦老师就提出，学生讲就一定比老师讲得精彩？杨老师也提出，有些问题老师都讲不明白，学生能讲清楚？这些问题肯定存在，但我们不是用学生的讲解全部替代教师的指导，而是更考验老师敢不敢放开？能不能把握住哪里放开？放开之后如何收回来？其实，小先生课堂对于教师来讲，要求更高。

传统课堂突出传授，小先生课堂突出"自主"，突出做中学，学做合一。"大老师"主讲一整课，"小老师"专讲一个点；"大老师"严肃，"小老师"活泼；"大老师"重知识，"小老师"重体验；"大老师"单向传输，"小老师"多方互动。的确，因为认知水平的有限，学生可能难以讲深讲透。但其思维角度在其他同学看来，比老师的思维贴近得多，适合学生的认知，适合学生的理解。有困难不要紧，遇到困难要鼓励孩子再想一想，从"想出一点，就说一点"到"尽量说完整，让同学理解、信服"。这样，小先生课堂又增加了联想环节，停一停，想想再说，想清楚再说。

学生说错了怎么办？错，也是一种资源，可以让不同思维碰撞，在辩论中越来越趋向明晰。在学校，课堂应当是一个允许学生犯错的地方，课堂上学生犯了错，学生会相互提醒，会自己改，何乐而不为呢？

小先生课堂的根本目的，就可以让学生发现自己，认识自己，从而更好地发展自己。那么，小先生课堂的推行，师生从哪些方面入手呢？

1. 确立一个理念：学习自主

学习就像吃饭，因为娇惯，追着、赶着喂大的孩子是不健康的。人的成长分身体成长与精神成长，精神要成长就得学习，"填鸭式""灌"出来的孩子扛不住风雨。作为老师，一定要全面关注学生精神的成长。但关注不是包办，老师不能"惯孩子"，要彻底将"灌输课堂"改变为学生自己"吃饭"的"自主课堂"。教师不但要自己明白这个道理，更要把这个理念传递给学生，鼓励他们有意识地去主动学习。

2. 明确一个目标：学会学习

小先生首先应该是一个有计划、会学习的人。自己学会了，才可以去指导、帮助他人。

授人以鱼不如授人以渔，老师要想学生学得好，要敢于做到"放下、放心、放手"，让学生自己学习。据权威机构研究表明，4岁是一个孩子自主性形成的关键时期，在此后的小学、初中、高中时段是决定其自主性高低的一个重要的阶段。事实上现在很多孩子在成长过程中，一直处于"被安排"，以至于慢慢形成了被动型的人格。当父母、老师为他安排好了学习任务，他会照着做，但一旦脱离了大人指定的轨道，他就不知道做什么、怎么做。也曾经有高中老师反映，有的孩子进高中的时候成绩不错，但到高中之后，自习课完全无所适从，原来的成绩基本都是父母长辈安排下补出来的。这不是我们星河分校所期待的学生模样。

我们期待的小先生，首先应该是一个优秀的自主学习者，有学习目标，有学习计划，有学习方法，能自我管理，能自我反思，会调节跟进。

从认知心理学的角度来分析，学习是学习者在内在学习动力和意愿的驱动下，对外界信息进行搜集、加工、处理，主动建构起自己的知识体系。学习既有共性，又有个性，一个优秀的自主学习者，会结合自身的实际情况，去定下适合自己的学习目标，去选择合适的学习材料，去使用更简捷、科学的学习方法，从而高效、高质地接近真知。

3. 遵从一个规律：成长规律

人的成长一靠养育，二靠教育。教育的规律就是"使人成为人"，就是保证人的发展,保证人与自然的长期稳定和和谐发展。教育的规律就是要所有的人明白,"我"为什么而活?"我"从哪里来?要到哪里去?中间的几十年"我"能做点什么?"我是课堂主人"的小先生课堂,给了学生一个思考实践、探究和验证的机会,让他们可以在成长过程中,得到更自由的空间,更平等的关系,更和谐的氛围,更大可能的发展。

4. 彰显一种态度:互相尊重

坐在教室里时,他们是渴望知识的少年;站在讲台前,他们是有模有样的"小先生"。小先生课堂是民主、和谐的,学生在课堂上畅所欲言。课堂上的"你、我、他",所有的人"都以初学者的心态和视角参与学习,都努力获取自己的一份成功,都能平等而坦诚地交流成功学习经验、方法和智慧"。这就是对人的最好尊重。小先生课堂中,学生是主角,人人有机会主持课堂,人人都能够讲授知识,在和谐融洽的学习氛围中,有序发言、组内合作、组间竞争、思维涌动、智慧生成。这些都是平等、自由、民主、公正行为的合理展现,是班级文明的表现。

5. 倡导一种行为:积极主动

结合我校的"自我领导力"项目,引导学生学会主动积极、自我规划、自我管理、自我成长。主动积极是促进成长的一种重要动力,也是造成学习者之间重大差异的重要因素。优秀的自主学习者,可以远离舒适区,有较强的时间观念与责任意识,善于调控自己的学习节奏,不易受干扰因素的影响。在整个学习过程中会及时对自己的学习进行监控与反思。每位小先生,无论在学习上,还是在生活上,都要保持行动上的积极主动。这是小先生课堂顺利进行的保证,也是孩子们保持向上的动能。

6. 预设一种结果:和谐向上

小先生课堂就像一个家,这个"家"里的每一个人都拥有自主权、主动权,都是挖掘幸福因子的人。他们互相学习、互相鼓励,他们将踏着成功者的足迹,引领家人走向幸福的明天。这个班级群组里的每一个,都既是受益体,又是付出体;都向他人汲取成长营养,又向他人传递成长能量。每个人都有发展,但不一定一起发展,最终获得"一群人走得远"的可持续发展。

五(5)班"小先生"唐紫涵说:"作为班级内的'小先生',我对所讲的知识有了更深刻的了解,也增加了我对学习的兴趣。'小先生'课堂是一个很好的平台,既可以提高同学们的解题水平,又可以激发同学们的学习兴趣。对于我来说,讲述知识并且教给其他同学是最好的学习方法,不仅可以检验自己是否真正掌握所学知识点,还能帮助他人,获得满满的成就感。"

小先生课堂给予学生学习的主动权,把时间留给学生;相信学生能说清楚,让合作成为常态;支持学生分享成果,把讲台让给学生;鼓励学生相互质疑,让思想迸发出来;倾听学生总结评价,把耳朵交给学生。小先生课堂增添了课堂活力,成为推动学校内涵发展的有效载体。

三、高效学习,小先生课堂模型构建

小先生课堂落脚在课前,是对新课学习前的预设和准备;落脚在课中,是实实在在的教育和学习的过程;落脚在课后,是对知识的拓展应用,回归生活,迎接新一轮挑战。小先生课堂在不断实践中,逐步形成了教学可遵循的"学—说—示—疑—评—测"基本模型。

1. 学——自主学习,发现问题

发现是学习的前提,学习从发现开始。课堂上的自主学习主要是通过问题情境、任务驱动,引导学生抓住本节课的学习关键点,理清思路。学生是知识构建的主体,引导学生独立思考、分析和判断发现问题,完成学习任务,达成学习目标。学生在梳理关键点时,也会发现自己无法解决。这些问题可能暂时阻碍了其进一步的学习,也可能引发其更深入的思考,也可能就是解决不了。在这个过程中,教师应注意巡视、倾听、感受、收集信息,把学生中普遍存在的问题集中起来,按难度系数分类,以便后期学习中统筹处理,哪些在基本可以忽略不计,哪些只需要单独指导,哪些可以在小组里解决,哪些需要全班交流。鼓励学生提出问题,尤其是提出思维含量大的问题。

2. 说——即知即传,合作探究

说,就是表达。讲究表达的简洁、完整、聚焦、明了。通过自主学习,学生发现、记录自身的学习困难点,小先生及时了解自己小组的困难,然后根据自己的学习成果,即知即传,帮助伙伴解决问题。但有些问题仅仅靠小先生是无法解决的,这就可能成为小组讨论的集中点。合作,就是要人人搭把手,在若干个学生组成学习共同体中,明确分工,通过自主探究、互助合作,完成学习任务,实现共同学习目标。在小先生的主持下,给予每个组员有提出疑问、表达观点的机会。在小先生的管理下,学生要通过阅读、观察、讨论、对比、分析等方式去理解,得出结论。在这个过程中,表达始终贯穿其中。语言是思维的外壳。表达一要练思维,想在前面;二要练艺术,练在平时。

3. 示——小组展示,分享成果

每个小组合作探究后,在某些关键问题上会达成一致,并取得一定的突破。展示就是"精彩主讲",通过各种方式进行小组展示,表达自己小组学习到的新概念、新技能,分享自己学习的经验、方法。在展示的环节,作为小组代表的小

先生,分享自己小组的学习成果。我们倡导,主讲不必完全正确,但是主讲观点要鲜明,思路要清晰,语言表达要准确,要让大家听明白。当然,组内解决不了的问题也将反馈到课堂之上,成为课堂的焦点、难点。其他组也将针对这些焦点、难点来进行讨论和回应。

4. 疑——相互质疑,思维碰撞

小先生课堂规则是"组内合作、组间竞争"。对展示小组的观点、思想、方法等持不同意见的,其他组有权提出质疑。我们鼓励质疑,质疑可以产生思维碰撞的火花。每个学生都有胜过伙伴、得到他人肯定的欲望。教师应充分引导学生学会认真倾听,理解他人的观点,敢于提出不同思考,并围绕主题展开深入的讨论。当然,质疑必须是建设性的,是基于一定依据的,而非破坏性的指责。好的质疑在学习上最有价值。在这种合理的思维竞争中,在质疑—反驳—改进的经历过程中,学生学会不断地进行分析与综合、分类与比较、归纳与演绎。

5. 评——归纳总结,评价反馈

总结是为了给刚刚结束的活动一个结束语,评价则是为了表扬和激励。总结过程中由伙伴来讲,其他人倾听,小先生及时纠正补充。评价可以从学生自评、小先生与伙伴的互评、教师对小组的评价几个方面进行。组内主持人应当是第一评价者,他组织着同学们的学习,也需在限定时间内做出总结和评价,其次是班内主持人,最后是老师。评价的内容应多维度、具体化,可从分工的投入程度、活动的参与度、课堂训练的完成情况等进行评价。小先生不仅是"教"者,也是"管"者,管理的其中一个表现就是总结评价。

6. 测——思维涌动,达标检测

刚刚接触小先生课堂的人,总希望借这种方法,直观、明显地知道这样做的效果究竟如何。如果是有形的检测,也就是出几道检测题考一考。但是,坚持书面评价,只能促使我们回到"以知识为中心进行教学"的时代,通过一次练习、几道题目怎能检测得出一个人在做人、做事、求知等方面的态度、情感、价值观的进步呢?况且,一个人的态度、情感、价值观岂是通过一节课就能够培养得了的?

所以,我们倾向于对学生学习、互动、合作、探究、展示、质疑的观察,倾向于从"无招"中看出其招数。真正高效的课堂是思维高速运转的课堂,课堂上涌动的是智慧,翻腾的是思维的海浪。换句话说,课堂是否达标要靠思维容量大小来衡量、判断。无论什么学科,课堂评价均需要引导学生关注思维提升,侧重课堂的增值性评价。

小先生课堂的实践,是儿童过上智慧生活的基本保证。未来的社会,拼的不是已有的知识储备,而是不断学习的能力。在不确定的未知世界面前,我们教再多的知识,都是苍白的。只有让他们学会学习,养成主动学习、合作学习的习惯,才是未来生活的通行证。

第二节 项目化学习:让儿童找到适合的学习路径

项目化学习,倡导以学生为主体,充分发挥他们的主观能动性,通过自主学习、合作学习、探究学习的方式,提升学生的创新精神和实践能力,为他们找到合适的学习方式,帮助他们找到适合自己的成长路径。

星河分校在创意生活课程建设过程中,提出了学习方式的改革,其中一项就是项目化学习。不仅以每周五下午两节课为项目化学习专设课,还鼓励每位学科老师利用对原学科的拓展,进行项目化学习设计。

一、聚散为整:语文学科项目化学习设计

如何从根本上打破这种"教材+教师+学生"的小学语文接受型教学模式,让学生真正走出去,学进来?星河分校语文教研组以语文教学中如何在小学语文文本教材的基础上开展语文项目化学习为题进行了实践,让孩子们能够灵活地结合自己在课本中所学的各种技能、知识,进行综合有效地运用,切实提高学生解决实际问题的意识和能力。通过实践来打破教材的界限,综合有效地提升学生的创新思维能力、探究创造能力、表达力、合作力。

1. 整体架构:从"局外人"到"创生者"

儿童们所认知的世界应该是多维的,儿童具备一定的阅读经验和生活经验,喜欢在真实的知识世界、生活中获得自己的认知。我们让儿童所学习的知识面向现实生活,在开放的社会环境中教育和培养儿童面向未来的创造力和核心知识素养。当我们的教育回到每一个人本身,必然会看到教育需要我们走出学科的本位,回到相应的儿童本位。以文本教材为基线,以课程活动为载体,基于"核心素养"的联结,在师生、家长及学校社会共同的参与下,项目化学习活动的开发实施,极大地开启学生的视野和智慧,丰富学生的精神。

① 从教材到课程内容的二次开发

由于项目化学习活动的制定和实施不仅需要教师弹性地确定教学时间、课时的安排和教室的配置,而且还同时需要丰富的学科课程知识和资源,在不同

专业教师的参与规划组织下形成项目化学习活动的知识与内容。

我校语文组首先就锁定教材,并进行了分类整理,对课程内容进行了二次开发。主要有以下二次开发的方式:对单元内的内容进行重组、以不同的方式呈现课程内容、进行相近内容的拓展阅读活动等等。

② 从提出问题到研究主题选择

美国的戴维·H.乔纳森在《学习环境的理论基础》一书中明确指出:"基于问题的学习在课程的层面上整合问题,需要学习者通过解决课程中的大量问题来进行自我指导的学习。"设计一个有趣的、引人深思的问题对于引导每个学生能不能深入探讨学习是非常重要的。

基于此,我们立足语文教材,从探究大自然中动植物的秘密、浩瀚宇宙中星空的奇妙、生命之源水世界的奥秘到传统文化的传承与延续、财商培养"100元的N种花法"等等,跨越多学科,涉及多领域。孩子们通过小组合作探究,抓住主题制定研究目标,共同完成项目化课题研究过程。

低年级语文学科项目化学习菜单:

1. 通过学习我们已经知道了小松鼠、蚂蚁都有自己的过冬方式,请用自己的方法了解其他小动物的过冬方式(4~5人)
2. 除了会睡觉的植物之外,你还对哪些植物感兴趣呢?请用你自己的方式,选择自己感兴趣的植物进行研究吧(4~5人)
3. 选择熊猫、企鹅等这些特有的自己感兴趣的野生动物,用自己的方式进行研究吧(4~5人)
4. 浩瀚的星空给人无限的遐想,你最想了解哪颗星或哪个星座呢?用你自己的方式进行研究吧(两组,分别4~5人)
5. 饺子是中国的,春联是中国的,中国红有着中国的文化,那你还对中国的哪些特色感兴趣呢?用自己的方式进行研究4~5人
6. 100元的N种花法:请小朋友选择多个地方进行调查,100元最多可以买哪些物品?(同一种物品只能买1个,同一价格的商品只能买1样)4~5人
7. 一杯子满满的水猜猜看里面还能放什么东西,用自己的方法进行研究,如果能放下多少?用自己的方式记录(4~5人)
8. 水的世界特别奇妙,小水滴还会去哪旅行呢?请用自己的方式进行研究吧(4~5人)

③ 从陪伴者到课程导师的转变

打破一班一师,在各项目化课题小组确立了课题之后,小组通过讨论协商,自行推举一位家长或者老师成为小组的课程总导师。总导师充分发挥自身的特长,负责领衔组织课题小组的成员共同开展课题的研究。老师作为课题小组顾问,协调课题小组的资源,明确课题研究的方向。各小组均紧紧围绕自己的课题热烈地展开讨论,制定课题研究的方案,商量汇报的形式。每个团队都立足于儿童,尊重了儿童,结合了儿童自身的特点,积极地组织孩子全身心地投入参与其中。

2. 聚焦过程:从"听读写"到"做中学"

① 创新作业设计,唤醒学生潜能

各班各组在导师的引领下展开自己的研究之旅。

实地考察研究篇:跟着导师去花木市场实地考察,回到学校请教科学老师,走进菜园写观察日记;走进淹城动物园探究特有动物,现场倾听导师讲解介绍;乘着高铁前往上海科技馆了解浩瀚的宇宙,跟着天文社哥哥一起观察璀璨的星空;走进地方污水处理厂、自然饮用水厂进行访问实地考察,及时记录。

动手体验操作实践篇:走近非遗学珠算,穿上蓝马褂,手拨算珠盘;跟着常州大学老师一起探究地下水的世界,动手进行实验、分析水的工作原理;拿起剪刀折起窗花剪纸,孩子们跟着导师一起学剪纸画窗花,了解传统特色文化,跟着书籍一起去远方;坐上大轮船,了解运河历史文化,和同伴畅游东坡公园,访问坡仙遗范,在导师的精心组织下,多领域探索寻找丰富的研究资源,多形式体验开展丰富的实践操作研究。丰富的学习收获,全新的学习体验,孩子们真正做到做中学,乐中学,学有所得,探究必有所获。

② DIY 研究报告,开展深度学习

导师细心规划,带着孩子们现场全程参与,全情投入,在现场经历了一次次外出的探究,一回回研究方案的修改,一遍遍幕后的彩排,最后迎来了现场又一次精彩的绽放。萌娃聚首一起探究神秘宇宙八大行星,情境剧表演手牵手一起去郊游,现场演绎 100 元的 N 种花法,还有满满一杯水的奇妙科学探险,结合丰富的思维导图化身专业的讲解员现场解说各国的国宝等,多形式展现了课题的成果。更棒的是所有的这些研究过程被装订成了一本书,让活动有迹可循,孩子们的研究也得到了充分肯定。

3. 评价留白:从"简单判断"到"多元立体"

加德纳的多元教育智能观主张学习评价应该在自然学习的过程中进行。评价已不再只简单满足于对学习结果进行的及时评价,而越来越多地强调学习过程的形成性评价。

① 落眼学科关键能力培养

通过充分发挥形成性评价功能,一方面可以诊断和解决学生在其学习中可能存在的问题和心理偏差,使得教师能够更加有针对性地加以改进,并对其学习的过程和方法进行调整;另一方面,发挥学生所具有的特点和优势进行正确的决策,有效地优化整个学习的过程,促进其获得最佳的发展。

关注过程的评价:项目化学习活动的价值主要取决于学生参与实际问题研究的方式和过程,诸如学习的方式、思维的方式、知识的整理和运用的综合、信息和资料的收集的能力等。在评价的过程中,发现学生的优点和特长,展示和培养学生的创造力和才华,引导和促进学生的发展。

发展应用的评价:其他学科教学中评价的是学生对于基础知识、基本技能在学习和理解过程中的掌握和应用。项目化研究的学习过程中学生综合评价重点关注如何让学生将学到的基础知识、掌握的知识和基本技能充分应用到实际问题的解决中。在社会实际问题的提出和问题解决中主动地获取社会知识、应用社会知识,促进学生对于知识存在价值的认识和反思,又极大地加深了学生对于知识本质和内涵的深入理解和准确掌握,构建了知识的网络结构,综合培养了学生主动的探究、创新的勇气和创造性能力,引导学生在更高层次的知识中发展。

学习体验的评价:项目化学习的评价更多地关注学生跨学科、综合主题式学习的能力。学生在理论和实践的过程中既发展了自己的创新、探究、表达、合作四力,更可以获得大量的社会感性科学知识。因此,评价十分强调学生在问题探究的过程和实践中的自我体验,包括学生的责任感、自信心、意志、毅力、气质等自我认识和自我教育的综合发展。

② 释放学生个性成长空间

现代的评价方式主张充分地信任学生,把进行自我评价的一切权利和义务还给学生,把自我的认识和评价结果作为一种预评价。库克认为,最有效的评价方法就是自评。自评鼓励学生基于其原有的自我认识,依据自身普遍认可的质量指标和一定的准则,对自身整体或某一个方面综合素质的提高和发展所需要做出的自我认识和评价进行判断。学生评价活动成为引导学生真正认识自我、发展自我、管理自我、鼓励自我的一种评价手段。学生能够学会按照一定的标准和方式进行自我评价,培养和提高自信心,产生终身学习的动力。

基于文本教材,语文项目化学习活动在充分尊重学生主体能动性的基础上,在学习内容、组织形式、环境空间、活动时间上都具有开放性,整个过程将实践与研究相结合,充分挖掘学生潜能,促使学生的核心素养得以提升。

二、思维为先:数学学科项目化学习设计

对于小学数学来说,培养学生数学思维是重要任务。数学项目化学习作为创意学习的一种新方式,正成为星河分校数学改革的一项重要内容被推进。当项目化学习遇上数学思维发展需求,我们是这么做的。

1. 明晰思维与数学项目化学习的关系

在心理学中,思维是人脑借助于语言对客观事物的本质及其规律的间接与概括的反映。广义上的数学思维是指数学活动中的思维,是以认识和揭示数学规律为目的的一种思维。

① 思维是数学学科的育人目标之一

提高学生的数学思维能力是数学学科的基本目标之一。思维贯穿于数学学习,可以说数学的所有结论都是思维的结果。

② 思维也是数学项目化学习的培养目标之一

数学项目化学习是以小学数学课程标准为核心,通过梳理、统整数学学科内容,发掘真实的生活问题,明确提出一个挑战性的问题,从而设计有价值的学习任务,通过多维观察、亲历实践、合作共探等一系列活动进行深入的数学研究。从过程与性质来看,项目化学习更需要学生的思维参与,也更能培养学生的高阶思维。

③ 思维对数学学习产生的影响

拥有敏捷的思维,可以促进数学学习,让数学学习变得轻松而有意思。反之,思维发展不当,就会阻碍学习。那些觉得数学学习是负担,觉得数学很难的孩子,往往思维发展都不理想。甚至有些孩子看着成绩不错,但实际上是以识记与模仿的方式在学习。长期下去,这样的数学学习是没有生长力的。所以,无论是日常数学课堂,还是数学项目化学习,都要发展学生数学思维。

2. 数学项目化学习中培养思维的优势

有人说,数学课相比于数学项目化学习而言,具有更稳定的课时、更系统的知识体系,为什么要到数学项目化学习中来培养学生的思维呢?

① 项目化学习的实践力给思维培养提供更多元直观的呈现方式

传统的数学学习是学生端坐在书桌前,或认真聆听,或蹙眉思索,或埋头苦练,这些让学生掌握的仅仅是数学知识和孤立的数学思维。学生数学思维力只能在薄薄的练习卷上得以呈现,而这绝不是现在所要培养的"活的"思维力。

项目化学习的出现,将教师和学生都带出了课堂,不再只是"纸上谈兵",更多的是实践。正是在项目化学习的实践操作中,学生的思维有了更多元的呈现方式,他们的逻辑思维、形象思维、空间思维变得立体而鲜活。

当家住二楼的小仪同学发现家中所缴物业费中含450元电梯费,而他和邻居们从一楼回家时为避开等候电梯经常选择走楼梯。他和同一小区的小伙伴通过对全小区2~4层业主进行采访,收集到的数据是,大部分低楼层业主很少乘电梯。于是,在请教房屋管理处叔叔阿姨后,他们得出了

"按楼层比分配电梯费并不合理"的结论。

② 项目化学习的综合性给思维培养提供更融合可能

数学项目化学习是将数学学科概念作为聚合器，指向数学学科的本质，但也会运用其他学科的知识作为支撑，让更多的知识信息加以聚集，从而整合出事实性的知识。项目化学习的综合性让思维基于数学又不仅仅局限于数学，而多元思维融合，则反过来也可以促进数学思维的升级。

四年级项目"我为星河分校设计新校园"中，有个环节是画一画"我想象中的新学校效果图"。学生在制作过程中，需要用到美术上的"透视"思维，将教学楼顶画成近似平行四边形，并利用"近大远小"原则。那在这过程中，是否会让学生认为"长方体的上面是平行四边形"这样的负迁移呢？事实证明，非但没有，学生把长方体的特征反而分析得清清楚楚——他们的空间思维在想象与表达中，已经自然形成。这就是多种思维融合下的双赢。

③ 项目化学习的发展性给思维培养提供更大提升

一项有价值的、好的项目化学习往往不是一天两天就可以完成，它需要时间的积淀，需要在研究中不断发散开去。随着项目化学习的开始，学生会在研究的过程中发现更多问题，促使他们想得更多，做得更多，为思维提升提供了更大空间。

六年级数学项目化研究："爸爸的股票"中，孩子们研究的问题一路发展，一路在用数学思维解决问题：

看总金额，比本金，判断赚钱还是赔钱？——简单的计算思维

股民亏的多，还是赚的人多？——统计思维

为什么＊＊的股票亏了？——百分数问题、统计思维

你建议他今后还做不做股票？为什么？——辩证思维

如果不做股票，还有什么理财建议？——类比思维

学生越往后研究，越欲罢不能。

3. 数学项目化中如何发展思维

① 选题设计中发掘思维的敏锐性、批判性

数学源自生活，项目化学习的驱动性问题更是生活中闪现的灵感。无论

是教师还是学生,都要用一双数学之眼去敏锐捕捉可以研究的数学驱动性问题。

在2020年初,新冠疫情暴发,疫情影响下,大家都改变了原有的生活方式。学生虽然整日待在家中,但也有需要继续学习和工作。为了鼓励和引导孩子们合理规划自己的时间,教师提出驱动性问题"我们如何规划这特殊的假期时光"。

在刚接触项目化学习时,教师摸不着头脑,而学生却很兴奋,这个想研究,那个也想研究。一时之间,选题满天飞。有想研究"为什么三角形最稳定",也有想研究"车轮为什么是圆的",甚至有一年级小朋友对研究"钱"感兴趣。但不是所有的问题都可以成为驱动性问题,都有研究的价值。有些问题只需要查阅资料,结论的取得比较容易,不能很好地帮助学生获得思维成长。所以在数学项目化学习开始前,需要评估研究价值,学生在评估过程中批判性思维得以发展。

② 研究设计中培养思维的广阔性、灵活性

展开多元想象,实践途径多元化。驱动性问题的确定仅仅意味着项目化学习的开始。定好驱动性问题后,往往要让全班学生一起思考,定下研究的子任务,为接下来的研究指明方向,细化到点。而这时,多元想象能充分体现出他们的思维是否足够发散,也就是促进思维的广阔性。

例如在以"如何为新校园进行绿化设计"为驱动性问题的数学项目化学习中,师生合力找到了这些子任务:① 新校园有哪些地方需要绿化？② 不同的地方可以设计怎样的图形？③ 怎样设计更美观？在第一个任务中,学生需要实地去测量需要绿化的地方有多大,同时还需要进行必要的计算和估算。在第二个任务中,学生需要根据测量的情况,选择学习过的图形,并设计出符合要求的图形大小。而最后一个任务,则需要学生去研究不同的植物具有怎样的形态、颜色,研究怎样组合排列,研究怎样设计更美观,这就不仅仅需要数学知识,更需要用到科学学科的植物学知识和美术学科的搭配美学。学生的思维在思考子任务时得到了充分发散,让项目实践途径尽可能地多元化。

对比多种方式,实践途径最佳化。在实践操作中,学生会经过思考,选择合适的队友和任务来组建学习共同体,以小组为单位进行研究。他们通过对比多种研究途径,选择最适合自己的途径或是自认为的最佳途径进行研究学习。

  例如,在"纸币大家族"这一项目化学习中,子任务1是纸币大家族中都有哪些成员?学生可以查阅资料,也可以请教爸爸妈妈收集相关信息。有位小朋友的家人正好在银行工作,这时,他灵活地选择以访谈的形式,从他的家人那里了解纸币大家族的成员。项目化学习的途径多样,学生在研究时可以灵活选择,殊途同归。

一个成功的项目化学习不仅要有充实、丰富的过程,更要有一个精彩的成果展示。成果的呈现需要梳理回顾整个项目化学习的主干和细枝,既要能概括整个项目主旨,又要体现整个过程中学生的成长与收获。最终完美的成果展示,需要学生深思熟虑的积淀,思维高度概括成果。

  例如,在进行"纸的一生"项目化学习成果展示时,先由一位学生讲述"我们为什么要关注这个问题",涉及身边的小细节、生态的大问题、学生的疑惑不解等等,都促使着这个项目化学习的展开。接着由小组代表依次介绍知"纸"多少、纸的产生过程、纸的美妙利用等等。在谈及收获时,有的小组说到了研究过程中遇到的困难,克服困难时带来的成长;也有小组介绍了自己在项目学习过程中的"心路历程",由最开始的肆意用纸,到现在充分利用、废纸利用,心中感慨颇多。丰实而有价值的成果展示,再一次提升了学生的思维发展。

③ 评价设计中培养思维的整体性、生长性

放眼整体,关注全程。项目化学习需要成果展示,但是它的评价却不仅仅是关注于最终展示,要放眼整体,关注整个过程,这才符合人的思维具有整体性这一特点。

  例如,学生在进行"车轮为什么是圆的"这一数学项目化学习时,由于刚接触这种新型学习方式,所以对于研究的某些细节不够关注,处理得不是很好。虽有瑕疵,但是从问题的提出、资料查询、自学几何原理、设计多种形状的车轮到最终作品展示,都促进了学生思维的整体性。

统观全局,未来可期。项目化学习的优势不是一日就可显现出来的,也不仅仅是以当下学到了多少知识来加以评判的。学生思维在这样的模式下,变得更加敏捷、灵活,对后续的思维提升帮助很大。

学生的数学思维经过一个成功的项目化学习后,变得更发散、更高阶。初步实践后,我们已经感受到项目化学习方式的优越性,这种学习方式的优势已经凸显出来。在实践中可能还有很多不成熟的地方,等待我们进一步去学习、探索、实践和完善。

三、境脉为要:超学科项目化学习设计

众多项目化学习实践者都知道,孩子们通过项目化学习获得的知识,被称为是核心知识。它不是事实性知识,也不是技能性知识,而是指向或促进人类对世界理解的关键概念与能力。这就意味着,无论老师还是学生,都不仅要理解知识之间的联系,更要理解知识与情境之间的联系。于是,我们在设计组织项目化学习过程中,不得不提到一个名词——境脉。

在项目化学习实践中,我们通过对境脉的概念进行梳理,从而得到了可以把境脉运用的各种突破口,使之在项目化的学习设计中能够产生必然的化学反应,从而达到"物我相融、物我相生"的一种境界,给学习带来事半功倍的效果。建构一种境脉式的学习场式来引入情境,从而给后续研究奠定基础。之后通过对境脉式学习体系进行设计,分别设置境脉式的分组、实践、建构,完成境脉式的学习过程。最后对境脉式的学习过程实施相应的学习评价,从而确定出最佳的一个作品。

在完成整个境脉式项目化学习的过程中,参与者会深刻地感受到境和脉的存在,从而进一步做到条理清晰、结果有据,使得情境、活动和知识三合一共同作用在参与者身上,真正收获学习带来的价值。

1. 概念相遇:源于学习的本质

什么是学习?当代认知神经学认为,学习很多时候是建立事物(或者抽象概念)之间的联系,有的学习和记忆的过程中涉及神经连接的形成,因此我们会把某些事物与另外的一些东西联系起来,建立起联系,这就是学习。基于这个视角,我们认为学习是一个将人和环境实现物我融合的过程。

华东师范大学学习科学研究中心主任裴新宁曾在报告中提到过,国内外理论界对"学习就是境脉性变化"这一概念的认定得到了一线教师的认可。

那什么叫境脉?英汉词典给出了"境脉"的语义解释,其指的是"文脉""语境""上下文",也指"人或物在各种相关的情况中存在"、环境、背景、来龙去脉等。

可以进行这样的理解:"境"指的是处境、语境、心境、情境等;"脉"是脉络、

脉动。

通俗来讲,"境脉"涵盖了"脉络"和"情境",也就是学习发生的一种时空。与境脉有关的学习理论指出了"学习者本身已经拥有的知识经验、反应和动机等要素形成了一个完整化的内部世界"。这让学习者在对新的知识、信息进行处理的时候,能够和其内部的世界产生各种颇具意义的作用,这就是学习的内涵。就其特征而言,境脉学习具有情境性、学习要素的交互性、情境的系统性和学习者对境脉的适应性。

而项目化学习与境脉相遇,并不偶然。项目化学习因其开放性,给学生提供了更宽阔的天地、更丰富的环境。在这样的环境中,学习主体可以更多地与学习相关的元素发生"脉"上的沟通与联结。

只是,这些环境与物型并不是全部都与项目化的驱动问题紧密相连。所以,我们在进行项目化学习设计时,需要充分考虑到境脉因素,使儿童在遇见问题时,考虑系统的、整体的环境,达到"人、物、景合一"的理想境界,实现"1+1＞2"的效果。

2. 实践相融:超越学科的设计

超学科的项目化学习没有确切的学科界限以及学科的课程标准,而更多的是为了实现学生们基于整个主题以及超越学科的各种大概念,比如因果关系、结构和功能等进行理解。这种境脉学习一方面有其相通的地方,另一方面也有一些不同点。如何在实践中把境脉作为重要构成纳入项目化学习的设计中来呢?

以"桥这一家子"这一项目化活动设计为例,就境脉学习模式对于超学科的项目化设计的实施引领功能来进行具体的阐述。

① 问题在场:建构境脉式学习场域

很多人认为,项目化学习的选题是一件非常不容易的事情,孩子们往往不具备发现选题的眼光,觉得一个好的主题"踏破铁鞋无觅处"。其实,从儿童最熟悉的生活场景入手,用发现问题的眼光去观察,就会发现"得来全不费工夫"。本选题的主题,就来自学生天天午间散步必去的花园小桥。

② 研究在场:设计境脉式学习体系

活动背景:六年级同学在午间散步时,发现池塘上的小木桥上的拦绳已经腐烂,桥面木板也已经开始腐败变松,存在严重的安全隐患,也非常不美观。于是,"建议学校给小池塘换座怎样的桥"这一驱动问题就在熟悉的境脉中产生了。

活动过程:

境脉式分组:依照学生具有的特长以及各自的兴趣爱好,划分成调查统计组、摄影模型的制作组以及资料收集组等。从每一组中选择一名有着较强责任心的同学来担任组长。

组　别	研　究　任　务
调查统计组	对本市的桥的桥名、数量、具体的分布情况和现状进行调查,对于哪部分桥是古桥进行调查,对于哪部分桥是重新建设过的进行调查,对于哪部分桥是扩建过的进行调查,并且对和桥有关的历史传说进行调查
摄影模型的制作组	对著名的大桥进行参观,将照片拍下来,依照照片将桥梁的模型制作出来
资料收集组	对和桥梁有关的知识、资料进行收集,对桥的图片、桥有关的趣闻轶事进行收集

分组的时候充分尊重了每个学生的意愿,争取最大限度地发挥每个学生的特长,学生在各自的小组中互相合作交流,碰撞出思维的火花,促进新知识的生成。

境脉式实践:实地调研,学生在当地寻找桥梁,了解使用的不同类型的材料。依照桥的现状来对桥进行分类,将其划分成古桥、重建以及新建三种。通过去图书馆查阅各种资料、调查取证、走访老人以及上网等各种形式来对和桥有关的历史传说进行收集,对桥梁的各种知识、各种桥有关的图片和与桥有关的各种趣闻逸事等进行收集,然后将记录做好;收集不同材料,比如纸板、塑料、金属、木头等。

以上内容都需要学生浸润到桥的世界中去,使各种造型的桥、各种材质的桥,以及它们的背景形成一个完整而丰厚的境脉体,学生的思维、感观与桥的境脉融成一体,增强研究者的具身体验。

境脉式建构:正是在与境脉的无缝对接过程中,学生对于桥的图式与理解逐步建成了。通过收集材料,可以认识到形形色色的桥;通过对喜欢的桥进行研究,进而发现结构和材质等方面的差异;在与同学的交流互动中,学生的语言发展根据主题引入新的词汇:材料和工具的名称,描述性质和材料的形容词,讨论工具作用的动词……这些涉及"材质、颜色、结构、设计"等方面的桥的立体认识,就这样一步步在儿童脑中抽象出来、清晰出来。他们不仅研究出了"是什么",更进一步研究"为什么""应该如何",进而让学习步入更深的深度。

学生在池塘的花园现场、在堆满材料的教室现场、在贴满设计图纸的走廊,一次又一次地与"桥"系列的境脉元素智慧碰撞,完成了任何一门学科都不能提供的探索与发现,并尝试着自己设计并制作桥梁模型。

③ 评价在场,创生境脉式学习评价

项目达成,最终学生的项目化学习需要解决的问题是"向学校推荐最合适的桥"。那最终会是哪个小组做出来的哪个作品能够成为候选的作品呢？最好的方法就是让作品还原到真实的情境中去,考虑到结构、形式、材质、造价外,还要考虑桥与周围景物的和谐性。

于是,学生提出"池塘边的投票会"这一创意。孩子们将利用午间散步时刻,把每个小组的作品最优化后,摆在小池附近,用不一样的方法去呈现最好的效果。每组派一名讲演员讲解作品,之后进行分发投票,让其他的班级学生们来共同对作品进行评价,从中选出最佳的方案。

这个项目设计,很难把它归到哪门学科,或者说由哪些专业的老师来上这些课,但或许也正因为如此,才使得学生的获得更综合、更具生长力。

3. 智慧相生:基于境脉的策略

经过实践的磨炼,我们发现,境脉理念用于项目化学习,并不是简单的"情境设计"。在"把世界当成教材"的今天,缤纷的社会、广袤的自然,皆可以成为儿童的学习场。怎样基于像大海一样深和宽的境与物里来探寻到和儿童以及学习相适合的元素;怎样让这些物和境能够更好地将其育人的功能发挥出来呢？我们的实践智慧感悟有两点:

① 境贵在真

建构主义指出,个体的学习对基于情境获得的自我认知是有依赖性的。抛弃情境的学习可以说是无源之水和无本之木。而面向核心素质的项目化学习,则更加注重儿童基于生活的情境衍生出真任务、真问题。我们也可以看到,只有基于真实和有价值的情境产生的问题才会更受儿童欢迎,才会让他们有兴趣去做进一步研究。

② 境贵有脉

情境和物型是儿童在学习过程中具有的一种颇具显性特征的动力源,不过情境具有固定属性,而探究是一种活动的过程。怎样把这部分看似是散点的型和物勾联成一体呢？怎样使得固定的情境转化成一种灵活的探究性服务呢？教师作为项目化学习的引领者与指导者,首先应该做到"心有明镜",在教师的心中会存在"三条脉"。

一是"情境脉",随着物换景移发现问题,移步换景,换景问题更新,以此自然向前推进研究。

二是"活动脉",比如"桥这一家子",可以先研究近处桥,再研究远方桥,再设计自己的桥,最后回到学校桥。老师可以根据这一条活动脉,梳理出学校附近相关"境脉地图",按活动提供相应境脉。

三是"知识脉",比如"一根筷子的旅行",就涉及"筷子的产生、文化意蕴、产业情况、进化革新、环保影响"等方面。其中,环保方面的知识,就可以通过到木材厂参观、到小餐厅调查每天用一次性筷子量等躬身入局的近距离观察中,产生对筷子的共情,并设计出"一根一次性筷子从出生到流浪"的想象创作。

境脉作为项目化的学习模式的一项基础,给项目化学习提供了动力,指出了方向,提供了流程,使得学生们条理清晰、脉络分明,能够更加直观地、深入地开展项目化学习活动,从中获得主体的地位和主导的能力。学生们基于"境"中发现问题、定位问题,从而沿着这条"脉"向着纵深的方向继续探究,一直向着真理靠近。

"境"指的是一种真实境、"脉"指的是一根条理脉。它们二者的结合,让学生们真正地收获了学习的能力和办法,收获一种对于学习的渴望以及期待。

四、指南导航:指向创想素养的学习评价

指向创想素养的学习评价,通俗地说就是立足于创想目标,通过观察检测等手段,查看学生收集的资料并评价学生学习行为、学习成果,检测创想目标完成情况。

我们学校结合项目化学习关注高阶思维、关注社会能力、关注学习结果与学习评价,关注真实表现,并制定了评价指南。指南按功能可分为三个方面:诊断性评价、形成性评价、总结性评价,贯穿于项目化学习的全过程。

1. 智慧缘起:诊断性评价

① 诊断学情评价

开始学习项目前,要对学生的知识和技能,智力和体力以及情感态度等状况进行检测,通过了解学生的实际水平和准备情况,判断他们是否具有实现项目学习目标所必需的基本条件。

② 诊断项目评价

项目选题:包括选题是否为生活中的真实问题,学科课程标准是什么,是否为最近发生的时事,以及项目探究范围多广等标准。比如校园安全、环境污染等,问题不能太广,以至于无法在合理时间内获取需要的知识。

叙写目标:包括目标是否指向创想素养,是否明确具体,是否为可评价可检测。

驱动问题:包括问题是否具有真实开放性,复杂有挑战和可行性。

首先驱动性问题就是将比较抽象的、深奥的本质问题通过一种有趣的、比较有亲和力的方式转化为学生感兴趣的问题,从而驱动学生投入项目化学习。需要考虑学生的年龄、生活背景、生活的社区环境等,它可以激发学生发现深层次的问题,开始探究过程,可以专注于社区问题和需求,或与学生生活相关的主题。

案例一："包你满意"项目组在研究一个驱动性问题时，一开始关注的是如何设计一个书包，调整后改为设计新书包，重点关注应该满足学生的哪些需求。第一个问题涵盖面比较宽泛，学生无法着手去理性思考。而第二个问题就是一个有方向的开放性问题，它不仅需要学生找到信息，学生对书包有哪些需求，还需要学生提出观点、分析推理、给出证据，弄明白为什么要这样设计？设计好驱动性问题更能够培养学生的创想素养！

其次，在诊断项目评价中，高阶认知策略也是非常重要的。它是问题解决、创见、决策、实验、调研和系统分析。高阶学习是学生通过自己的学习来获得知识并把相关知识加以整合，精炼出要点再拓展的过程。

项目化学习的评价指向创想目标。最后，教师要开始设想用怎样的量规来检验学生的目标达成度，过程中可以通过询问、交流、练习、调查、完成小任务、展示过程性作品等方式了解学生进展到哪一步，有了什么收获，离终极目标的有多少距离，最终制定出可行性策略。

2. 探究创生：形成性评价

形成性评价是指在项目学习活动开展过程中进行评价，及时了解学生的进展和项目学习的阶段性成果以及存在的问题等，并随时改进。过程中必须关注探究能力、社会能力、审美能力、技术能力和调控能力。

① 关注探究能力

重点探讨学生在项目化学习中，展示自身的研究探索能力。学生要在真实世界的生活中学会观察现象并进行调查，然后架起新旧知识的桥梁，再提出问题，探索理解和运用推理，思考设计，最后实施探究。

案例二："唯美食与健康不可辜负"的评价指南是这样设计的。请你根据下列维度上打分，满分为10分。

1. 在规定的时间里，我充分地研究了这个主题。
2. 我对这个项目研究是很有想法和创意的。
3. 我和我的伙伴共同探讨制定了研究的方案。
4. 我通过查找信息，采访相关人员获得了营养搭配知识。
5. 我对我所收集的信息的可靠性进行了筛选。
6. 我觉得我所收集的信息是可以作为证据来支撑我的观点的。
7. 我用适合的图表思维导图将我收集到的信息进行了整理和呈现。
8. 我实践参与了做美食的过程。

总体来说,我给我自己的成果打分是(　　)分。

通过这样的量规标准,让学生结合创想素养进行思考并加以实践。
② 关注社会能力
考查学生在项目化学习中自己与伙伴进行交流沟通,是否发展出社会交际能力。

案例三:以"纸的研究"项目为例。研究发现,要想顺利进行小组共同学习活动,学生需要具备四种技能:基本的互动技能、与人相处的技能、辅导别人的技能、完成某个具体任务的技能。团队合作中要主动承担团队角色和责任,处事公正;善于妥协,能共享资源;共同研究。在纸的研究中,孩子们成立研究小组,上网查阅资料,参观造纸加工厂,研究了古法造纸,了解纸的种类和用途,创造了纸的创意作品,倡议节约用纸,最后形成了校园纸张浪费的调查报告。在整个过程中,孩子们获得有关纸的历史和如何制作的相关知识,提高了合作交往、探究能力,体验研究的乐趣。

③ 关注审美能力
首先要有可视化美感,体现设计思维和审美,还要在设计中感受艺术带来的创造力、想象力和一定的人文关怀。良好的审美性实践需要对学生从可视化、艺术性和适切性上对项目化学习成果和最终报告形式予以综合考虑。

案例四:"美食与健康不可辜负"项目上,设计如下:
请给你自己在下列维度上的表现打分。10分为满分。
1. 我仔细考虑了我做美食的健康性和美观性。
2. 我对美食的取材搭配、加工烹饪和装饰装盘都有仔细思考和调整。
3. 我的美食的食材都是新鲜的,凸显营养搭配主题的。
4. 制作过程都是自己独立完成的。
5. 我的美食的呈现效果是很引人注目的。

④ 关注技术能力
考查学生是否利用多样的技术完成了整个项目化学习。良好的技术性实践需要学生从软件应用的熟练程度和适切程度上予以综合考虑。
学生自己拍摄剪辑视频,"懒人番茄焖饭"美食小视频;"垃圾分类,从小做起"小视频;"纸的研究"小视频。每个项目化展示成果都很有特色,技术运用也很到位,都特别优秀。

⑤ 关注调控能力

重点考查学生在项目化学习过程中的学习品质,所表现出来的专注性、坚持性、主动性、反思纠偏等问题。

3. 多元思维:总结性评价

总结性评价注重的是项目学习的成果,通过对学习者取得的成果做出全面鉴定,区分等级,对项目学习的有效性做出评定。一般包含两个方面,对项目化学习成果进行评价,对汇报方式本身进行评价。学生分享成果,评委采取多种评分的策略,发现每位学生的长处,激励他们的信心!

美食项目组汇报时在采用 PPT 展示,呈现思维导图,介绍营养搭配,下厨美食现场品尝,采访小厨神,介绍节俭小妙招等方面,综合运用说营养、演烹饪、品美食、赏做法等技能,锻炼学生的综合素养,增加营养学知识,学会关心家人健康,并学会节俭,品味生活美学。

最后还可以让孩子自己对项目进行总结和项目反思:
① 我的这个项目还有哪些问题?
② 在这个项目中,我能找到自己哪些优势,我感到最自豪的是什么?
③ 我可以怎样改进自己的学习?
④ 如果下次机会,我会做得和这一次有哪些不同?
⑤ 我过去的经验和这些项目中的什么内容产生了关联?
⑥ 这次的学习如何改变了我的思维?

第三节　创意作业:让儿童创造独特的学习表达

当我们尝试在百度搜索对话框里输入"作业"两个词时,系统便会自动跳出"作业帮""作业太多写不完怎么办""作业害死人""作业是谁发明的"等等高频率搜索话题。也有段子讲,在淘宝 App 中输入"江苏特产",跳出来的商品居然是"五年高考,三年模拟"。刷题,已经成为传统教学中存在的一种陋习,让教育失去灵魂与魅力。

网上有调查统计说,全国有近 30% 的小学生每天要花两小时以上的时间来完成作业,初中生的比例是54.6%,高中生甚至达到72.4%。由此可见,无论是小学、中学还是高中,孩子们都有着被作业所支配的恐惧。

其实,关于作业的产生根源,有两个版本,恰好可以代表两种教育思想。一种是相传1905年意大利教师罗伯特·纳维利斯遇到了十分调皮捣蛋的熊孩子,他留下一些作业用于惩罚这些孩子。这一想法得到了家长的认可和同行的称赞,作业就这样被一举传开,成为普遍的事情而存在于学校。这是"作业为师说"。

另一种说法可追溯到中国古代,《论语》里有"学而时习之,不亦乐乎",可见孔子在教导其三千弟子时,认为练习是学生学习知识技能时必不可少的环节,他强调练习对于新授的重要作用。只不过那时候,练习并没有冠之以"作业"之名。这是"作业为生说"。

很明显,"作业为师说"是违反我们教育初心的。但也要警惕用作业巩固学生学习为由,大量布置机械重复作业。

创意生活课程以"让师生过一种有创意的教育生活"的理念来到星河分校师生中间时,我们开始思考,怎样才可以让学生"不为作业而烦躁",让教师"不为作业而炸毛"。

起初,我校鼓励各个学科、各位教师自己设计具有本班特色的个性作业,像周英带着六(2)班孩子坚持写数学日记,有过程、有细节、有思维;像胡翠妮老师则带着孩子们制作数学绘本,组织了数学绘本展,图文并茂,思趣并存;沈文品老师则让孩子们的"错题本"成了创意思维集锦,采用一题多解、多题比解、多题一解等方式,让孩子们爱上"错题收集"……个别老师启动的作业改革,开启了不一样的学习生活。

根据党中央、国务院决策部署,从2021年秋季起,各地在义务教育阶段开始实施"双减"政策。"双减"之一,就是要减轻学生作业负担。作业练习是学科教学的一个重要环节,是学生读书学习的一个重要手段,也是减负中绕不开的一个话题。减轻作业负担不是不要作业,而是要控制作业的数量,提高作业的质量和效益,既减轻学生的负担,又很好地发挥作业的育人价值。这就是"双减"实施的真正目的。

怎样才可以使作业既减少量,又受孩子们欢迎,还达到巩固的效果呢?创意作业作为创意数学生活的一个重要组成部分被列入了新学期的工作重点中。课程研发部组织核心组成员研究讨论后,进行了"3+1"作业改革。

一、"3+1"作业的整体模式

"3+1"作业是在单元整体教学视角下,根据不同学习任务而设计的作业。

其中,"3"是指围绕一课时教学内容,分别设计课前预习作业、课上练习作业、课后练习作业。"1"是指一个单元或一个专题的教学后设计的综合性、实践性作业,是安排在双休日、节假日让学生在家做的。"3+1"作业统一设计,需要"既见树木,又见树林"。具体说,既有自己的独立性,更要系统设计,相互衔接。

1. 创意在课前预习中"萌芽"

一般认为,创意作业是在学习一个内容之后,对该内容有了深刻的理解与精准的把握,才可以更有创造性的表达。但其实创意的形成是需要一个过程的。一个儿童作为学习者往往从唤醒朦胧灵感,到抽丝剥茧清晰轮廓,再到水到渠成出作品需要漫长过程。而课前预习作业,正是一个孕育灵感的阶段。

从学生方面来说,他们能在预习过程中初步实现知识体系的自我桥接,通过作业中的复习旧知、预习新知,达成知识的前引后联;通过预习作业中的任务达成,明确未来一节课必须要学习哪些内容、掌握哪些知识、达成哪些目标。学生的学习之旅通过预习成为有目的的旅行,而不是走到哪里看哪里的流浪。

从教师方面来说,可以从学生的预习作业批改中,了解学生的现实水平,更好地确定本节课教学的重难点究竟在什么地方,从而调整课堂教学的节奏快慢,重构更适合学情的教学现场。同时,也可以从预习作业中去发现儿童更自主的思维、更独特的创新,比起教学之后的统一答案,这一点更有价值。

课前预习作业的设计并不能够简单地把书本作业、练习册作业布置给孩子们。相反,得结合一堂课的学习内容特点来设计不同形式的预习作业。

① 资料准备型预习作业——备粮草。数学学科的好些内容是需要学生提前准备学习材料的。准备材料的过程,也是作业的一种。例如,"树叶中的比"一课是在学习了"比"这一单元之后的综合实践活动。要研究树叶中的比,肯定得先准备树叶。这个准备树叶的过程如果等到课堂时,肯定来不及。这一部分内容可以布置成预习作业。在收集树叶的过程中,孩子们敏锐地会将这些树叶按形状等分类、对比,这就是为课中研究形状与树叶长、宽之间的比奠定基础。

② 阅读理解型预习作业——架扶梯。这类预习作业适合概念型教学。概念的理解对于每个学生来说,理解的程度、方式是不一样的。有的适合用"听"的方式,有的更适合用"读"的方式,更多的是视觉与听觉的综合作用。布置阅读教材的预习作业,带问题思考,可以为新授课的学习架起扶梯,使其带着对概念的初步理解进课堂,更顺畅地与老师、同学进行互动与共鸣。而这种阅读理解型预习作业的创意点,则可以放在"理解性表达"上,即学生阅读课本之后,对教材不是简单的重复,而是用自己的句子来解释概念。

例如,二年级下册学习估算,预习任务这样布置:请自学教材,并想一想：什么叫近似数，什么叫精确数，你能用自己的话来说一下吗？

学生反馈的作业是：

生1：近似数表示的不是真的有那么多，而是大约有那么多，靠那个数很近。

生2：近似数的意思就是接近那个数。而且一般近似数都是整十、整百数。

生3：近似数就是大约、大概的意思，有的时候比那个数大一些，有的时候比那个数小一点。

生4：准确数就是刚刚好，不多也不少。

生5：准确数就是正好有那么多，个位上不怎么会是零。

这些个性的表达，虽不是标准答案，却都聚焦于近似数和精确数的核心意义，它们就来自自学时，儿童对数学概念的个性解读，是直接讲解代替不了的思维内建。

③ 尝试实操型预习作业——找路子。数学的知识是前后联系的，从方法的角度来看，基本是类似的。例如，三位数加法的计算方法，就是在两位数加法的基础上递进的，但方法都是"数位对齐，满十进一"。那么，我们在教学三位数加法的时候，就可以从"自己尝试"的角度来设计预习作业。比如，研究图形，我们一般都是按照"定义、特征、周长、面积"的内容进行，而特征中主要是边与角和图形特性，那么，在学完了平行四边形，要学习三角形的时候，就可布置学生按学平行四边形的途径去学习。这些学习，是一种模仿式再造，但也是儿童的创造型学习的雏形。

2. 创意在课上练习中"抽枝"

这里所说的课堂练习作业，不是做一题讲一题的"讲练模式"，而是在一堂课教学结束后所进行的课堂作业。这些课堂作业可以源自书本，以及与教材配套的补充习题、练习与测试，也可以是教师自己设计的学习单等。其作用是检测孩子本堂课学习的效果与收获，也是教师查漏补缺的依据。如何让这个双向评估的作用发挥得更好？设计与实施都有讲究。

首先，不管是选用的还是自编的，都必须指向教学重点难点，重在目标的达成，必须与课前预习作业、课堂上的例题和问题探究相协调，关键练习的知识点与技能不能简单重复，必须有新情境、新角度、新形式。可以在预习作业、例题、问题探究的基础上进行变式，通过变换情境、设问等设计成有新意、有创意的作业，使学生有兴趣认真去完成，且对理解本课知识、掌握本课技能有帮助。

如在"角的初步认识"这一单元第一课时的教学结束后,指向本课"认识角"这一学习内容,布置学生独立当堂做三道习题:

① 补充练习第七单元中的第 3 题,判断图形是不是角,说说理由。
② 补充练习第七单元中的第 4 题,数角。
③ 画出 3 个大小不同的角,并与同桌交流,说说怎样比较角的大小?

三道题要求学生在 6 分钟内完成。因为课上对相关的知识、类似的问题已做了探究,所以绝大多数学生能在规定时间内完成,且全班的准确率很高。学生能准确完成这三道题,表明他已准确理解了"角"的含义和特征,掌握了角的图形表征方法。

3. 创意在课后作业中"蓄蕾"

课后作业是一课时教学之后布置学生在课外完成的作业,过去称为家庭作业,让学生放学回家后做。现在实行"双减"政策之后称为课后作业,放学后留在学校参加课后服务的学生在校完成,不参加课后服务的学生仍回家完成。去年教育部、江苏省教育厅下发的关于义务教育学生作业管理的文件中规定:"确保小学一二年级不布置书面家庭作业,可在校内安排适当巩固练习;小学三至六年级书面作业平均完成时间每天不超过 60 分钟。"因此,就小学低年级来讲,也可以布置一定的重在巩固练习的课后书面作业,可在自习课上完成,也可在课后延时服务时间内完成。

课后作业必须与本课的预习作业、课堂问题探究、课堂作业练习相协调,在认真设计和落实前面那些作业的基础上,课后作业一是可以大幅减少数量。在政策规定的、分配给本学科课后书面作业的时间内,还能腾出一定的时间让学生进行课前预习和完成预习作业。二是在内容上既要突出重点,又要关注全面。课堂作业练习主要是指向重点、难点的巩固训练,课后作业就必须关注本课所学的全部知识与技能。三是可以适当拓展和深化。虽然数学仍是重在基础知识的巩固训练,但应该指向重点知识、关键知识,适当设计布置一些联系文化背景和现实生活的、综合理解和灵活应用的习题。课后作业既帮助学生深化对本堂课所学知识与方法的理解,又引导学生从不同角度去分析问题、用不同方法去解决问题,从而更好地培养学生数学思维、提高学生数学素养。四是适当增加作业的形式。考虑课后作业是在教室里集中完成,因此仍应以书面练习为主,但可以适当设计一些在教室内能完成的实践性作业,既激发学生的兴趣,又培养学生的实践能力、数学多元表征能力。

如在"角的初步认识"这一单元第一课时,我们设计布置了如下课后

第五章 创意生活课程的学习变革

作业:
① 完成补充习题上与本课时学习内容相关的习题。
② 一副三角尺上的角:拼一拼,画一画,看一共可以拼出多少种大小不一样的角?将结论写在作业本上。
③ 一张纸上的角:通过折纸,发现不同的角;通过剪纸,观察角的变化。归纳角发生的变化,写在作业本上。

以上作业在15分钟内完成,如有学生来不及,第三题可不做。

后两道题目是必须独立完成的实践性作业,不仅应用关于角的含义、特点等知识来解决问题,而且渗透合与分的思想,引导学生自己去发现角变化的规律。做这两个作业,有利于加深对角的知识的理解和应用,有利于为今后学习角的度量积累活动经验,有利于锻炼迁移应用能力和动手操作能力。

我们可以看到,孩子们在完成第二个与第三个任务时,就有了很多有创意的方法,比如,拼角画角时,三角尺不易固定,移动得厉害,小朋友们马上尝试了合作,有效地突破了画一画的难点;而折角的过程又给他们创造了比一比的机会,在观察与比较中,他们发现沿长方形纸往上折得越多,折出的角越大,剩下的角越小,进而不知不觉就形成了"邻角"的直观印象。

需要提醒的是,课后作业一般安排在课后服务的作业时段内完成,教师在场组织。对书面作业要督促学生独立完成,对实践性作业必须关注学生的操作。当学生遇到困难时及时予以点拨指导,这样才可以推动学生的创新点子得以顺畅地实现。

4. 创意在单元作业中"绽放"

在完整的一个单元学习结束以后,我们会进行整个单元的复习。复习课之后围绕整个单元设计的作业,被称之为单元作业。单元作业的创意,更能够考验儿童学习的完整性、系统性、深刻性。

一般布置单元梳理可以用画思维导图的方法,或者用一一列举的方法,或者用数学小报的形式等等。单元梳理的内容也可以有不同,一种是梳理整个单元的知识点,形成属于儿童自己的知识树;另一种是梳理"易错题",整理成具有个性的复习资料。在梳理的过程中,儿童会与书本对话,像照镜子一样,对照着与自己反思,照出自己的优缺,在复习课中改进、完善。

《江苏省义务教育学生作业管理规范》中规定:"周末、寒暑假、法定假日也要控制书面作业时间总量。"这表明,在双休日、节假日可以布置学生做一些作业练习,但也必须控制数量。在每个单元教学之后设计布置的数学单元综合作业,总时长低中年级控制在40分钟左右,高年级在1小时左右,使学生有时间认真完成,且不影响学生课余生活和其他学科的学习。

单元综合作业的设计,要与各课时的预习作业、课堂问题探究、课堂作业、课后作业等有机衔接,不能简单地重复训练、机械训练。必须突出综合性、拓展性和实践性,设计的习题和活动,不只是综合本单元的知识,还可以联系已学的其他单元的相关内容;不只是局限于已学知识,还应该向生活拓展,还可以向一些未学知识延伸;不只是书面练习,更应该有一些实践性作业。如《角的初步认识》这一单元,因学习内容较少,笔者仅设计布置了单元作业:

① 梳理本单元所学知识,绘制思维导图方式画知识结构图。
② 联系生活中的场景情境,用角设计绘制一个有一定寓意的图案(可以有其他图形作辅助)。
③ 常州网红地标中的角。(在爸爸妈妈带领下,进行一次数学视角的参观游览,用照片记录,制作成美篇或者微信公众号分享)

以上作业,三中选二。

前一个作业是要求学生总结归纳本单元所学知识,第二个作业是引导学生联系生活,应用角的知识来设计制作,对帮助学生理解知识、发展能力是有意义的,第三个作业更是将角的应用从书面到达实际。之所以用"三选二"的方法,是考虑到学生作业量的问题,而且学生是可以根据兴趣认真去做的,也是在较短时间内能顺利完成的。

"3+1"作业的模式,是为了突破之前"教完布置、有啥做啥"的旧习而采用的一种策略,是以全局观念来统领作业设计,这也是进行创意作业设计的基本前提。但是,"3+1"作业不是一个一成不变的作业模式,还必须根据具体的教学内容和学生学情创意创新、灵活安排。

二、创意作业的质性特点

创意作业作为一种新常态发生在学生的生活中,正由简单的知识目标达成趋向于素养的全面提升。"画虎画皮难画骨"——如何才能够使创意作业从"形似走向神似"呢?只有把握住创意作业的质性特点,教师设计实施创意作业才可以达到事半功倍的作用。我校积极探索,总结出了创意作业的六大质性特点,成为教师实施创意作业的设计依据与评价要素。

① 主题的指向性与趣味性。首先,创意作业聚焦的目标,不仅仅是知识体

系,更是围绕某个主题展开所需要的综合素养。教师必须对学科中某个主题的学习目标了如指掌,然后围绕涉及的关键能力、核心素养和必备品格去设计创意作业,提出明确的要求,兼顾知识的学术性与作业过程的教育性。同时,创意作业比传统作业更烧脑,更具挑战性,要考虑到孩子的接受度,趣味性也是创意作业设计的主要元素之一。

例如,一年级数学"100以内数的认识",除了会数数、会比较数的大小、了解十进制,感受10在数中的作用外,还有对100有多大的数感体验。于是,一年级的数学老师就围绕一个"100的认识"这个研究主题,设计各种渠道开展与主题相关的创意作业任务,且任务之间是并列的、独立的。学生可以根据自己的爱好与时间等,自主选择进行。在不同的体验活动中,孩子们加深了对100的立体认识。一小组学生在数了"100张三叶草"后,密密麻麻地铺了一个近似长方形,发现"100张三叶草铺开来就像一张课桌那么大"。其中一个小男孩立刻说,那么,我们教室里10张课桌上摆满三叶草,就是1 000了;而另外一组摘了100片桂花叶,密铺了个近似的圆,恰好4个小朋友可围起来,小朋友说,那么我们班40个小朋友围起来的地方,可以摆1 000片桂花叶——这些体验与想象,是我们的数学课上教师无论如何也讲不来的、学生也体会不到的。而且在完成这些作业之后,学生还会情不自禁地感叹:"数学真好玩儿!我喜欢这样的数学作业。"

② 内容的拓展性与生活性。创意作业的最大特点,是基于课堂又跳出课堂,与生活有更好的勾连。作业内容围绕课堂教学主题,有更好的拓展延伸,可以涉及学科文化、涉及实际应用。让孩子们感受到学习不仅是课堂知识,更是生活科学,有趣又有用。

例如，认识万以内的数后，孩子们身边的自然数大部分都是100以内的，他们对"大数"不敏感，没有具身体验。我们就设计了"大数寻访记"，鼓励孩子们从不同角度、不同渠道去了解大数。

时逢疫情，孩子们虽然宅在家里，被关住了脚步，却关不住他们探索的心，作品中足可以看见孩子们的生活足迹与生活感怀。这些从身边发现的大数，让他们对日常细节产生了基于数据的不同感悟，这就是用数学的眼光观察世界。

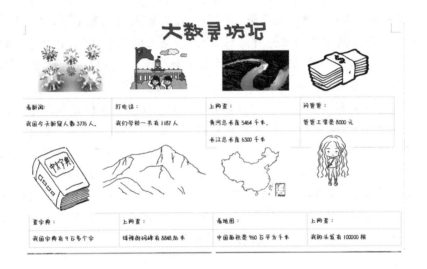

我了解的大数

序号	我了解到的各种各样的大数	通过什么方法了解的？	我的感想
1	我的鞋柜有8双球鞋	自己数的	鞋子有点少，下次破了再买。
2	我的身高有135厘米	自己量的	多运动，合理安排学习时间。
3	爸爸戴的近视眼镜是260度。	机器检测的。	少玩手机，多做眼保健操。
4	常州到北京走行程1100多公里，开车需要10小时。	上网查的	北京是我梦想的地方，找机会一定要去玩一玩。

我了解的大数

序号	我了解到的各种各样的大数	通过什么方法了解的？	我的感想
1	红包 6000	过年外公给的	很多，要存起来
2	微信运动 10841 步	看微信	多运动，锻炼身体
3	妈妈手机 3000 元	买手机	很贵，钱来之不易
4	我家到外公家 25000 米	看汽车仪表	一会儿就到了，不算远
5	东航客机从 8000 米高空坠毁	看新闻	我再也不敢坐飞机了
6	妈妈的论文 4500 字	看妈妈的电脑	感觉妈妈很辛苦
7	小区核酸检测 1700 人次	小区业主群	疫情很严重，我们要居家抗疫

③ 形式的综合性与多元性。创意在内容，同时创意也在形式。每个学科都有自己更适合的作业形式，比如英语以说为主，可以有故事汇征集、动画片趣配音、诗歌秀、英语歌曲大家唱等等；比如，科学以动手实践为主，可以用"家庭实验室"专门做分类实验，可以用"阳台微生态"专门进行动植物小养殖，并进行观察日记等作业；比如，数学则有"数学绘本制作""数学漫画""数学童话""数学实验""每日讲题""实地测量"等等。对于儿童来说，形式多样才会有更多兴趣。形式多样也体现了学科的丰富性、学习的多样性。同时，创意作业绝不仅仅只是对教授学科知识的理解，还要会辨别它的艺术审美、价值观形成等等；就作业主体来说，它既可是由学生个人完成，也可以是同学合作、家长互助等形式来完成。

一些小美好正在井然有序地发生着

（数学游戏）

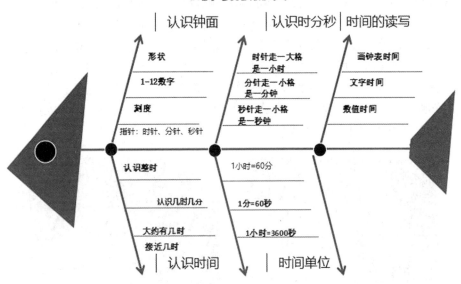

（鱼骨图：单元整理）

④ 过程的操作性与探究性。因为课堂时间的限制,学生在课内探究没有足够的时间。课后作业有更开放的可能,便于将多方面的元素统整到一起,也便于孩子们花更多时间,到真实的情境中去实际操作,加深体验,从而获得完整而生长着的数学素养。

第五章　创意生活课程的学习变革

（测量生活中的"一庹"）　　　　（小白板+软陶自制方向棋）

⑤ 思维的深刻性与开放性。如果说，预习作业是初步感知，课堂作业是加深理解，那么课后作业就是深入钻研、发展思维、尝试创新。随着作业的难度增加，孩子们的思维也不断递进，并且在思维的碰撞与自我辨析中，学会从不同的角度去观察思考，用不同的方法去解决问题。

例如，六年级数学改革，以"请为六年级毕业典礼设计礼品盒"为主题的项目化研究将六年级上下两册的立体图形长方体、正方体、圆柱、圆锥放在一起。学生在进行后期的包装盒设计就是创意作业要求，必须提供作品实样。学生不仅思维发散，设计多款包装盒，还能将生活中的问题进行归类，还推导出了直棱柱体积，都可以用底面积乘以高获得。同时，与其他几个没有开展项目化学习的班级相比，这个班学生的空间思维能力明显较强，带动逻辑思维和形象思维一起得到了很大提升。

⑥ 评价的多维性与生长性

因为创意作业指向同一个内容,却可以有不同的形式,同一个问题却让孩子们展开不同的旅程,呈现出不同的作品,因此,对创意作业的评价就显得更加复杂。我们鼓励多元主体参与评价,但重点指向儿童创新意识的培养,以鼓励为主。主导的操作策略主要是"展—评—奖—改"。"展"即每班各利用教室墙面开辟创意作业展览区,学生自由展出自己的作品,并向大家介绍作品设计思路与创新点;"评"分自评、生评、师评,可分范围进行,可单独面对面沟通,投票选出优胜作品;"奖"即奖励优秀创意作品;"改"即进一步改进自己的创意作业,最终纳入日常学习表现。具体的操作细则由各科任老师根据班级情况自定,总导向是肯定创意,鼓励创造,促进永续生长。

三、创意作业的操作策略

创意作业作为创意生活课程的重要内容之一,在改革初期就被提出,但是,我们可以发现,学科之间、班级之间、教师之间体现出来的进阶水平是不一样的。有的是创意层出不穷,学生乐此不疲;有的是简单模仿,简单照搬。创意作业的实施成败,一方面考验着教师的作业观,衡量着教师是不是具有全面观照的设计能力,有没有行之有效的推进策略;另一方面也体现着学科组的研究力与改革力。

在经过一个阶段的实践后,星河分校的创意作业从个别的班级行动,到了全校的常规举动,形成了一个"班级自创—团队共创—个人优创"的发展历程。对于学校来说,我们重点设计了以下几个方面的传统活动,以活动促创意作业的升级。

1. 一个创意作业共同体

创意作业虽然是以学生为中心,需要根据学生的实际情况选择进行。但是,学科的共性、进度的相近、学生年龄段特征等,决定同一年龄段的孩子有相近的认知水平与实践能力,去完成创意作业。所以,我们分年级组进行了创意作业的研讨,分享经验,相互启迪,达成基本共识。

比如,四年级数学老师发现孩子们对数学童话很感兴趣,于是,就带着孩子们"每周一编",把数学故事往下续写。写数学故事不仅需要数学知识,还需要写作技巧,语文老师在每周数学童话的批改、选择、完善上,提供了很多帮助。美术老师又对插画、排版很在行,于是,精选人员的"编辑部"成立了。孩子们在信息技术老师帮助下,学会了制作微信公众号,数学童话连载就慢慢从"两周一篇"到"每周一篇"。就这样,围绕着"写、改、编、制"形成了一个教师指导共同体,与孩子们一起经历了一个学期,创编出了一本"恐龙山历险记"的创意数学童话。

2. 一份创意作业导览图

创意作业不是随性的,不应该是随着教师教到某一个知识单元的时候,再考虑可以带着孩子们开展哪些创意作业的设计与制作。在星河分校,每学期开始前,都会有整个教研组的团体教研,对整个一学期的研究活动做一个规划与部署,其中,创意作业也是研讨与规划的一个重点部分。

例如,二年级数学教师在第二学期初的第一次备课组活动,就是商量讨论下册的创意作业如何预设。经过前期的个人研究,备课组老师带着思考聚到一起,求同存异,优化方案,整理出了一个学期的数学创意作业初步计划。

学习内容	创意作业任务	形 式	关注素养
有余数的除法	生活中哪里有余数的除法?用不同的方法记录下来。	编题集 数学小日记 四格漫画	平均分数学思维数学意识
	单元整理	思维导图 错题集	结构化思维
时、分、秒	我制作的钟	小制作	钟面的认识
	时、分、秒的笔记	体验记录	时间的体验
	有意义的一天(记录时刻)	体验记录	记录时间,感受时间长短
	单元整理	思维导图 错题集	结构化思维
认识方向	请到我家做客 平面图(房间、小区、学校)	画图	方向感认识万以内的数
认识万以内的数	算盘与计数器	数学小报	理解计数单位与十进
	寻找身边的大数	查资料	数　感
	单元整理	思维导图 错题集	结构化思维

续表

学习内容	创意作业任务	形　式	关注素养
分米和毫米	我家的分米与毫米	测量与记录	长度单位体验
	蒜苗养成记	观察与测量	毫米的体验
	长度博物馆	实践、制作	长度单位的理解记忆
两三位数的加法和减法	单元整理	思维导图 错题集	结构化思维
角的初步认识	角的游戏（拼角、剪角、折角、画角）	画图设计	角的概念理解 设计力
	单元整理	思维导图 错题集	结构化思维
数据的收集和整理	我的好朋友	统计表	统计初步概念

由备课组共同商量制订出的创意作业计划，提供到每一位老师处，可以成为整个学期教学活动开展时候的导览图。当然，导览图只是效果图，具体到课堂教学进行前，还必须有精心设计的"施工图"，用于及时对期初规划进行调整。

3. 一次创意作业博览会

孩子们精心制作的创意作业，每一次都是精彩纷呈的作品，不仅值得班内学生相互欣赏，值得到更大范围内进行交流分享，值得不同年龄段的教师之间互相学习、互相启迪。于是，星河分校形成了一个传统，每学期的期末都会组织一次"创意作业博览会"。

"创意作业博览会"是怎么操作的呢？课程研发部会在新学期工作计划中，将其列入重大事件，使其成为教学重点工作的评价环节。这样，用"以终为始"的逆向视角，来敦促师生用作品思维来设计作业改革，达成轻负高效的"双减"目的。

星河分校2021～2122学年第二学期教学工作十大重点

序号	项目主题	主要内容	评价方式
1	课堂改革： 小先生课堂推进	课程研发部进一步推进"小先生课堂"，实施要素在课堂中体现	月常规评价
2	项目化学习	以班级为单位进行，于学园课实施	项目化学习展评
3	作业管理	持续进行作业登记制度，备课组进行创意作业设计，全校推行作业改革	创意作业博览会

续表

序号	项目主题	主要内容	评价方式
4	大单元教学	语数英三大学科,以大单元视角进行统一的教学设计,板块式教学	教学创想月展示 大单元教学评比
5	创意生活课程课题	整理课题资料,总结课题经验,反思课题问题	现场结题
6	好奇工场	加深好奇工场实施力度,家庭实验室、班级实验区、校园实验角、问题墙有序运行	科技节专题评奖
7	体质健康管理	全景体育推进:加强氛围创设、提升常规要求、组织创新活动	体育节
8	课后延时服务	调整课后延时服务内容,丰富活动,减轻学生在校负担	专项调研
9	找回备课组	加强备课组建设,提高教材解读能力,提高教师教育教学水平	备课组数据PK
10	高质量发展	制定学科质量标准,加强日常调研,严格控制考试次数	专项调研

创意作业博览会一般会安排在学期结束前第二周,包括三个环节:布展、参展、评展。成为传统习惯之后,各备课组会提前提醒到老师,可以组织策划布展了。每个班级、每个学科都有展位,至于展示方式、展示所需要的材料,则可以向学校综合服务部提出申请,也可以由各班级手动制作——这过程本身就是一项创意作业。

(造型摆放式)

（常用摆摊式）

（动态展示式）

6月13日，星河实验小学分校"创意作业博览会"又一次如约而至。据悉，星河分校的老师们一直致力于作业的设计与变革，旨在减轻学生过重课业负担，让作业好玩一点，有温度一点，有趣一点，让更多的孩子爱上学习。而创意作业博览会在星河分校已经持续举行了3年，以展促评，以评促质。

开学初，学校就组织各个学科组围绕作业设计展开专项研讨。每次的备课组活动大家也都会思考、交流作业的设计与布置。各个学科组教师群策群力，根据不同学科特性和年级学生特点，精心设计了丰富多彩的学科特色作业。除基础作业外，还注重综合性、实践性作业的设计，学生在完成作业的过程中运用所学知识，发展、成长自我。

布展时，大家按年级学科分组展示，精心设计展台，在师生们的共同努力下，布展从形式到内容，都十分精美。中午时光，各年级学生在正副班主任的带领下分时段参观学习。作业展上，丰富多彩的形式和琳琅满目的优秀作业，让人目不暇接。他们时而驻足欣赏，时而拿起认真观看，时而发出啧啧称赞。全校老师们也利用空课时间参观学习,对各年级孩子们不同创意赞叹不已。

本次创意作业投票环节分为两部分,老师们通过小程序参与线上投票,各班学生代表进行现场投票,经过汇总共评出最佳创意作业奖 6 个、最佳创意作业班级 6 个。

丰富多彩的创意作业凝聚了老师们的育人智慧,更展现出了孩子们的奇思妙想。让每一个学生在有意思而又有意义的作业中获得长足的发展。

4. 一座创意作业博物馆

如果说创意作业博览会是每学期一次的作业盛宴,那么创意作业博物馆则是"三主粮",呈现的创意作业时刻为孩子们做出榜样,为孩子们的学、老师们的教提供正向引导。

创意作业博物馆并不是指远离孩子们的生活空间,专门找块地方来把学生作业存放起来,而是在学生最近的"教室、走廊、休息平台、楼梯角落"等孩子们最喜欢玩的地方,用有趣的方式去呈现。

架空层的网架上,一年级小朋友贴上了自己的一年级数学收获,其他年级的大哥哥、大姐姐给予完善补充。

走廊上的示意图,是二年级学生在看了新学校图片之后,结合"认识方向"单元,向同学们介绍自己的家。孩子们围在墙边,阅读图,再找找好朋友的家。

一楼书吧内,最新展出的是三年级杨凤琴老师带着孩子们制作的"最有料绘本"。他们班级毕业的那一天,就是用 100 册绘本以布会,那将作为一个班级在星河分校的"独家记忆"。

一楼阳台的花盆里,是孩子们种下的豆荚与小番茄。初夏来临,豆荚已经长出第二批,既饱满又鲜嫩;番茄已经红了很多次,成为小朋友们的奖品。这份阳台上的创意作品吸引了很多同学,六年级的学生放学后,都要在菜盆前驻足一会儿再离开。

四楼的花架上,已经长得水灵粉胖的多肉,是在秦老师带领下完成的"植物克隆"研究项目小组的创意作业,这些多肉全部来自一片叶子的涅槃重生。孩子们见证了物种传承的奇迹。

············

创意作业作为创意学习生活的内容之一,在双减背景下被提高到了一个更重要的高度,正越来越多地被一线老师重视。整个学校也成为一座收藏儿童创意作品的博物馆。在交流中,孩子们表示,作品被大家选中放入作业博物馆,非常希望学校可以给他们一份"收藏证"——这个需求,将促进创意作业改革向纵深处迈进。

第六章
创意生活课程的顶灯效应

一把手电筒,只能够照亮一个方向;但如果打开头顶的灯,就可以让身处其中的人看清每个角落——这就是顶灯效应。在星河分校,创意生活课程也像是打开的一盏顶灯,照亮了师生,让大家看清楚、想明白应该且可以怎样经营的班级生活、校园生活、家庭生活及社区生活,使我校生活的每个角落都保持创意、葆有温暖、幸福、高雅,也使生活其中的人更懂得如何去探索、思考、创造。

第一节 创意生活在班级里的自然萌发

教室是学校运营的细胞,也是师生共同学习、共同生活的地方,更是校本课程发生、发展及用实践检验课程价值的地方。有人说,想了解一所学校的课程建设,就应该去班级看看,到孩子中间去看看。因此,校本课程的建设不容忽视班本化实施的指导与评价。

我校提出"培养当家少年,创造幸福生活"的培养目标,为师生画出了创意生活课程图谱,构建了创意生活"身体、智慧、生存、品格、艺术"五大板块课程内容,梳理了不同年龄段的课程要求。自上而下的课程规划,落实到班级,如何让课程有意义又有意思了?这是每个班主任、每个科任老师必须要思考的问题。

一、创意生活课程班本化实施的意义追寻

朱永新教授说,教室一头挑着课程,一头挑着生命,足可见课程实施对儿童成长的重要性。不同的班级实施同一种课程,会因为人、物、时、地的不同,而出现不一样的课程效果。在明白了创意生活课程"满足新移民儿童成长需求"的立意之后,我们班级共同体立刻变身为"课程共同体",对创意生活课程内容进行了交流与碰撞,决定进行班本化实施。

1. 课程的开发更贴近儿童需求

正如同世界上找不出两片完全相同的树叶,一所学校也找不出两个完全相同的孩子。但同一个班级的学生,面对的任课教师、教室环境、共读书目、活动参与等却是相同的。相近的学习生活,使他们的成长需求比其他班级、其他年级更接近。正因为如此,我们在统计孩子们感兴趣的话题、想研究的问题才更聚焦。这些都是创意生活课程的雏形,是课程开发的源点。班本化实施创意生活课程,更贴近儿童需求。

2. 课程的实施更符合班级实际

课程的实施水平,与儿童的年龄特征、认知水平有关系,也与班内儿童的生活背景、家庭条件等有一定的联系。创意课程的实施过程中,资源的采集、课程实施的节奏、儿童学习研究的深度与难度、课程开放的程度,都与班级实际分不开。

3. 课程的评价更容易彰显价值

课程从生活中来,到生活中去。创意生活课程进行后,价值如何?是否真的对儿童成长有促进?对课程开发检测的最好证据,就是回归生活。回到班级生活中,我们可以观察,经过创意生活课程洗礼的孩子是否有"积极主动的生活态度、良好的生活习惯、科学的生活认识和创意的生活实践"。如果某个课程开发实施后,儿童的状态面貌有明显改变,那么,该课程就值得继续推进;反之,不适应的就可以淘汰。

二、创意生活课程班本化实施的样态打造

当创意生活课程理念与方案送到我们面前时,作为班主任,第一个思考是创意生活课程怎样才可以在教室里生根开花?

1. 聚焦课程目标——共建一种创意生活

正如学校课程总方案里所说,我们所面临的学生,祖籍来自不同地方,多个民族、多个省份,不同风俗背景、不同家庭条件的儿童聚到一起,他们都期待过一种"文化共生、善于学习、勇于创新、相互促进"的新生活。

恰逢学校进行环境改造,把旧的教室进行了全面粉刷,我们就借此机会,组织孩子们对班级文化重新梳理,对班级环境进行了重新设计布置。孩子们给班级起名为"水手班",意喻每个人都是人生远航的水手,方向掌握在自己手中。孩子们还以水手宣言制定了班级约定,买来船只、渔网、海星、许愿瓶等进行装饰,把教室布置成了地中海式风格。教室后面的书馆柜上,不再是堆作业本,而是摆放上了图书馆、家里拿来的各种有趣的书。窗台前,孩子们带来了各种绿植,架子上摆上了孩子们的作品。整个教室明亮、简洁、整洁、大方——这不就

第六章 创意生活课程的顶灯效应

是孩子们期待着的温馨生活吗?就这样,传统意味的四四方方的教室越来越趋向于学习空间。在这样一种生长着的、有创意的环境中,儿童可以感知到生活源自创造,而且自己可以有能力实现各种创造。所有这些努力可以唤起儿童对生活的热爱,对创意生活课程的向往。

2. 坚持一个原则——共守一种课程立场

儿童是课程开发的出发点,也是归宿。儿童立场是课程建设的首要立场。在与班内的任课老师商量,教室里如何开展创意生活课程的时候,老师们的第一反应是"我会编织,可以带孩子们编织各种各样有创意的物品,布置家庭,美化生活"。"我会……"式的思考,是教师视角。但在课程开发上,更应该考虑的是儿童需求什么?当我们问孩子,想要什么样的课程时,孩子们的问卷答案排名第一的是"好玩的、有价值的"。例如,低年级的小朋友看到教室门口有一大片草地的时候,他们会联想到爱丽丝漫游仙境中的那只兔子,盼望学校的草坪上也可以有一两只活泼可爱的兔子。于是,"关于校内科学养兔"的研究性课程产生。

孩子们先讨论了"怎么说服学校可以养兔?养什么兔子?养在哪里更合适?怎么喂兔子?谁来管理"等等一系列问题,然后一项项研究过去。最终,草坪上有了美丽的兔子之家,两只兔子在家里享受阳光和小朋友喂的萝卜兔粮,也有小朋友会轮流去喂兔并打扫卫生。更有很多小朋友会静静地去观察兔子,与兔子聊天。后期,他们还将进一步研究"兔子生宝宝"的另一个子课程。

3. 多维开发课程——共营一种文化磁场

过去,我们把教材当成世界;而今,我们提倡把世界当成教材。当创意生活课程落实到班级内的时候,我们要打好组合拳,多维开发、多元实施,形成创意生活课程的立体架构。一方面是所有任课老师,各自在国家课程当中深挖创意生活课程元素,实现国家课程校本化、班本化。

例如,认识人民币之后,一个班可以结合自己班级的实际情况,进行后续后班本化延伸,或者开展"超市体验"的应用为主的体验课程,或者开展"钱币认识"以拓宽视野为主的生活课程。

另一方面,在校本课程时段中,班级之间的重组、学科教师的流动授课,都可以给班级创意生活课程开发带来新的活力。

例如，走班的选修课中，几个孩子学会了刻纸艺术，感受到了光影的魅力，回到班级，看到阳台上的瓷砖破了好些块，就提出了一个改造计划，用剪影遮盖住瓷砖破裂处。而在创客空间学习的孩子，则学到了一个共识"生活中的问题是创造的最大来源"。他们想为教室建一片问题墙。当两组同学的 Idea（理念）融合到一起时，一片用黑色软黑板，做成的剪影墙在阳台上诞生。随之而来，本班数学老师参与，数学难题挑战课程由此拉开帷幕，学生设问的、解答的、质疑的、悬赏的，都上了这面"热闹"的墙。

总之，在国家课程、校本课程落实过程中，班本化实施给创意生活课程以最鲜活的生命力，使其为学生营造了一种"创意为先、创造为上"的文化磁场，儿童在这样的磁场中，慢慢地主动求变，积极创新。

4. 提升课程质量——共创一种学习样态

关起门来的教学最容易操作，但却对孩子的成长最不利。创意生活课程提倡把教室门打开，引导孩子们到真实的情境中去遇见真实的问题，经历真实的探究，从而获得真实的体验，创造出具有儿童特色的解决策略。创意生活课程还承担着一个历史使命——改变学生的学习样态，使他们摒弃一直以来的"单一式学习""模仿式学习""浅层次学习"，转向追求"综合型学习""创造性学习"和"深度学习"。

三、创意生活课程班本化实施的策略探索

创意生活课程班本化实施是一条走得通且必须走的路。这需要我们老师提高自己的设计思维，用充满生机的生活课程，去吸引孩子主动参与其中，不知不觉形成积极阳光的生活观，提升生活力。

1. 创意生活课程"创"要把握"三机"

除了从国家教材中去寻找挖掘创意生活课程题材外，我们更要抓住三机开发课程，即时机、地机、事机。

例如，9月17日，神舟十二号载人返回舱将返回。班主任就立刻联合任课老师一起开发了"航天周"课程，课程周期1个月，前课程为了解神舟十二出发前后的过程了解，讲讲中国航空故事；中课程是观看直播、写信给航天英雄，欢迎航天英雄回家；后课程是合作设计制作航天飞船，分享航天梦。这是抓住"时机"开发课程。

校园里有个小池塘，语文老师发现，许多孩子对池塘很感兴趣，一下课

第六章 创意生活课程的顶灯效应

就跑到池塘边玩。一些孩子会仔细观察水底的植物形态,一些孩子会关注游鱼或者水里的小昆虫,还有一些孩子会关注池塘的水。当后勤部门把水塘里的水抽干时,一些男生看得不愿意回教室。于是"一亩方塘"的班本课程应运而生,孩子们围绕池塘的整个生态进行研究学习。这是抓住了"地机"。

我校要扩建,当大家看到效果图时,六年级的孩子们第一反应就是学校很多建筑,有花园吗?绿化足够吗?于是,数学老师带着孩子们设计了"我为学校绿色献计策"的项目化学习课程。这是抓住了"事机"。

只有最贴近儿童的,才是他们具体可感的、可以想象的、真实可做的。

2. 创意生活课程"意"在实现"三长",即学生成长、课程生长、学习增长

我校的课程目标是促进儿童生活力的提升,使他们可以有能力创造自己更有品位、更加美好的生活。这决定了课程的使命,是促进学生成长。但在事实上,我们可以发现一些学生对低龄化的玩具会感兴趣,他们对课程的需求停留在浅层次的"好玩"上。那么,我们就必须有意识地提高学生的课程意识,让他感受到自己学习了该课程,与不学该课程有什么变化,即反思我从课程中收获了什么?获得了什么成长?这也是教师需要思考的问题,我的课程给孩子们带来了怎样的变化?他们的学习方式是否有明显的改进?学习能力是否有提升?这也是我们评价创意生活课程的最重要的标准。另外,好的课程不是一成不变的,而是与时俱进的,它也体现出自然生长性。

3. 创意生活课程"化"在"三合"

陶行知说:"生活即课程。"我们呼唤教育回归生活,课程也应如此,与生活紧密融合,必须产自生活,而又应用于生活。具体来说,就是要做到"家校结合、学科融合、学用契合"。学校生活是儿童生活的重要部分,但只是一小部分。最终,孩子们要走向社会,回归家庭。那么,他创意生活的理念、创造生活的能力,只有到更广阔的生活空间里,才可以得到更多的锻炼与应用。为此,我们在实施创意生活课程中,一直有注意到"家校结合"。一方面是借用家长夜校,提出创意生活课程理念,邀请家长和老师一起给孩子们创设更具学习力的、更有创意的生活空间;另一方面,也不断鼓励家长与学生一起提升创意生活力。同时,创意生活课程绝对不是一个老师、一门学科的封闭式课程,需要多学科融合,更强调学用结合。我们在指导学生设计学习活动时,可以广开思路,把探究延伸到学校之外,沉浸到生活之中,让课程与我、与社会、与世界融合。

班级生活小剧场 1：

课后服务：孩子们的研究与设计

"双减"开始了。但"双减"减掉的是孩子们不必要的抄写、背诵,增加的是动手、动脑解决实际问题的能力。但是,在与家长朋友的交流中,我们发现,孩子们到家没有作业之后,就只会玩了,而且看电视、玩手机、刷抖音的孩子越来越多。

于是,我校二(1)班今年的第一个项目化学习主题就是:双减之后怎么玩?围绕这个主题,孩子们用思维导图方式,记录了讨论中产生的一级子问题:课间怎么玩?课后服务怎么玩?放学回家怎么玩?在分成若干个小组进行第二轮讨论以后,大家首先把目标聚焦到课后服务时间段的游戏来,并约定回家采访爸爸妈妈爷爷奶奶,收集各种适合小朋友玩的传统游戏。

在第二周的项目化学习课上,小朋友用画、照片、PPT 等各种方式来介绍自己知道的游戏,包括滚铁环、抢位置、丢沙包、跳皮筋、踢毽子、跳花绳、投壶、赛陀螺、抖空竹、跳竹竿、放风筝、拔河等。

于是,小朋友们商量着制订了一张课后延时服务的游戏安排表,包括游戏项目,以及可以邀请哪些老师来进行指导等

在期末的汇报展示中,小朋友们不仅介绍了研究过程,还给全校同学提供了游戏排行榜,还给学校提出了一些游戏建设的建议,结合自我领导力的学习创编了跳皮筋游戏。

这些项目不是老师定的,而是他们自己研究和体验出来的。每次的课后服务,都是小朋友们最期待的时刻。经验证,这是孩子喜欢、家长欣慰、教师开心的课后服务生活——我们都想拥有。

班级生活小剧场 2：

秘密花园：小豆丁实践基地的开创

《林间的小孩》这本书告诉我们,儿童是自然的产物,有亲近自然的天性。然而,城市化进程缩小了孩子们的活动范围,电子产品的发明围住了他们往外的脚步。作为陪伴孩子时间最长的老师,有必要想方设法创造一

切条件,让他们走出教室,享受自然,避免圈养。

目前我校恰逢改扩建,正借一所高中过渡。校园角落里有一个废弃的花园,在服务中心老师的帮助下,我们取到了花园拦网的钥匙。从此,这个花园成了我们班小豆丁们的秘密基地,那里藏着孩子们的"班宠"。

夏初,我们买来了一群叽叽喳喳的小鸡仔,草地漫步的小鸡仔引起全校同学的围观。它们1.0的家是几个大纸箱。后来,渐渐长大,纸盒关不住它们了。做板材生意的窦爸爸,拿了一些木板来,带着孩子们画图设计,横竖钉起,加了挡板,给小动物们做了一个2.0大平层的家。每天中午,孩子们就来到花园里,自家带的菜叶子、吃剩的白米饭就是小动物的口粮。在大家的关心和爱护下,它们慢慢长大。

后来,莫爸爸也来给它们的家进行了3.0升级改造,铁质围栏,刷上了红色油漆,平层进阶为豪华大别墅,坐拥整个小花园为私家花园。秋季开学不久,孩子们惊喜地发现,母鸡下蛋了,他们优异的表现赢得"学霸蛋"奖品,仿佛是世界上最珍贵的礼物。

再后来,小豆丁们觉得鸡仔在花园里太孤单了,他们又众筹,谋划着给秘密基地里带些啥来。于是,四只小白鹅来了,孩子们给它们分别起了不同的名字。小路的妈妈特意从市场买来了三只小白兔,孩子们自主分工,分成喂养组、捕兔组、整理组,喂养兔子可认真了。

这个秘密基地成了孩子们最喜欢去的地方,吸引了他们去探秘,发现各种各样的生物;培养了孩子们的动手能力,他们学会了喂养小动物;培养了他们的责任心,有的小朋友担心小动物周末饿肚子,还专门跑到学校来投喂。

这是一种很少孩子能拥有的童年生活,是一座废弃花园带来的美好时光,是一段二(2)班孩子小学生活的独家记忆。

班级生活小剧场3:

美食美刻:每月一事的记忆隆起

"双减"是时代给予这代学生的特殊礼物。若干年之后,孩子们回忆起"双减",除了少了些作业,还可以有更有意义与更有价值的记忆。这一个个记忆隆起,可以串起一个与众不同的童年生活。

在与本班任课老师与家委会商量之后,我们决定每个月的最后一个周五定期开展一项活动,全班师生参与、意义特别、形式不拘,可以家长参与、也可以与其他班一起。这样,可以让孩子们每个月都收获惊喜。

例如,秋季来临时,山楂熟了,孩子们就想着借秋天的食物进行"品秋"活动,以制作糖葫芦为主。这可难倒了班主任,但家委会会长徐妈自告奋勇,表示她会制作,可以带着孩子一起开展活动。于是,这个周五的两节课后开始,孩子们从洗果、捡果、串果,到熬糖、蘸糖、裹糖,一个个环节学习过去,整整2个小时,大家都兴致高涨,而且遵守秩序,有条不紊。有的小朋友还说,要把制作好的糖葫芦带回家给爸爸妈妈尝尝。

就这样,10月我们制作糖葫芦,11月我们尝试了操场点心派,2月我们进行了彩色元宵会,3月我们制作了寿司,4月我们尝试了萝卜丝饼。孩子们都在盼着:下一个月,又有什么惊喜在等着我们呢?

第二节 创意生活在校园里的适宜生长

由于地区经济差异、个人兴趣追求等,中国人口在不断地流动,"留守儿童"群体逐渐向"随迁子女"转变。李克强总理说,绝不能因家境、区域不同让孩子输在起跑线上。机会公平中,教育公平是最大的公平。然而,在"文化冲击"理论视野下,"随迁子女"在本土文化中起点不一、缺乏爱等现象普遍存在。如何让"随迁子女"成为"当家少年"?真实的生活场景,是学生最好的学习资源。

我们基于陶行知先生生活教育理论,借助星星农场,开发创意生活课程,让学生实现纵横维度的生长、经纬角度的成长。

一、一份问卷引起的思考

我校原来是一所百年老校,由于中心城镇的兴起,逐渐被边缘化。集团化后,分校本部的老师进行了较大范围的交流。为了更好地进行课程改革,我们进行了调查问卷。

(一)问卷背景

在教育观念逐渐更新、经济持续发展的现在,留守儿童被带出村庄,带到父母身边进行就学。他们拥有一个新的名字"随迁子女"。我们学校的学生大部分就是随迁子女,他们朴素、尊师敬长、自理能力强。但是,创新不足、学习能力欠缺、自信欠佳。环境的影响,家庭教育的问题,对周围城市的适应需求,学校教育与现实生活的脱节等,都是上述现象产生的原因。

(二)问卷设计

如何基于原有课程进行"本地化"的改造与变迁?师生们智慧众筹,设计调查问卷来征集学生、家长的意见和想法。

班级		姓名	
您理想中孩子的模样			
您理想中学校的样子			
您理想中课程的样子			

(三)问卷结果

来自一线的真实调查,家长们对于这份调查问卷十分重视。往常,告家长书总是丢三落四,收不齐。此次,学校共下发问卷999份,第二天回收999份,回收率达到100%。既然家庭如此重视,教师们下定决心,好好做数据分析。

经调查发现,家长不仅仅关注孩子的吃饱穿暖,还更多地把目光聚焦于学生的健康成长、身心阳光。他们不仅希望孩子成绩好,同样也希望孩子会劳动,更重视劳动的分担和生活能力的培养,培养劳动技能、树立劳动观念、塑造劳动精神。

(四)问卷思考

基于问卷分析,教师们自问:学生到底需要怎样的学校生活?老师到底需要给学生怎样的教育?结合《国家中长期改革与发展规划纲要》,融合学校理念,培养五育并举的"当家少年"。我们从两个维度来架构:横向上有正确的价值力、更新的创造力、主动的实践力、独特的审美力和共情的情感力,纵向上以劳育德、以劳启智、以劳健体、以劳益美、以劳为乐。横向纵向相结合,实行立体空间的课程构造和思维贯通。

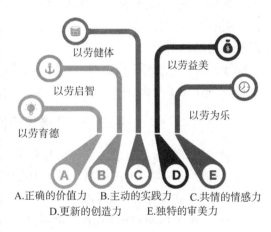

A.正确的价值力　B.主动的实践力　C.共情的情感力
D.更新的创造力　E.独特的审美力

二、一块荒田征用的过程

学校空间宽敞、间距开阔。教育是一个无痕的世界,是一个润物无声的过程。立足现有,如何最大限度地发挥这块地的教育价值呢?

(一)校长的烦恼 or 学生的乐园

事物的利弊性判断,就看你站在什么角度。校园里有一块空地,年久未经开发,便成了一块荒地。这块荒地,对于校长来说,是一个烦恼:学校即将进行改扩建工程,不会投入资金,以免公用资金的浪费和重复建设。对于学校行政来说,也是一种苦恼:春夏秋冬,四季更迭,物候变换,需要结合时令对此进行整治、清理,费时费钱费精力。而对于学生来说,隐秘的角落、荒芜的杂草,正是他们探险的乐园、撒欢的家园,是他们午后散步探秘的最佳去处。

(二)痛苦的惩罚 or 快乐的体验

在惩戒教育允许的情况下,体育课上,不遵守规则的小朋友,被老师惩罚去拔草,以为他们流汗受累,可引以为戒,达到警示教育的预期效果。结果令人啼笑皆非——小朋友干得热火朝天、汗流满面、嘻嘻哈哈、开开心心地回教室,根本看不到被惩罚的难过。甚至后来再罚,都等不到他们回教室。我们自问,这田间劳动,是痛苦的惩罚还是快乐的体验?

(三)偶尔的光顾 or 长期的征用

像海盗探险般,一寸一寸地向前探索,慢慢发现,荒地成为学生的秘密基地。班主任老师发现了这样的情况,与其堵,不如疏,利用班会课,不断引导,平等对话,学生讲述了他们与秘密基地的许多小发现。随之,一个大胆的想法在教室里诞生——孩子们说,这块地像宝藏,可以种很多东西,也可以收很多东西。现任其长草,太可惜了。为此,我们向学校提出了是否可以征用荒地的要求,又去向附近村民请教,种上的植物四季都能播种、四季都收获的,真是一件值得期待的事情。

于是,"星星农场"成立了。学校不仅答应了班级的征用的要求,还出资为星星农场建设了门头、围栏,购买了大量农场所需要的小型工具。

三、一类课程开发的收获

星星农场的命名也蕴含着特殊的含义。它是征集、归类、整理学生意见,结合办学理念——每一个孩子都是银河中最闪亮的星星,以此来命名。如何基于学生兴趣,来利用好这个农场呢?

(一)星星农场的崛起:自然的孩童需要一个农庄

当今时代,大人和小孩子都被电子化了。我们的感知能力随着科技进步而日渐萎缩。很多孩子迷失在电视、Ipad 的方寸之间,把自己束缚在"水泥森林"里,忘记了自然才是更广阔的世界通道。把儿童置身在大自然的环境中,用自然疗愈心灵、激发创想,孩子才能有更好地成长。

1. 每个儿童都是天才设计师

大自然是动物、植物等生物集合在一起的"天然吧"。儿童具有亲近大自然的本性,他们能从大自然中获得巨大的精神愉悦和良好的情感体验,汲取特别的能量。苏霍姆林斯基说:"当知识和积极的活动紧密联系在一起的时候,学习才能成为学生的精神生活的一部分。"星星农场开工了,以耕种之名,联五育之线,系自然之脉,觅劳动之魂,得生命之神。

启动前,孩子们小组合作,描绘自己心目中的农场物象,通过设计图纸,来呈现自己心目中的完美样态。同时,根据时令,挑选自己喜欢的农作物种子。每个孩子投入其中,用设计师的思维来进行整体设计和规划。

2. 每个成员都是农场建设者

蓝图已描绘,根据蓝图,开始动工。沈校长与信息老师冯啸岩了解到同学小王的农村老家有很多高大壮的树干,立马联系家长,家长十分乐意奉献。再次联系其他家长提供交通工具,家长开卡车上门,集合去搬运树木,一直运到学校。我们找体育老师一起挖土、埋柱,架起高大的星星农场的门。小李家长开汽修厂,看到农场边上很空,就运来一堆的废旧轮胎,当成环保花盆,准备种鲜花;小张家还保留着部分不用的农具,听说需要建农场,立马运到了学校,给孩子们使用。从老师到家长、从家长到孩子,每个成员都是农场建设者,都见证了农场的诞生与开荒。

(二) 生活课程的创意:儿童的成长需要沉浸生活

杜威说:"如果儿童能从那些真正有教育意义和有兴趣的活动中进行学习,那就有助于儿童的生长和发育。"不同于教条式的说教,新时代的儿童需要沉浸式、体验式的学习来发展五感,增强知识的适应性。

1. 认知力:一平方米的静心

星星农场不大,如何让各班均享受到种植研究的乐趣?我们利用大树干作为各个小田块的"田埂"。用麻线分割各块区域。螺蛳壳里做道场,在这小小的区域,孩子们做策划,让每个班级都有自己的"责任田"。他们研究植物的名称,研究植物标签的制作,研究植物的种植说明,等等。原本吵闹的课间生活,一下子变得安静、变得有研究的味道。

2. 实践力:星星农场的劳动

各班小小的区域,尚不满足。有的孩子提出,地方不够,我们需要拓展基地。征集到这样的小提案后,我们开始思考,执行"土地轮换制"。排出各班承包表,由各个班级进行农场承包。

在这样责任制的承包下,孩子的积极性更高了,一致认为,这是他们的家园,不容侵犯。从当初有的孩子不能够分辨韭菜和大蒜,到如今,能很好地说出作物的区别。从不认识农具到熟练掌握窍门,孩子们乐此不疲。从不识稼穑到熟能应对,拓展认知。他们,在实践中认识,在实践中收获。

3. 创造力：农场课程的创新

实践是检验真理的唯一标准。实践更是创造力的源泉。清晨，沐浴晨光，孩子们去星星农场观察蔬菜，看到蜗牛正在咬菠菜的叶子，该怎么办？于是，他们请教老师。老师给他们进行了分析，农药效果快，但是容易残留。孩子们想，那我用手捉。但是，受时间限制，不能每时每刻都捉到。怎么办呢？孩子们想到了生物链，在这些昆虫的上端又是什么呢？于是，循着蛛丝马迹，孩子们想到了"昆虫旅馆"。"昆虫旅馆"指运用木板等搭建成空心小房子形状，在小房子里装入昆虫喜欢的草料等，吸引昆虫入住，昆虫进去，不容易出来，孩子们定期打理，就可以减少虫咬菜叶的情况啦！说干就干，伴随着"昆虫旅馆"的建成，蔬菜健康成长！

（三）当家少年的养成：儿童的未来需要点亮精神

星星农场承载着孩子的欢乐，是孩子知识和精神的伊甸园。在社会快速发展的今天，"当家少年"如何更好地适应未来？未来的"当家少年"有着怎样的特质？

1. 探究精神：作物的应时生长

随着大自然的变化的节奏，孩子们在一年四季中不断成长。当确定种什么的时候，正值春天，有人种下了萝卜，结果没有收获。一分耕耘，一分收获。是否真的努力了，就会有结果呢？这样的辩证、探究，在孩子们心中徘徊。于是，结合作物介绍，开始经验总结。原来，萝卜在夏天二伏天种植最佳。我们需要择令而种，做事需要择机而行。

2. 格物精神：学科的联动感应

考虑到学校有北方学生，我们种植了一期小麦。望着沉甸甸的麦穗，有孩子惊呼："老师，快来看啊！这是不是和禾苗的'禾'字很像吗？"于是，我们开启"说文解字"的研究。原来，"禾"确实是一个象形字。格物致知是新时代"当家少年"应有精神。当蔬菜收获时，我们进行蔬菜的采摘与义卖。如何定价呢？孩子们核算自己投入的金钱成本和时间成本，进行合理定价。义卖所得，给班级添置物件或者给家庭困难的孩子购买书籍等。在生活中学习，融合各学科的知识或成长，实现学科间的联动感应。

3. 惜食精神：感悟的双向折射

以前，午饭的时候，常常有孩子挑食。每个班级都有胖的孩子和营养不良瘦的孩子。吃得太多，导致肥胖。吃得太精细，导致营养不良。每次午餐后，去垃圾桶看看，浪费惊人。如何让他们更好地懂得珍惜呢？

在星星农场种植体验过程中，有的孩子除草手起了水泡，有的孩子打水直不起腰。小雨说："我终于体会到了农民伯伯的辛苦，我们仅仅种植这一块地就够呛。"在这样无声的教育中,大家体会劳动的艰辛,懂得食物的可贵,拥有感恩的心。

四、一种评价促成的生长

"星星农场"到底给孩子带来了多少成长?孩子是否真正成为"当家少年"?我们通过评价体系的变革,来促使学生生活素养的提升。

1. 生活力护照:"当家少年"的必备技能

儿童的教育是一段幸福的旅程。以星星农场为支点,在星河分校成长的六年,收获了什么?掌握了哪些生活技能?我们梳理了小学阶段需要掌握劳动方面的生活技能。

星河实验小学分校 6～13 岁家务劳动清单

6～7 岁	饭前帮助家庭成员摆放餐具、菜品等,吃完饭能帮助收碗、洗碗、擦桌子 能独立打扫自己的房间,学会自己铺床单、换床单,能自己收拾书包、书房物品 会晾衣服、收衣服、叠衣服、整齐地放进衣柜 学会扫除道路,会用扫把、抹布、拖把、马桶刷子、鞋子刷等劳动工具
7～12 岁	能做简单的饭,"六年学会 12 道菜" 帮忙洗车,吸地擦地,清理洗手间 扫树叶、扫雪 会用洗碗机、洗衣机、扫地机、榨汁机等智能化设备 会分类垃圾,会清理厨房间,会换季整理自己的衣服、晾晒被子等等
13 岁以上	会简单通家里的水管、能更换灯泡、会使用吸尘器清理垃圾、会擦玻璃(里外两面) 整理冰箱物品,合理使用 清理炉台和烤箱,做饭,会使用微波炉、电饭锅、烘干机、挂烫机 列出要买的东西的清单 会分类洗涤家里的衣服(包括洗涤、晾晒、叠衣和分类归置收纳) 能分辨生熟和鉴别变质食品

星河实验小学分校 6～13 岁自我服务与公益劳动清单

6～7 岁	自我服务:会削铅笔、钉本子、包书皮等相关学习用品,能对自己的学习用品进行分类整理和保管 公益劳动:做好值日生工作,搞好学校内的公共卫生,学会擦黑板、扫地、抹桌椅、开关门窗
7～12 岁	自我服务劳动:能自己洗头、梳头、洗澡,学会洗自己的小物件,学习使用针线来钉纽扣 公益劳动:会使用简单工具绿化、美化学校环境,利用节日、休息时间走进敬老院等场所,帮助残疾人、孤寡老人等干一些力所能及的事情

续表

6~7岁	自我服务:会削铅笔、钉本子、包书皮等相关学习用品,能对自己的学习用品进行分类整理和保管 公益劳动:做好值日生工作,搞好学校内的公共卫生,学会擦黑板、扫地、抹桌椅、开关门窗
13岁以上	生产劳动:学习植物栽培常识,初步学习苗木嫁接或扦插,适当了解一些现代农业科学知识 公益劳动:会对学校的角落、场馆的美化提出可行性的想法,能走进社区,提供社区公益性的劳动服务

对照以上清单,定期进行生活技能的考核,在生活力护照上进行相应的表现性评价。

2. 生活力绿码:"当家少年"的星河特质

星河分校践行德智体美劳的全面发展,以劳育德、以劳启智、以劳健体、以劳益美、以劳为乐。培养学生正确的价值力、更新的创造力、主动的实践力、独特的审美力和共情的情感力。我手写我心,在经历了特殊的实践后,学生情不自禁在自己的日记本上写道:"现在爸爸妈妈上晚班,我也能解决自己的温饱问题。""我能在阳台种植小葱,给菜增加味道。"在老师们的家访中,家长也表示,孩子的自理能力比之前强了很多。就连班级的收交作业情况,也不再需要老师操心,高效收全,不落下任何一个。

3. 生活力通行证:"当家少年"的工具包

失败是成功之母。在星星农场的实践过程中,常常有失败的事件。种子不发芽;种子发芽后,太慢,拔根看看,结果把根拔断了;不合时令的种植;沃肥不恰当;等等。所有事物在发展历程中,都是在曲折中前进,在前进中朝向光明。面对真实的问题,学生主动思考原因,寻求策略。我们按下暂停键,思考失败的原因,寻求解决的策略。我们放慢脚步来探究失败的真相,在此刻,慢就是快,是为了今后更快地成功。欲速则不达,快慢的最大效度在交点处、在峰值处、在平衡处。

我们通过"星星农场",开展创意生活课程,帮助学生实现从"随迁子女"到"当家少年"的转变。他们收获的不仅仅是游戏的快乐、种植的体验,更多的是带给自己一生受益的生活技能、生活品格和生活素养。

光阴可以流逝,容颜可以改变,生活力素养却印刻在每一个生命里。

第三节　创意生活在家庭里的悄然蔓延

教育,就是一种理念传播,就是一种文化的传递,一种习惯的延续。创意生活课程,因其对美好生活的描绘、对现有生活的建设、对未来社会的创意而逐渐潜入学生心灵。孩子们在学校中所学到的创意生活课程内容,很自然地就会复制、运用到家庭生活中,逐渐改变家庭生活的样态,改变了父母生活的旧传统。

教师在学生家庭创意生活创造中,可以做些什么呢?现以家庭博物馆为例,介绍创意生活在家庭里的生根发芽、抽枝开花情况。

一、家庭博物馆价值定位与内涵特征

随着时代的变迁与社会的发展,博物馆教育因其核心优质的实物资源、精密完整的知识体系、不同文化视角的风格展陈等特点,其教育价值越来越受到大家的重视。传承和延续传统文化、民俗文化、地方文化、家庭文化的家庭博物馆,也越来越多地出现在大众视野。

星河分校所提及的"家庭博物馆",源自孩子们的家庭创意生活。孩子们在老师的指导、家长的助力下,专注各自的用心收藏,精心构筑自己的专属领域,追寻其来处,向未来漫溯,让学习与研究真实发生,让快乐增值,以此在美好的童年时代留下值得永久珍藏的记忆。

1. 价值定位

(1) 美化:为家庭环境带来更多色彩

生活不乏美,处处皆有美。星河分校的孩子们有一双善于发现的眼睛,也有一双善于创造的小手。他们用自己的兰心蕙质,个性定制独特的"家庭博物馆"。一粒粒弹珠、一个个手办、一盆盆多肉、一幅幅动漫……当孩子们用自己的双手精心装扮家的世界,整个家具有了不一样的氛围:不只是高档的家具,不只是时尚的设计,更有儿童的创造因子与思维想象。整个家庭环境,因为儿童的多元融入鲜亮起来。

(2) 活化:为居家生活增添更多生机

家庭博物馆的构建是一个动态的过程,是孩子们积极生活状态的展陈。疫情加上"双减",很多孩子居家时间多了,空闲时间也多了。行动起来,构建一个个家庭博物馆,找自己感兴趣又有意思的事来做。忙忙碌碌中,家庭环境中的

陈列与布置,不再是一种静态的美,而是生命的气息,具有了文化的价值,它们在与儿童的互动中,超越了物品本身的外在意义。

(3) 优化:为儿童学习创造更多可能

以孩子们的兴趣为出发点,以玩中做、做中学为基本方式,锻炼孩子们自主创意、自我管理、自行探究的能力。这是家庭博物馆创建的基本理念。相较于课堂学习的外在驱动性,创建家庭博物馆,更多的是从内在需要出发,这是从"要我"到"我要"的一场转变,优化了学习磁场。场域的变化,让孩子们拥有了更广阔的天地,也为他们的学习提供了更多的可能。

(4) 融化:为亲子感情滋长更多温情

受社会大环境影响,当前孩子们在校时间长,家长们也工作忙,平时在一起交流的时间屈指可数。若家长还是低头族,孩子受影响也成了低头族,孩子与大人面对面的交流就更少得可怜。创建家庭博物馆,让孩子与大人之间产生了更多的交集:一起求知、一起探秘、一起讨论,相互分享……博物馆越办越好,亲子关系也越发和谐。

2. 内涵特征

(1) 丰富性

每一个个体都是独特的存在,孩子们的兴趣爱好各不相同,以六年级(2)班为例。全班44位同学,创建的家庭博物馆类型各异,有书刊类、货币类、种植类、养护类、文创类、玩具类等等,品种达20余项。即使是货币,呈现的就有3种,有古币铜钱袁大头,有新中国成立后发行的硬币,还有新中国成立后发行的各类纸币等,内容丰富,值得期待。

(2) 选择性

如果说校园里的学习生活是相对固定的,比如每个年级上哪些课,每门学科一周几课时等都有着明确的规定,个人无法选择,那么构建家庭博物馆相对自由就不是一点点。选择哪项家庭物品作为自己的收藏,想用哪段空余时间来打磨,想以怎样的方式和家人、伙伴分享……都取决于个人的思考与行动。

(3) 生长性

家庭博物馆的创建,从想到做,从无到有,一点点完善,孩子们也在过程中一点点生长。他们喜欢糖纸的收集糖纸,喜欢手帐的制作手帐,喜欢乐高的拼搭乐高……但如果家庭博物馆仅限于物的展陈,其价值还远未体现,就是由一张小小的糖纸延伸开去,孩子们还可以探寻糖纸的文化,去追寻糖纸上烙着的时代印记,进而去设计个性化的糖果包装。

二、家庭博物馆与创意生活建设的关系

1. 家庭博物馆是建设创意生活的方式之一

"培养当家少年,创造幸福生活。"一直以来,星河分校致力于创意生活课程的开发与实施,学校开设创意生活课程,鼓励家校社全方位、多领域挖掘课程资源,全面提升儿童的生活力。创建家庭博物馆,是家庭创意生活的探索与实践之一。让孩子做生活的主人,做自己的课程,有利于充分发挥孩子们对生活的关注及创意生活的热情。

2. 家庭博物馆是沟通家校生活的渠道之一

孩子的成长,离不开家庭的呵护和学校的培养。星河在学校内努力营造一种创意生活氛围,让孩子们过一种创意的学习生活。那么,他们在家里是否可以过一种创意的家庭生活呢?家庭为孩子博物馆的创建提供由物及人、时空场域等各方面的支撑,学校给予孩子思想的引领、方法的指引、交流的平台,无论老师还是家长,都是孩子创意生活亲密的合伙人。家庭博物馆,架起了家校共育的又一座童心桥。

3. 家庭博物馆是儿童生活能力的载体之一

家庭博物馆,一个孩子课外的学堂,一个属于孩子自己的乐园。孩子们在创馆用馆中不知不觉锻炼,提升着生活能力。比如俊豪同学,在自家的植物园里跟着阿姨学盆栽,虽然只是农技领域初涉,但居然真的种出了小草莓,品尝到了自己亲手培育的甜蜜果实的同时也学到了盆栽草莓的简易方法,那份来自劳动收获的成就感爆棚。又比如天琪同学,爱好手办但不会收拾,家庭博物馆项目促使他尝试归置自己的展陈空间。当他在妈妈的支持下把家里的一个展柜收拾起来,把自己的手办妥妥分类安置后,手办更美了,家里也整洁了,天琪也感受了到了生活规划的重要。

三、家庭博物馆的实践路径

1. 建馆:在淘与创中浑然天成

① 众筹:让博物馆有"名"

在家里建个博物馆,对于孩子们来说,是一件非常新奇而神圣的事,点燃了他们对生活的热情。基于对兴趣的尊重,他们很乐意为自己的博物馆取一个好听的名字。"可根据展品的名称取,也可根据展示的主题取,还可用自己的名字取,如果够特别,用上家里的门牌号等也是可以的……"相互交流后,孩子们迅速行动起来:"小罗的图书馆""甜蜜的回忆珍藏馆""乐高的世界""手机长廊"

"89号花园""光阴的故事"……听听,这些名字多么艺术,亲切又不乏创意,既让人一听就明晰展陈的是什么,有让人充满期待。这些名字怎么来的?有来自孩子们自己的灵光闪现,有来自家人的集思广益,还有的来自老师和伙伴的建议。不管怎样,好听好记、别具特色就行。

② 淘宝:让博物馆有"货"

建个博物馆,这可不是闹着玩的,如果只有一件两件展品,那得奇货可居才行,整体还需质与量的双重保证。博物馆里的展品怎么来?这可难不倒鬼灵精怪的孩子们。比如天琪同学,他的"手办博物馆"里的珍藏怎么来的呢?据他自己"交代":"它们不全是买回来的,有的是抽盲盒抽到的,更多的是一点点做活动、克服重重困难完成任务带回来的。每一次通过努力把心爱的手办带回家,心里别提多高兴了。"小科为了建起他的"袁大头博物馆",请爷爷把爷爷的爷爷留下的袁大头"贡献"了出来。汤雅琪也软磨硬泡地请爸爸拿出了他的珍藏——新中国成立后发行的不同版本的纸币。子哲同学创办"手机长廊",动员爷爷奶奶、爸爸妈妈、叔叔阿姨齐上阵:小灵通、BB机、大哥大、摩托罗拉到Apple iphone13,那可真是打开了一部"移动电话简史"。

③ 布局:让博物馆有"位"

家庭博物馆建在哪里?不一定要固定的房间,可能只需要客厅的一个角落,也可能只需要书房的一面墙。物有了,可不能够随便乱放。放在家里的什么位置合适,又以怎样的方式展陈好看呢?这也是让孩子们很在意的事情。不过,这样的小问题难不倒星河家庭。天琪妈妈为了天琪的手办博物馆隆重开张,特意收拾出了家里的一个展览柜;小琛同学"光阴的故事"展示的是一家人在一起的温馨画面,受低年级板报的启发,在爸爸的帮助下网购了一张小渔网,挂在家里的卧室墙上,日常的一个个美好的瞬间就定格在了千丝万缕间;小茹同学的阳台小花圃,爷爷帮其按"花开四季"进行了分类摆放……无论是一眼即见,还是压箱底收藏,孩子们的博物馆在时空有位,更在心底深处悄然地播下了一颗"创"的种子,扎下了一个名叫"家"的根。

2. 用馆:在做与研中自然生长

① 动手与操作:解放大脑的学习

著名教育家陶行知先生说:"要解放孩子的头脑、双手、眼睛、嘴、空间、时间,使他们充分得到自由的生活,从自由的生活中得到真正的教育。"家庭博物馆跳出课堂40分钟的"禁锢",想做什么就做什么,想怎么做就怎么做,在动手动脑中,耕耘属于自己的一方小天地。小茹的"小花圃",是她百般争取后才获得的"自己的小屋"。她说:"在这里洒下花籽后,我几乎每天都要去看看,看看花籽出芽了吗?长了多少?看到它们吐绿了,看到它们抽枝了,看到开出了小

第六章 创意生活课程的顶灯效应

花……我的心里别提多高兴了。我定期给它们浇浇水,还给小花喷一些防虫药,防止它们被虫子啃坏。照顾花草要做很多事,但我不觉得麻烦,还觉得很开心。看到花长得很好,我就觉得自己的努力没有白费;看到花儿蔫了,我会反思自己哪里做得不好。每天看看花草,看到它们长得很好,我就觉得心情也很好,就有满满的成就感,一天都觉得很充实。"

② 观察与比较:跳出书本的真实

书可以让我们体验一百万种人生,但知识的获取不仅限于书本,能力的获得更来自广阔的天地。如果将学习与"只学习书本知识"画上等号,这是非常危险的事。"纸上得来总觉浅,绝知此事要躬行。"从文字到生活,看到的是一个更真实的世界。亲手栽一栽花,亲手种一种树,亲手穿一穿针眼,亲自养一养鸡,亲自喂一喂兔……看来十分容易的事做来就不一定容易了,书上的三言两语到了生活中或许就是"十万个为什么"。所以,在博物馆的创建中,孩子们并不是一帆风顺的,但也正是诸多的一波三折,让孩子们更好地体会了实践的价值。

③ 合作与交流:共情朋辈的对话

在家庭博物馆的构建中,有3位同学的选择方向都与货币有关。不过非常巧的是3位同学基于家庭提供资源不同,各自选择了不同的方向。如上文中提到,有袁大头、有纸币、有硬币。在老师的建议下,他们分头追溯起源、探寻种类、收集故事,互通有无,互为补充。因为共同的爱好,原本交集不多的同学成为好朋友。书友会、种植家、手创三人组、乐高发烧友协会……一个个朋辈组合应运而生。课间课外,茶余饭后,孩子们的日常交往也频繁起来。合作交流中,孩子们收获了知识,也收获了友谊。

④ 分析与探究:沉潜纵深的思维

"以物教人,以史育人,以文化人。"这是新时代博物馆的使命,孩子们的博物馆不需要这么厚重,但如果流于形式,意义就不大。引导向纵深行进,透过物悟情,做中思晓理,建构家庭博物馆的意义就能有所体现。小科的"家庭实验室"里,研制出了水果色素的不同制作。在研究中,她发现儿童画画用的颜料,至今都没有植物元素的,是因为植物提取的色素容易褪色。于是,她暗下决心,今后要做一名化学家,研究出每个宝宝可以使用的、无化学色素的颜料。其实,孩子们的博物馆每一项馆藏都值得去思考:我要收藏和展陈什么?我的与他人的有什么不同?我为什么要做这个?如何做才能做好?……在一个个追问中,根越扎越深,枝越长越茂,开出的花也越发动人。

⑤ 展示与分享:创造个性的表达

"你准备用怎样的方式展出你的展品?你将如何宣传你的展览?你将如何

介绍你的展品？……"别急,"不求第一,但求唯一"的星河娃自有主意:

"我想邀请好朋友去家里参观我的小花圃,一起喝茶赏花,顺便聊聊养花小诀窍。"

"我要给我的手办拍摄视频,向大家介绍我和它们的故事。"

"我想做PPT展示我的乐高世界,还想组织现场拼装,哪位同学愿意接受我的挑战?"

"我从幼儿园大班开始画卡漫,我可以把我的卡漫作品拿到学校,和大家一起分享。"

……

孩子们的想法是多样的,他们用自己的方式热情地与大家分享收获的快乐。

四、家庭博物馆的运营建议

1. 建与用,确保儿童的主体地位

家庭博物馆,是孩子们的创生乐园,在创建的过程中,老师、家长可以指导、可以参与,但切记包办、切记干扰。在孩子需要帮助时提供一些帮助,在看到孩子努力时适时给予肯定和鼓励,充分发挥孩子的主体地位,有利于孩子保持阳光的心态,做事有主见,不畏手畏脚。

2. 玩与学,聚焦学习的科学增值

学与玩,是每个孩子成长过程中不可或缺的部分。创建家庭博物馆,看似玩,但又不是简单的"好玩"。玩中自有名堂,玩中自有学问。这一过程中,老师和家长可做适当引导,让孩子们玩得更有价值。

3. 知与行,敦促生命的多元生长

"行是知之始,知是行之成。"创建家庭博物馆,让孩子们置身自己感兴趣的领域去实践、去探索,不是被迫,没有强制,以"活的书"为教材,在做中学,更有利于他们感受生命,学好本领。

4. 变与恒,定格童年的美好瞬间

在生命的某一阶段,如果曾经用心地去做过某一件事,相信这段记忆将永远珍藏;如果这一段美好成为美好未来的开启,那意义更非凡。家庭博物馆,肯定不会固定不变,而会在孩子的不同时期,有不一样的表现。要鼓励孩子用自己独特的方法,记录下美好瞬间。一方面是留给自己的童年作为记忆,另一方面是给他人以启迪与唤醒。

第四节 创意生活在社区里的蓬勃兴起

终身教育理念的提出,对学校和社区都提出了新的要求。一方面,学习不再限制于学校之内,可以超越学校的围墙,走进社区,走向社会;另一方面,社区也越来越注重环境文化,注重对人的教育感化功能。

有一个很有意思的例子。阿尔巴尼亚原来是欧洲最穷的国家,基础设施被破坏、司法体系不健全、腐败横行,民众对国家没有信心,对生活现状怨声载道……2000 年,一位叫埃迪·拉马的画家,当选了阿尔巴尼亚首都地拉那的市长。他上台所烧的第一把火,是美化城市。他从国际组织那里借了来钱,修建广场、清理违章建筑,给城市外墙涂上明朗欢快的颜色。这一干就是 8 年,奇迹发生了。由首都带动,阿尔巴尼亚的 GDP 增长了 4 倍。埃迪·拉马也从一个市长当选为总理。

这就是城市的创意对所居住其中的人的正面影响力量。

不仅仅是这一个个例,国内越来越多的城市在进行社区建设设计时,更多地会考虑建一个更具有人文艺术气息的高雅场所,一个更利于人思考和发现的自由家园,既可以让所进入的人感受到生活的温度,又可以寻找到更多的可能性,这已经是一种趋势。对于学校来说,创意生活无疑是一片最为直接的、拿来可用的课程资源。

在国外,从 20 世纪 80 年代起,美国各州开始推行"21 世纪社区学习中心计划",该计划目标就是重塑学校象牙塔的形象,将其转变为社区学习中心。这与星河分校多年以来提倡的"社区生活"异曲同工,都是在物型资源上的课程深化与学习转型。创意生活课程从开始实施起,就像常青藤一样,慢慢把学生的生活理念、生活技能、生活习惯、生活创意伸展向社区生活。

一、社区生活,课程实施不可匮缺的土壤

谈到课程的建设,很多学校会考虑可以向师生提供哪些资源,很多老师的目光会放在教室四周及学生的关注点上。然而,在全息学习时代的到来、大教育观的当下,我们必须把目光放得更远,视角放得更宽——社区生活,是课程建设避不开的一个环节。

对于创意生活课程来说,更是如此。它的萌芽始于日常生活,始于孩子们基于社区生活中观察、内省而勃发的成长需求。我们在创意生活开启之时,就

意识到社区生活对于儿童生活力提升的重要性,并为之积极探索。

1. 社区生活,永续生活教育的育人追求

一所学校要走得对、走得稳、走得快,首先必须得清楚自己的职责与使命。星河分校在集团化之初,先思考的问题不是赶紧改扩建,把学校造得更漂亮去吸引学生,而是问自己想干什么?要做什么?在经过大量理论学习和对学校百年历史进行深挖之后,我们定下了"永续生活教育"的理想信念,并逐步构建了完整的课程体系。

① 我们要培养怎样的人——从现在到未来

今天课堂里的学生,决定着祖国的未来,是民族的希望。办学不能够光看着眼前,更要考虑我们要培养怎样的人。所以,集团化后,学校做的第一件事情,就是带着老师一起追寻百年办学史中的文化基因,定下了"生活教育"的主旋律。随后的学习中,我们受"朴门永续"理念的影响,确定走"永续生活教育"之路。

所谓"朴门永续",是指一种通过效法自然的永续发展方式,满足人类的食物、能源、住所等各种物质与非物质的需求,彰显出人与大自然的协调统一。这种设计可以使农业生态系统拥有丰富的物种、较强的自然适应能力,并保持生态稳定。

而这种设计理念给我们的启迪就是:孩子们的生活教育,不是在校的封闭式生活,不是儿童时代的过家家生活,不是在老师带领下才有的生活,而应该是长久持续的、不断发展的。待到他们毕业,把创意生活课程中的习得,带着走向未来,且能够学会变化,永续向前。这才是创意生活课程的目标。

永续生活教育的目标始终如一——人的最终成长是走进社会,创造生活。所以,社区生活应该是创意生活课程的一部分。

② 我们要办一所怎样的学校——从放开到开放

星河分校,办学之初是一所巷子里的乡村小学,历经风雨仍旧屹立在江南城区。城镇化建设推进的过程中,周家巷村变迁,民房变公寓,村委变社区。但老百姓换了居住地,却依然把孩子送回这里上学,是因为他们认为,这是附近社区中的一所值得信任的学校。

但学校的想法是,我校作为社区中的一所学校,要把整个社区变成"我们的学校"。从开放教室的门,让爸爸妈妈走进课堂,带给孩子们不一样的学习;到开放学校的门,有计划、有组织地带领学生走进社区,用童心去发现、去思考、去创造。在这样一个不断递进的开放过程中,孩子们说"我们星河"时,他们指的是"没有围墙的学校"。

③ 我们要做怎样的教育——从智育到质育

在《中共中央国务院关于深化教育教学改革全面提高义务教育质量的意见》

中,科学教育质量观被高度概括为"德育为先、全面发展、面向全体、知行合一"。

在成长过程中,无论周围学校怎样变化,无论课程改革怎样走向,星河分校坚持一个信念——我们不是一所只要分数的学校,不做只教知识的教育,而要做高质量的教育。什么是高质量的教育?在五年多的实践中,我们越来越多地体会到,创意生活课程的深度追求,不只是对知识的理解和掌握,更是对发现的问题的洞察与科学而有艺术的解决。后者,更加依赖于真实的生活情境。所以,更高质的教育,应该无限贴近生活,无限走进社区。

2. 社区生活,创意生活课程的无限想象

如果说,校园内的课程是一座美不胜收的花园,那社区中的生活课程则是浩瀚无边的森林,可以有无限想象。各类社会事业型公共场馆、文化艺术中心、企业、特色建筑以及孩子们日常生活的社区,都给孩子们带来如森林般包罗万象的真实生活场景。

① 社区生活使创意生活课程突破空间生产

班级授课制作为工业革命背景下的产物,最初的形态就是给予一群人一个物理空间,组织一些学习实践活动,产生一定效能。在这种状态下,学习成为一种空间生产。尽管这种空间生产有物质、有精神、有知识、有能力,但生产的深度、广度、丰富度,都与空间的大小有一定联系。

2019年教育界流行的一句话:不把教材当世界,而把世界当教材。社区生活,正是孩子们从学校走向世界的第一步。社区中形神兼备、艺术高雅的创意设施,有效扩展儿童学习视野;社区中一些专有生活场景,极大地弥补了学校学习资源的不足;社区生活中的民俗历史、治理规则,正是给了儿童成为合法公民的最真实生活课堂;社区中的家、校、社融合生活,都是书本上学不来的知识与能力……

② 社区生活使创意生活课程打开时间链接

儿童认识世界的三重境界:看到、知道、做到。创意生活课程同样如此。要实现创意生活课程三重境界的递进,离不开时间这一维度。走进社区生活,可以打破一堂课40分钟的局限,将时间延长到学生够用为止;走进社区生活,还可以置学习于历史长河中,沟通知识的过去、现在和未来。

例如,品格力课程中,某班学生在讨论家风家训,发现很多家庭没有讲得清楚的、成文成句的家风家训。其可能只是隐藏在祖辈、父辈的做事风格中,隐藏在一代代家人的奋斗品格中。孩子们必须前期在家里了解自己家庭的家风延续的故事,才可以有课堂上的分享交流。学生还可以回归到社区去了解整个家乡历史上名人的家风,追寻自己家庭与地区、镇、村民风之间的内在联系,可以概括与总结出家风,弥补父辈从未正式思考过这一问题的遗憾。这种回归与走进,打开了时间的链接,为认知打通来路,使学习成为源头活水,呈现出勃勃活力。

走进社区的创意生活课程,因纵向跨越时间的纬度而可以给学生对关键知识点追根溯源的自由,更可以获取超越课本知识的生活内容,生长成超越知识本身的人文思想、思维方式和解决问题的能力。这就是我们教育所追求的核心素养与关键能力。

③ 社区生活使创意生活课程实现融合

传统的学习来自问答式,教师通常会认为自己"讲清楚了",就问学生"听懂了吗"。事实上,学习不是简单的双向互动,而是人与人之间、人与环境之间、人与事物之间所产生的多元互动。这些互动有的看得见,有外在形式;有的看不见,是内在神往。学生走进社区生活,会与更多的人产生人际交往,会看到更多的物我相融。社区生活中的创意生活课程学习,使学生和与生活真正融为一体。人是社区中的人,物是促进人的物。在一个个精选细选、精心设计的社区生活场景中,儿童与学习伙伴(师、生、家长、专业人员等)合作、探索、分享,使得蕴含在社区生活的教育价值、课程元素、学科思维、学习场景均最大限度地发挥作用。学习就变成一件自然而然的事情。

3. 社区生活,儿童学习的最好发生

非洲部落有一句谚语:"培养孩子需要一个村庄。"因为孩子们可以在村庄里自由玩耍,和他人交友、合作,进而自然成长……演化到城市,就是社区。儿童走进社区,有更宽的天地,也有更多可能的课程,给儿童带来全景式学习,跨学科、多样态。与学校学习相比,社区生活中的儿童学习有着更自由的空间、形式,也有着更大的自主权。在自由状态下的探究可以更深入,创造可以更大胆,这种状态下的学习才会有最好的。

① 社区生活课程,为儿童创意学习提供最自然的存在

社区是孩子们除学校外比较熟悉的地方,与学校相比,孩子们对在社区各处的探索、研究更感兴趣。小区里的建筑有着怎样各自独特的味道?运动器械为什么总在小区中央?淹城的古建筑与其他江南建筑有什么地方不同?武进为什么又称阳湖?小区绿化覆盖率真的达标吗?一系列的问题就在孩子们的身边,偶尔停下脚步,就可以形成一个值得探究的课题。于是,学习就这么自然而然地发生了。

当几个小伙伴到家在淹城景区开商店的同学家做客时,他们相约景区东门

见面。小伙伴们边游览边畅聊,玩着玩着发现,淹城景区存在着一些问题。于是,一个自由组合的研究性学习小组就诞生了。他们采访不同人员,拍照记录,收集整理,发现淹城东门存在以下问题:一是个别角落环境较脏,影响了景区形象;二是公共设施配备不够齐全,比如没有洗手间,影响了游客体验;三是宣传不到位,游客人数还匹配不上5A景区称号;四是商户经营内容多而杂,淹城特色不够强烈;五是摊贩非法占道现象还有存在。

在列出问题清单之后,孩子们按五个方面问题分工认领任务,在班级内发起招募,邀请同学们发起了一场"淹城东门形象改变行动"研究活动。通过各种创意活动,设计出了改变计划,并取得附近社区居民的支持,向淹城景区管理委员会递交了该方案。

时任淹城社区书记曹先生看了方案对孩子们大加称赞:"关注社区、分析现状、创意设计生活,这才是新时代好少年应有的样子。"参与观摩的社区居民王阿姨则表示,"这个活动让我感受到星河分校的同学进入了'开放的课堂,接受着生动的教育',在采访过程中,在你们为我们淹城业主发倡议的时候,在你们为淹城设计标志和吉祥物的时候,我感到我们居民是幸福的,因为有这么多优秀的孩子已经为我们考虑了那么多。真的感谢。"

就是这样,孩子们在最熟悉的场景中,一次偶然的思维碰撞,就自然而然地产生了关于生活创意的真实研究。

② 社区创意生活课程,为儿童学习提供最自由的心智

在2019年12月中国教育创新年会上,一个学生在演讲台上向观众席上的参会教师说:"你们给我们太多,我们没有饥饿感。"这个男孩一针见血地指出了目前教育的一个通病——孩子没有自由,尤其是没有心智的自由。他们在家里被父母管着,在学校被老师约束着。而在学校与家之间的社区中,他们可以自由自在地观察、自由自在地去发表自己的看法,用自己的价值观和独立人格去想象、创造。所以在社区生活课程的学习当中,孩子是自主、自律、自觉、自立的,他会基于自身的理智,按照自己的内心意愿,去积极主动地组织学习、参与学习。

慢慢地,心智自由的孩子会越来越乐学。他们把学习当成一件非常有趣的事情,自己爱学、想学。通过学习可以获得无限喜悦,哪怕有暂时的困难也可以很快克服,而不是"我爱学习,学习使我妈快乐,我妈快乐,全家快乐!"

③ 社区创意生活课程,为儿童学习提供最自主的方式

儿童的学习方式是多种多样的,可以观察,可以操作,可以倾听,可以搜索,可以模仿,可以合作,可以独立研究……在日常课的教学中,往往孩子们会听命

令行事,老师说观察,孩子们就左看右看、上看下看;老师说小组合作,孩子们就立刻行动;老师说停,学生立刻坐正,哪怕没有完成探究。而当沉浸到社区生活中,儿童会全神贯注地投入研究中,持续、全面、自然地与某个真实问题相关的真实情境产生互动,至于用哪一种学习方法,则是"我的学习我做主",方式、时间、程度完全可以由学生自定。

④ 社区创意生活课程,为儿童学习提供最自信的表达

社区生活课程的宽容与自由还表现在评价上。日常课堂中最多的问题是"会不会",日常教学最多的评价是"对不对",所以学生常常会"害怕不对"而不敢表达。社区生活课程则以包容的心,欢迎每个走进它的人,鼓励他们去认识社会、研究社会,进而创新改造社会。正是因为这种包容,才解开了对儿童表达研究结果的束缚,允许他们天马行空,允许他们特立独行。

社会全面推行垃圾分类时,星河分校也为此展开了系列活动。而社区生活的不同场景,给孩子们带来的创意启迪是不一样的。家住周家巷社区的刘同学,在小区里出现分类垃圾箱时,发现爷爷奶奶们、叔叔阿姨们经常弄错垃圾分类。于是,在机器人社团学习的他,在教练邵老师的指导下,利用自己最擅长的编程,设计了一套垃圾分类自动处理器。作品在展会上一亮相,就吸引了大家的目光。

而另一组二年级的孩子也在社区里研究垃圾分类,他们选择了思维导图和漫画的形式,对垃圾分类的作用和要求进行理解性表达。随后,这些创意作品被张贴到了小区布告栏、电梯间等处。

无论哪一种表达方式,只要能够清楚地表达出研究成果,确实可以起到美化社区、优化社区、强化社区等作用,均会被重视。而创造出这些作品的儿童,也会因为不断得到肯定而越来越自信。

二、具身体验,生活课程不可替代的过程

人的学习,是基于物质而又高于物质的再创造。创意生活课程不是仅依托课本就可以实现的,它必须依赖一定的场景层。这个场景层,如果仅存在于教室内,是教师刻意搭建的,那创意生活课程的实践,就只是演练,而不是实战,课程的教育价值也不能够得到更好的体现。而在社区生活中,儿童有足够的自由与兴趣,投身到各种喜闻乐见的生活场景中,大胆实践、充分体验,实现了身心合一,学习就在这种最好的状态下完成,这是创意生活课程最需要的状态。

1. 躬身入局，为具身体验的产生提供可能

"旁观无解，躬身入局方可解决问题。"现代媒体的快速发展，一方面使人们获取信息的渠道变得更多；另一方面，"宅文化"也剥夺了儿童走出室内、广泛深入社区的机会。

学习转型就意味着学校必须打开校门，让学生走出去，才能遇更多、见更多、想更多、做更多。学校要充分利用社区资源，开发各种社区生活课程，组织学生走进不同社区的不同场景，给学生提供了躬身入局的机会，让他们有接触自然的时间，有发现问题、研究问题的机会，有寻找答案、尝试解决问题的平台。我们可以发现，平常校内一堂课的 40 分钟可能给到每个学生的时间并不均衡；10 分钟的小组合作或者实践探究，也不一定有机会让每个人都动手。但是在社区生活中，这一切皆有可能发生改变。

在星河分校已有项目化学习的经验中，我们很轻易就发现了这样的孩子：

> 一个平时课堂上不怎么投入的女生，到了淹城博物馆里却对春秋时期古人的服装紧紧盯着，紧锁眉头。手机里保存着她活动前上网搜索来的春秋时期其他古墓中出土的服饰照片。只有遇见相应的物型载体，才能够点燃她对中国古代服装的研究共鸣。
>
> 一个特别喜欢闹腾的男生，在走进绿建局的一刹那，便收起了嬉笑的表情，并很严肃地提醒同学："这是叔叔阿姨做设计的地方，我们要安静参观，不能够打扰他们。"只有进入研究所的学术场景，他才会瞬时产生与环境相匹配的敬畏心理。
>
> 一个拒绝父母生二孩的二年级孩子，在合宿课程之后，偷偷问妈妈："你们说给我生个妹妹的话还算数吗？"因为她在合宿课程中，真正体验到了有兄弟姐妹的孩子不孤单。

当我们在跟踪这些参与社区生活课程的孩子时，会发现，他们更加投入那些真实情境下发现的真实问题，进行没有标准答案，却真实存在、有真实收获的学习。

2. 物我神往，为具身体验的生长提供助力

儿童的具身体验是一个复杂的过程，不同的儿童会有不一样的体验程度，不同的角度又会有不同的体验向度；儿童的具身体验又是一个生长的过程，并不是一进入相应的环境就会有足够的体验去直达学习的终点，需要逐步完善。具体体验的形成，是一个立体的、综合的生长过程。这个过程，是儿童学习在与社区生活中与卷入其中的各种元素相互作用时同步完成的。

社区生活，是一种长期存在而又经常变化的课程元素，提供了更为宽阔的课程环境，使浸润其中的儿童发生物我神往。只有在物我神往中，社区物型才可以助力具身体验的生长，助推学习的提升。而这种互动交流，往往是体现在"玩"中。

有人说，一个没有经历过投入玩耍的儿童，没有被真实问题困扰且为之不断揣摩、研究的儿童，没有体验到在不同情境中体验不同事物的儿童，是不可能成为一个真正的学习者的。作为教育高质量典范的芬兰，在2014年就出台了"基础教育国家核心课程大纲"，强调："互动，包括与教师、与同伴、与其他成人或者群体、与学习环境等的互动，才让学习得以发生并不断深入推进"。

我们可以看到，社区生活中，孩子们经历着各种不同的挑战，出现了各种超越自我的学习样态。

对圆柱表面积计算很不耐烦的学生，却在为小区庆祝元旦布置会场做预算时，给出了求圆柱形柱侧面积所需条件，并精确计算。

六年级的刘同学来常州已经第五年，他们一家一直认为常州菜偏甜偏淡，在与同学走访了淹城美食街之后发现，每个餐馆都有辣味菜，重口味的川菜占据了一半不到的比例。她在研究报告中写道："城市的开放改变了常州人的味蕾，也在欢迎着我们这些新常州人。"

正是在与环境的深度融合、与生活的深度对话中，儿童的具身体验才不断向纵深发展，日趋完善。这些具身体验，都是课堂学习或者书本学习不可能带给学生的。

3. 创造新生，为具身体验的价值提供机会

创意生活课程的最终目的是运用，有"用"的学习才是真的"有用"。我们对创意生活课程的学习评价，大部分侧重点是放在成果上的。这些成果，有的可以是对过程中体验的感受、反思以及个性化的创想，也可以是做出一些方案、样例、作品等东西。这些成果，既可以是小组合作共同完成的，也可以是个人独立思考之后的个性创作。但无论是哪种成果，都比课堂学习更具有创造性，更能够彰显儿童具身体验的价值。

例如，三年级的李同学看到小区门口的快递点总是堆满快件，乱七八糟，总有不少人在门外寻找自己的快递，偶尔还有吵架的，影响了行人走路。于是，在学园课程"社区生活连连看"的讨论中，他选择用"快递大作战"来形容快递点的囧状，想了解一下其他同学家附近的快递点，是否也存

在这样的问题。这一话题得到了同学们的响应。随即,一个班级的共同研究主题产生了——社区快递点的升级化研究。

孩子们发现快递点上各个快递公司的物品都有,建议按不同快递公司建立存放点,结果遭到居民反对,因为造成取件不便;他们发放调查单,了解到居民最喜欢的快递是顺丰,但期待其价格可以便宜一点;他们去向物业建议多开两个快递点,却因房租较高、快递点分开来赚钱少而无人愿意承担。经过种种挫折,孩子们了解到快递柜又省地方,又省人力,是个不错的选择。于是,他们分头行动,到各自小区勘察地形,观察人流量,自制平面图,设计了快递柜的摆放位置,并从网上查到了快递柜的定购方式、合作方式,制订了一份小区快递改进计划,向物业递交。

在这个过程中,孩子们全部是沉浸式体验。他们体验着一次次提出方案的失败,却不灰心,最终找到最佳方案,又品尝了一次成功的兴奋与甜蜜。家长看着孩子们不亦乐乎,笑着说:"有时候,我们大人要向小孩子学习。在繁忙的生活中,我们似乎遇见这些小问题,都只顾着吐槽,却没有想着去解决。而孩子们,却把它当成一件大事来对待,且真的给出了有效解决方案。"

三、创意生活,未来社区不可辜负的期待

北京十一学校总校长李希贵说:"作为教育者的我们,需要把社会上的那些真实挑战,孩子们将来会遇到的那些问题,打包浓缩变成课程,让他们在学校里提前体验,激发出潜力。"是的,我们的创意生活课程,面对的不仅是现在的世界,更要为未来社会、未来生活负责。在教育随世界变化而变化的时候,无论是学校、教师还是学生,都要进行进化升级。我们不能再靠一本教材、一支粉笔指点天下,而要让课程对接真实世界,要迎接面向未来社会的挑战。

诚然,我们的世界日新月异,但是人们对幸福美好生活的追求是永远不会变的。创意生活课程中所蕴含的"学会改变"的生活精神,即使是在未来社区,也有着重要意义。如果把主课学习比作是饱腹的一日三餐,必不可少;选修生活课程是自助餐,可选择性强;那么社区创意生活的学习更具挑战性,是自己寻找原材料、自己制作的私家餐。而学校、教师作为课程实施的设计者与指导者,该重点从哪些方面去做社区创意生活课程呢?

1. 家庭创意类

鼓励孩子们利用自己在学校创意生活校本课程上所学,参与家庭生活建设,改变自己的生活环境,使其向着高雅、整洁、便捷、科技发展。比如,教室门口的番茄实验田和豆角实验田,让二年级的小朋友产生了浓厚的兴趣,于是,家

中的阳台上多了一米蔬菜园,长出了绿油油的蔬菜;比如二(2)班的兔子乐园,吸引了整幢教学楼的孩子,然后一座家庭兔子博物馆就产生了。

2. 社区改进类

创意生活课程主张孩子们以创意的眼光来发现社区中的问题,提出有创意的方案,参与社区的管理。这些孩子会从儿童视角去观察与思考,从而产生成人视角不一定看得到、成人思维不一定想得到的解决策略,从而使社区的改进更柔和、更具生命力与活力。

比如,小区道路狭窄,小艾与邻居姐姐一起统计步行进入楼道的人数,并分成"单人、双人、多人;散步、拿快递、运货"等不同类型,从而得出以下结论:

小区大部分人是通过地下车库进入楼道;

行走楼宇间路的活动有:散步、去中央花园玩、拿快递。

行走楼宇间路的人数有:两个人一起的最多,其次是一个人走。

认为楼宇间道路要修建的原因:太窄、雨天积水、滑、绿化景色不佳

商量楼宇间道路修建方案时,她们提出如下建议:

将松动的道板砖换成彩色塑胶跑道颗粒,一方面防滑,另一方面对散步、晨跑都有益处;

将小路两边的竹子修剪,绿化物改成矮的植物,跑步时视线不受影响;

路面往两边共拓宽50厘米,便于跑步时交叉;

空地处设计跳格子、交叉跳等健康游戏图案;

设计地面步数标志,激励人们运动。

每天在学校里进行着的健康生活课程,给了孩子们很多启发,他们对社区改建的建议,不仅仅是停留在解决问题上,更提出了用好的处理方法去实现更科学、更有益的社区生活。相比之下,成人设计的方案,大多停留在"豪华、实用、花钱少"上面。社区管理处的主任感叹:"小孩真不小,他们的想法出其不意,而又出奇制胜。"

3. 行走研究类

行走本身是一种生活方式。社区的生活不仅仅围于房子四周,还在于房子外围的环境、文化、历史、风俗、人情等等。现代化进程让孩子们越来越宅,但创意生活课程提倡儿童放下电子产品,走出户外,去看一看,闻一闻,尝一尝,试一试,去观察、比较、发现、思考,在行走的过程中,去发现课堂中所没有的东西,去发展更适合自己的学习,去更好地改变生活。

第六章 创意生活课程的顶灯效应

现代社区建设,多半会有自己的特色与亮点。不同的社区在地域与工农业生产内容的不同下,可以产生的创意点也不同。我们组织孩子们去各个不同的社区开展行走课程,去观摩社区建设的新路径,从儿童视角去发现生活的美好。

秋高气爽,花木飘香。9月18日,常州市武进区星河实验小学分校的同学们在老师的带领下走进嘉泽镇跃进社区,开展小康路走访活动。

老支书张建荣爷爷带领同学们参观了跃进振兴馆、花海E站、江南花都产业园。在张书记绘声绘色故事般的介绍下,队员们了解到跃进社区曾是嘉泽镇最穷的村。为实现脱贫,跃进社区开始发展苗木产业,先后成立苗木合作社、劳务合作社,直至今天的信息化产业发展,以"花都人家 创智田园"为主题全面打造"美丽乡村"。经过20多年的努力,村民们终于过上了小康生活,生活富裕了,还住进了白墙黛瓦的"花都馨苑"别墅民居。村民说:"现在日子越过越美,感觉幸福像花儿一样。"

正如老支书所言,乡村振兴离不开党和政府好的政策。"一个篱笆三个桩,一个好汉三个帮""众人一条心,黄土变成金"。2016年,跃进村花木电商富民合作联社成立;2017年,跃进村又成立前项花木合作分社;2019年,跃进创客中心"花海E站"建成,开启网络销售新篇章。

"万企联万村,共走振兴路。"越来越多的有志青年积极投身乡村振兴中来。"世华花卉科技""匠心花卉""懒人园艺"……走出江南花都产业园,同学们表示:作为党和国家未来的接班人,应该好好学习,天天向上,为成长为优秀的社会主义接班人而努力。

4. 场馆研学类

现代社区越来越注重百姓生活质量的提升,社区场馆建设也被提到了更高的地位。很多社区均建有党建室、群众活动室、文体馆、小型图书馆、特色博物馆、社区科技馆等。而我校地处武进中心城区,南临常州大学城、经济开发区,前有淹城博物馆、风景区、文化馆与凤凰谷艺术中心,这些场馆均有浓厚的文化气息,是丰富的教育资源。这些资源的教育影响是书本所不能够给予的。身处这么有利的环境中,自当主动出击,寻求合作,把社会资源合理变为学生课程体验资源。这些场馆为孩子们提供了大量非正式学习的机会。场馆里,孩子们与场馆场景、物品发生主动联系,产生现场的新的学习经验,使自己的知识结构产生变化,触发新的创意与想象。

为增强社区青少年的科学知识和安全意识,提高自救互救技能和应急处理能力,6月16日下午,武进区星河实验小学分校组织学生参观了湖塘镇大巷社区科技馆,开展了一次别开生面的体验教育活动。

首先,同学们参观了位于湖塘镇长安大巷社区科技馆内的"阿亮警官"护雏工作室。民警朱天亮以图板、幻灯片和小游戏的形式给青少年上了一堂生动、形象的安全小常识讲座,交通法规、校园安全、自我防护小妙招等精彩内容应有尽有。学生们就"阿亮"警官的提问勇于举手发言,各抒己见,大大满足了求知欲和成就感。活动第二站,在"阿亮"警官的带领下,学生们参观了居民防范超市、智慧之光、3D影院等场地。最后在大巷社区工作者的指导下,学生们、青少年进行着各种游戏,内容丰富而有创意,在领略科技的力量同时也体验了游戏的快乐,提高了孩子教育新的认识。

通过参观科技馆,同学们以互动体验的形式身临其境地了解了科学的重要意义,了解了未来社区生活中的科学、安全防范知识以及有效应对方法。活动后,全体同学还制作了"家庭生活安全防护手册",争取为全家的安全防护发挥作用。

此外,学校教师也改变了"闭门教学"的传统做法。社区课程领衔人周仙老师,先后带着年轻教师志愿者与学生走进社区,与社区服务站对接,定下每月一次的"社区服务日",组织学生进社区体验。"我是社区小卫士"的垃圾捡拾体验,让学生感受到清洁工的不容易,从此懂得尊重他人劳动成果,养成不乱扔乱丢的习惯;"我是护花使者"的小区花木认养活动,不仅增长了孩子的植物养护知识,更增加了他们的环境意识;"老少同乐"的敬老院体验活动,更让他们感受到最大的成功是我可以给别人带来快乐。

5. 职业体验类

在庞大的社区资源中,由于社区成员工作的不同,每个家长的生活背景、能量圈也不一样。学校教师力不能及的地方,可能社区其他成员就做得到。我们广泛征集不同的职业资源,深入了解有体验资源的社区同伴,做好职业体验的资源库建设。利用每月一次的学园课程,分年龄段、分兴趣爱好报名参与。比如,未成年人保护法现场交流、部队生活体验、参观消防中队、"湖畔画风"国画特展、五星级假日酒店厨师体验、110指挥中心指挥官体验、韩国民俗文化体验、清廉文化基地讲解员体验、常州非物质文化遗产博物馆体验、文化馆博物馆志愿者体验……

四、社区学习活动中教师角色定位与把握

社区生活中的创意生活课程学习是非正式学习,强调学生是学习的主人。学什么,怎么学,想达到怎样的目标,都由学生商量决定。那么,教师又有怎样的角色定位呢?是否还保留"学生是主体,教师是主导"的观点呢?答案是否定的。它不同于教室内、学校内的课堂教学,而是一种形式多样、灵活多变的学习,甚至是很难评价的学习。老师们会不适应、会害怕、会逃避,如果不能够清楚自己的角色,不能够很好地把握定位,那么"社区的创意生活学习"会事倍功半,师生得不偿失。

① 学习活动的设计者

习惯于端坐教室的学生,一下子被放开到社区生活中,如果被要求完全独立学习,肯定是不实际的。而且,社会资源如果没有课程化,就只能够是低阶水平的资源。儿童还不具备从课程视角去研究这些社区设备、物型建设,就只能对他们做最普通的识记。这就要求教师结合儿童的年龄特征及实际需求,去发现儿童与社区物型资源之间的融合点,带领孩子们设计研究主题,给出大方向要求。各小组研究方案的设计,则由学生合作完成。

② 学习过程的支持者

儿童的社交范围比较小,在进入社区寻找学习资源时,需要教师帮助联络、对接等;家长可能会因为自己儿时读书的影响,不理解非正式学习,教师得传播理念;儿童在研究性学习、项目化学习中遇见挫折,想要退缩时,教师得为其鼓劲加油,让学生保持充足的学习动力……

③ 学习方法的指导者

非正式学习要求教师放弃一定的权威,但"退位"不等于"退休",只是要求将"一讲到底"改为"在旁指导"。具体内容包括数据收集如何进行,如何制订学

习计划、研究方案,包括怎样制作研究成果等等,也包括在学生有困难时提供适合的帮助,做到"在位",但不"越位"。

创意生活课程走出校园的案例:

如何让一座城市变成一所学校
——以"读城计"为例

朱永新教授说:"未来学校将消失,取而代之的将是未来学习中心。"从目前学校到未来学习中心之前,我们所必须做的,就是改变我们的教学现状,一点点放开,一点点生活化,一点点社会化,逐步走向"学习在窗外,他人是老师,世界是教材",让我们的学习生活,打破地域的界限、角色的界限、内容的界限。

当学校打开门,面对学生的将是五彩斑斓的现实生活,是他们日夜生活着的而又陌生的城市。这是最现成的学习资源,却往往最容易被忽视。过去,无论是老师还是家长,都会认为:"走进学校,好好读书;走出校门,尽情玩耍。"现在,我们认识到"城市生活,是未来学习不可忽视的内容"。那怎样把一座城市变成一所学校呢?我们以"读城计"为例,来架构一下相应的创意生活课程设想。

(一)读城计,读什么

1. 以时间为经,将城读厚

任何一座城市,都有过去、现在和未来。孩子们可能比较容易看到的是眼前、是近期,那么他对这城市的感知是单薄的。我们可以引导孩子去钻研城市过去的历史、文化、风俗,看现在的特色、发展、新闻,激励出对家长未来的想象与设计,从而感受到所在城市的特殊味道。城市的不同时期都有故事,每一块砖、每一座桥才会有更鲜活的生命,有可滋养的精神养分,有可生长的文化滋润。

2. 以内容为纬,将城读宽

城虽小,却总有走不到的地方。采用多种读城方式,可以弥补足迹到不了的地方。读书,通过他人眼里的城市描写,完善城市认识;读物,研究常州特产,感受其存在价值和意义,如特产梳篦、留青竹刻、刻纸、芝麻糖、萝卜干、年糕等美食;读景,观赏城市中与众不同的风景与建筑,感受这座城市与其他城市的不同;读人,通过寻访常州有特别爱好、特长的名人、伟人等,进一步感受流淌在这座城市血液当中的文化脉搏和精神力量。

（二）读城计，怎么读

以城为校，所进行的学习是自由的、灵活的，更是不可限量的。正因为如此，学习的效果可能出现更大的分化。如何更好地读好城市这本书？我们可以进行以下三方面实践。

1. 学习模型的确立

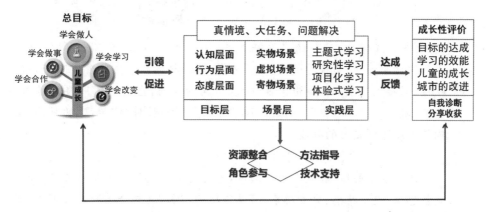

"读城计"混合学习模式

2. 学习方式的选择

学习类型	研究案例
与学科相融的主题式学习	常州词派（语文，高） 运河上的桥（科学、劳技，中、高） 运河两岸（美术，全） 常州地图（数学，确定位置） ……
问题为导向的研究性学习	南大街怎么了？（高年级） 家乡的河、家乡的水（中年级） 谁来为旧小区环境的改建买单？（高年级） 如何做到宠物与人在城市中的和谐共处？（低年级） ……
以项目为主的项目化学习	我为常州古巷打Call（中高年级） 湖塘一街，十年春秋（中年级） 我当常州美食博主（中高年级） 我为淹城代言（低年级）
以整体推进的体验式学习	FSC：设立课程体验基础，开出菜单，供不同年级的学生按需体验。 研学：以兴趣爱好组团，由外聘人员打包设计课程与评价，组织时间大部分是在周末或者假期中

3. 学习流程的再造

"读城计"混合学习"八大流程"

（三）读城计，怎么读得更好

同样的场景，同样的研究主题、方式，不一样的研究主体会有不一样的收获；同样的项目，同样的学习方式，不同的参与，也会有不一样的效果。在把"城市"当作"学校"，"场景"当成"课程"，"浸润"作为"学习"的时候，就期待可以达到更好的效能。

1. 学生视角：儿童眼中的小城

儿童眼中的城，和大人眼中的城，不是完全相同的。儿童的观察，带有更多感性、更多情感、更多想象，随着年龄的增长，这些会逐渐走向理性、规范、厚重、立体。

但是，无论是哪个年级、哪种形式的学习，都需要立足儿童视角、儿童需求。尊重儿童的选择。鼓励他们从兴趣入手，收集、概括出想研究的内容，指导他们用科学的方法去研究城市的某些方面，从而感受到研究的价值、研究的意义，体验到研究的快乐与成功。小城中的真善美，是他们学习、效仿的内容；小城中一些"不合理、不到位、不完善"，也是童眼看世界后的理解、重建、创新的尝试。

角落皆资源，万物皆教育。

2. 合作共建：跨越时空的大校

大教育观告诉我们，新时代的教育，不再是学校关起门来的事情，也不再单单是老师的事情。社会分工越细，专业人才越专。学生的求知欲，往往超出教师的供给量。这时，学校就必须"走出去"，以大视野去寻找可利用的教育资源，寻找可合作的部门单位。

今后我们可以继续发掘资源，绘制一张更辽阔的创意生活课程基地地图，邀请更多专业而有志于社会教育事业的人士进行学习指导。

另外，可以跟市区图书馆、博物馆、少年活动中心、红色教育基地等合作，建立"体验一卡通"，建立全市学生体验打卡系统，要求小学六年，必须完成某些内容的学习,作为城市学习的必修内容与选修积分。

3. 素养为本:躬身入局的学习

新时代的学习,不仅是内容的学习,更是方法的学习。中国共产党建党100周年以来,我们意识到精神的学习必不可少。

在整个学习活动的过程中,学生完全自主不易把控重点与核心,所以,教师在读城计中的角色把握要注意"度",做到"退后"但不"退场","让位"但不"缺位"。从选题的价值定位,到计划的效度方向,到组织的合理分工,到学习的方法指导,到过程的及时微调,都离不开教师的科学指导。但同时,教师也要更放心、放手、放权,真正让学生获得"活性素养"而不是惰性知识。

第七章
创意生活课程的实施保障

课程的实施,是一个系统的工程,涉及卷入其中的人、物、情、景。如果把创意生活课程想象成一个飞轮的话,那其本身结构的合理性可以保证转动稳定,外在因素的和谐性可以保证转动的动力,一些必需的保障措施调整转动方向的正确性。事实上,课程的发展过程,也是学校各项制度、各方工作协同前进的过程。星河分校坚持创意生活课程建设,带动了课堂教学、学习方式、场景建设、技术革新等一系列的变革。而这些变革,反过来又促进课程进一步提质,成为促进课程实施的有力保障。

第一节 场景升级里的能量聚力

有人说,最好的学校,是儿童在场;最好的学习,是思维在场。学习场景不是生而有之,也不是一成不变的。社会转型伴随着学校变革,学校在进化的过程中,越来越趋向于"场"的建设。在创意生活课程改革启动之初,我校就认识到,要实现"培养当年少年,创造幸福生活"的目标,要让孩子们通过六年的时间学会去创造美好的生活,那么,我们首先就得先给孩子创造一个更好的生活场景。因为,陶行知先生说过"美的生活才会有美的教育,善的生活就会有善的教育……"。

我校在进行课程顶层设计的同时,进行学校场景的重建设计,以创意生活为核心,坚持儿童立场,注重人与时间、人与空间、人与技术的连接关系,聚焦学习升级,将场景融入空间,致力于打造一个以儿童为中心的自由学习林。

五年过去,这片自由的学习林,远景可看生态,近景可看生长。

一、远景看生态,从效果图到实景图

一所学校,走近他,就可以看到焕发着的精神与气质,就可以想象出生活在其中的老师与学生是怎样的。我校在提出了"创意生活"的教育理念之后,以"效果图"吸引来了孩子们眼中的光,获得了家长的点头赞同。大家都期待好生活、好教育、好学校。五年过去,学校用实践向百姓描绘了"创意生活学校"的画像,向社会递交了创意生活教育的实景图,呈现出"当家少年、美好生活"的蓬勃生态。这其中,星河分校校园中的学习场景,更吸引了学生、家长以及一些参观团队。

1. 学习场景设计

随着教育理念的变革和运用,教育空间设计不再只是单纯的建筑设计问题,而成为一个融合教育学、设计思维、智能技术等的综合命题,也不再是建筑公司拿着设计图给学校审核,通过审核就付诸建设,而是,学校必须给出方案我们要建怎样的学校,我们需要怎样的场景,并参与设计。星河分校在启动扩建前期,就同时进行了"文化设计、课程设计、建筑设计"三者合一的顶层规划,这其实是最早期的学习场景预设。带着设计思维去搭建场景,融"人、景、学"于一体,是办学者真正的"赢在起跑线上"。那么学习场景的设计中,我们注意到了哪些呢?

(1) 确保三大功能

① 完善基础功能

蒲公英智库对常规的基础教育学校的基础功能进行了梳理,大大小小有100多个不同功能需求的场景。这些场景可满足于学生、教师基本的学习、生活、工作需求。这个功能,是场景设计的最基础要求。于是,我们通过与教师、学生的访谈,去确定学校建设的大方向,那就是把整个学校变成一个大的创意生活课程基地,使其满足孩子们课程学习的需求。

② 解决审美问题

同样的功能配置,放到不一样的学校,给予不一样的结构、色彩、标识元素等,就会出现完全不一样的效果。阿尔巴尼亚首都,一名画家当市长,用一桶彩色油漆改变了一个国家;富文乡中心小学,教学楼的改装,不仅留住了山村里的儿童,还吸引了城市里孩子。这个功能,是场景设计的第二个要求,也是目前大部分学校已经意识到,纷纷在进行的一步。我校在建设之初,就设计稿进行了四次论证,从建筑群的布置到颜色的配置,都符合儿童的想象力与好奇心。

③ 融合学习生活

英国教育学家怀特海曾说:"教育只有一门学科,那就是完整地表现生活。"场景建设如果不为学习服务,不融合生活,那么就失去了它存在的价值与必要。在朱永新先生的《未来学校》一书中,未来,学校将边界越来越趋向模糊,越来越走向"学习中心",而融合正在让场景与课程、与活动、与文化、与学习互为一体。有限的空间如何产生无限的想象、发生无限的创造,这就是现在学校面临的重要课题,也是努力方向。如果说,建筑体更多地体现了设计师的专业智慧,那么,学习生活的设计,则必须是学校教师的专业想象。在学校未进行扩建之前,我们就多次组织不同学科的教师进行不同层次的"诸葛亮会议",去大胆畅想星河这座创意生活课程基地里,可以有些什么场景,有助于学生创意学习。

(2)涵盖四大范畴

① 外围场景

外围场景主要指学校的建筑、绿化、景观,校园里面的路、围墙、运动场等等。比如我们学校的整个教学楼,俯瞰就是一个 UFO 的形状,每一座教学楼都有一个孩子们参与起的名字,好奇工场的四大空间、楼梯间里的阅读吧、教学楼后面的半间花房等,都是孩子们非常喜欢待的地方。这些设计,都烙上浓浓的创意印象,都激发着孩子情不自禁地动手动脑,尝试去创造。

② 专设场景

主要是指学校专有的特色场馆。我们考虑到了创意生活课程与其他生活课程的区别是"创意"二字,重点想培养的是孩子创新生活能力,利用集团资源筹得百万元,将老教学楼四楼一层,打通建成"好奇工场"。它承担着很明确的任务,那就是给孩子们提供研究体验与创造的机会。目前,我们有三间机器

人教室,对学生半开放,只需要通过学习获得"准入卡",孩子们就可以进入,从编制程序、搭建模块玩起。而未来,我们还将会利用二楼建成生活馆,用于孩子们体验"老常州的生活智慧",利用三楼建劳动工坊,用于孩子们动手,去体验家里没有的劳动工具,创造自己想要的东西。

③ 教室场景

教室是孩子们每天待得最多的地方,是师生共同生活者的场所。我们可以看到,不同的老师所搭建的教室,场景也不尽一样。从一个班级的场景,可以了解到这个班级的特色、孩子们的精神图腾,甚至是班主任老师的学科背景等。我们将不大的教室,再做一些细分,里面有着功能区划分,教师办公区、学生生活区和正式学习区域。自主探究区域相对独立,每个教室都提供学生作品展示与交流的地方。

④ 虚拟场景

信息时代,网络是给我们这代人的最好礼物,网络场景、虚拟场景将成为学

校场景建设不可或缺的版块。通过技术与设备，连接儿童与远距离地方、未知世界的勾连。我们用青果在线、一起学习等平台，为孩子们搭建学习社区，实现超现实学习。

（3）关注四个维度

① 场景与人

物型场景虽然存在着很多意义与文化，但是，其价值的实现，依赖于人的意识和动作，它的存在本质是人的在场。如果没有人的参与，任何场景设计都只能是一种摆设，这个场景元素都只能算是一种物品。老师们在进行场景设计的时候应充分考虑到，它可以与儿童进行哪些互动？会产生哪些影响？可以为儿童学习提供哪些服务？带来儿童哪些体验？

② 场景与空间

空间有限，但有限的空间却有不同的创造发挥。在有限的空间当中，我们既要考虑到场景的使用维度、感知维度，又要考虑到立体维度。比如说插座原来放在地上，容易给学生带来安全隐患，于是就出现了悬挂式的电源线；如我们学校正在新建的党建馆，用一个较大的空间，将党、团、队三室合到一起，既体现党对团和少先队的引领作用，又因里面灵活的家具摆放，承担起了沙龙、小型研讨、行政例会、家长咖啡厅、接待参观团等多项使命，发挥了场景叠加之后的翻倍效能。

③ 场景与技术

技术是场景建设的支撑，也是重要组成部分。常用媒体技术让沟通更加便捷，Steam 教室里的 AR 技术，增强了现实世界的感官体验；VR 技术则利用计算机生成虚拟可交互的三维环境中的沉浸感。3D 打印、物联网技术等，让孩子们的想象可以变成现实。

④ 场景与课程

知识与场景的融合更能带来学习的创新，场景与学习的融合更能带来学习的体验，促进学生深度学习的发生。好的课程设计成为学校刚需。场景除了给学校实施课程提供很大的资源之外，更成为课程的一部分。星河好奇工场四大场域，"科学实验100＋""科学故事100＋""科学探究100＋"等，都是孩子们最喜欢的课程。

2. 学习场景建设

学习场景建设的过程，是一个将效果图变成实景图的过程，这其中，我们一直都坚持高标准、高品位、高效能的原则，做到建与用结合，景与学相融合。

（1）文化统领下的生态体系

学校向老师们推荐场景建设的书，在广泛的阅读中寻找最适合自己的路径。在《学习的升级》这本书中,曾长期担任苹果教育副总裁的约翰·库奇(John Couch)用比喻的方式把学习场景分成了四类,"营火、水源、洞穴和山顶",以及如何有目的地将学习场景与四种学习所匹配。而这四种类型的学习场景,就像是大自然中的风景,存在并不单一。

① 营火:指一对多的讲授模式,一般的上课、讲解、指导都是这种模式

② 水源:多对多的学习模式,班级内的小组合作、辩论、小型沙龙等学习组织

③ 洞穴:一对一的学习模式,倡导的是独自反思和思考

④ 山顶:实践中的学习模式,意喻为把用的知识放到实践当中去解决问题

这四种学习场景,构建了文化指导下的生态体系。让学生可以有更自由的选择。而老师就依托这四种场景的分类,去架构学校学习场景建设。

(2) 生活理念中的空间美学

对于美的追求是人类的一种天性,师生长期生活在一个特定的空间里,这个空间不仅要实用,能够满足最基本的生活需求,还要具有一定的美感、艺术感,否则就不能获得学习的舒适感,不利于身心的更好发展。在生活理念观照下,物品的位置尺寸要符合人的身体工程学,学校的课桌椅更新了五代,只为找到最适合孩子们的;所材料选择要柔软亲肤,色彩搭配明亮和谐,关注细节。又如教室里的灯光革命,让每一处灯光都能护眼节能,柔和的灯光让孩子们有安全感。孩子们生活在这样的环境中,看到了美好生活的真实样子。各种物品价值在场景中被"增幅",人在场景变得优雅,认知在场景中变得多元。

(3) 创想教育的聚落形态

世界经济论坛提出了"教育4.0全球框架",对高质量的学习进行了重新定义:呼吁全球教育实现学习内容和学习体验的八个关键转变,必须培养学生"以人为本的技能",实现创新学习具有五种关键方法:游戏化、体验式、与计算机相关、具身化、多元化。而这五种方法,恰好与星河多年的教育理念、教育实践不谋而合。走进校园,目光所及场景,都可以看到这五种创新方法的综合使用。比如,在万物梦工厂里的实验操作台上,显微镜成为每个孩子必须会操作的仪器,试纸成为易耗品,原因就是这里是孩子们最最喜欢的体验场;大走廊处的小舞台,成了班级明星的"梦想秀"专场,练艺练胆练人气;食堂门口的"共享窗",成为孩子们发布研究的交流台……

在场景建设过程中,必须要强调的是,场景的建设是教师、学生、家长和专业人士共同参与的结果,尤其是儿童。他们不仅在设计的时候提供想法,而且在利用场景进行学习的时候会有个性化产出,这些个性化产出使场景更具生命力,也使儿童成为真正意义上的场景主人。

二、近景看生长，从静态物到动态场

1. 学习场景使用

王阳明说："你未看花时，花与你同寂；你来看花时，花与你同在。"学习的场景只有"有用"，才真的"有用"。江苏省教育学会副会长马斌先生对学习场景使用的主张是："从器入手，道器合一，以器得道。"在不同类型的学习场景中，受心情内容、功能等因素影响，学习方式也有所差异。但是有一些共同存在的关键要素，需要我们去关注。

① 开放与浸入的互补

首先学习场景需要完全开放。曾经，有学校的图书馆，为了便于管理上了锁，孩子们很少有机会进入，图书成了摆设，教育资源被浪费。只有全开放，才可以让学生全浸入。学习不仅是大脑的学习，更是身体的学习。沉浸到场景中，学生与场景进行各种感官的对话，物我神往，加深体验，产生想象，发生创造。所以，我校在讨论新的图书馆建设的时候，毫不犹豫地把图书馆门禁取消了，孩子们可以随意进入其中，寻找自己喜欢的书籍。

② 展示与对话的交织

学校会在很多灰色空间建立展示区，给学生作品以展示的舞台，为其他伙伴做出榜样示范。学习是双向构建的过程。灰色区域除了展示更可以设立互动区域，用于评价、对话、交流等。如六年级（1）班的教室门口，就设置了一个问题墙，有问题的问话，有研究的答复，让普通墙变成了一面会说话的墙。

③ 操作与互动的承接

很多场景的搭建，都有具体的操作区，因为动手又动脑，才能学创造。动手操作是思维的外在表现，是思维的验证方式，也是把想象变成现实的实践方式。场景中，除去一般的操作材料提供，也可以开设互动区域，处于不同时间进场操作的学生，可以有思维碰撞与智慧互动。如我校数学实验室里的实验分享区、好奇工厂"创意智豆链"中的乐高交流区，都可以实现这些功能。

④ 链接与跨越的增值

英国哲学家波兰尼指出，儿童在经验之中学习的可能性，远远比他能够说出的东西多，真正的思考往往产生于以儿童自身经验为依托的现象场。而不同的学习场景可以连接多元的经验现象场。如学生学习"圆"，操场上摆放的轮胎场景提供其活动经验场，可从中感悟圆的特性；教室里、校园中圆形文化布置标识，给学生提供视觉体验场，可从中感悟圆的美妙；美术课堂的手工制作，给学生提供操作试验场；科技馆中方形车轮模型，给学生提供实践探究场。日常的链接与专项学习时的综合，让所有的学习体验，跨越场景，实现增值。

⑤ 定式与变式的互换

四种类型的场景学习，在学生的学习中不是单一存在的，而是要根据学习的需求进行不断变化。目前，越来越多的学校打破工厂车间式教室设计，配备可移动、易于变换的桌椅设施，支持学生开展多样化的学习活动。学习小组的人数、探究的方式等等，都促进了场景的灵活多变。如大型的、硬性建筑型的东西，一旦定型，就少有改变；而软性的功能区划分、物品摆放秩序、学习工具的更新与创造等，都是不断变化的元素。在我校，学习小组的组合形式，课桌摆放的形式，都由任课教师自己来确定。

⑥ 情感与思维的融合。无情感，不场景。儿童如果不喜欢那种场景，又怎么可能发生真正的学习？无思维，假场景。没有思维参与的场景体验，只是浅层次的感官刺激，不可能产生深度学习。所以好的场景使用，应该是情感与思维的融合。孩子们在真实而美好的场景中会产生积极愉悦的情感，促进他们产生积极的态度，主动思考，点燃思维的火花。相同的体验，可以启迪儿童之间产生共情，促进智慧碰撞，产生更多可能，让学习向深度发生。

中国教育科学研究院未来学校实验室副主任王伟认为，未来学习包括基于项目的主动学习、面向真实的深度学习、基于证据的智慧学习、突破校园的无边界学习等多种方式。这要求学校的物理空间须能满足独立学习、同济互学、团队合作、教师一对一教学、讲座、项目式学习、远程教学、学生展示、研讨式学习等 20 多种学习方式的需求。

由此看到，指向儿童的学习场景，为儿童打开了一个生动、多彩的世界，让他们可以实现"课程自由、学习自由"。创意生活课程会将有共同兴趣、共同研究内容的学生吸引到一起，使得他们在同样的场景中，激发更多思考，将关于主题的学习推向纵深。

2. 学习场景进化

场景的建设与使用，将促进深度学习的产生，而深度学习的实践又将进一步推动场景空间的升级与进化，这两者相互影响、相互促进。学习场景的建设，是一个永久的课题，没有最好，只有更好。我校意识到，随着课程改革的不断演进，我校就需要不断研究、不断进阶，让学校成为场景与人双向互动、永续建设、实时反馈的教育磁场。

在创意生活课程场景建设的过程中，我校还发现，建设与使用，必须要把握好度，处理好几组关系。

① 自由与规则。《自由学习》这本书中指出，所有的自由，都是建立在不自由的基础上的。我校建设学习场景的目的，是让儿童更好地链接真实世界，产生真正的体验，促进深度学习，确保每个儿童更好地成长。在场景中的共同生

活,与人合作、自我管理也是一种成长,需要我校在提供自由的同时,引导儿童建立规则,包括爱护场景、合理使用场景等。在星河分校,场馆实现儿童自我管理,由经常参与该场馆课程的学生自主申报当管理义工,而负责本场馆的教师则会根据学生管理情况支付一定的"星河币",用于奖励劳动。

② 发生与定格。学习场景中会产生一系列的故事,有意义、有温度、有精神,需要及时地记录下来,传给一代代身居场景其中的人,给予情感温暖与精神感召。比如,科技馆里的 DNA 秘密,小学生研究大科研,激励小朋友探究发现。学校"星星农场"里种下的麦子,吸引了午间散步的低年级同学;半间花房里蓬勃的多肉,让放学后的同学不及时回家;科学翻翻墙上,小豆本上的科学小发现记录着孩子们的密码。这些场景学习里发生的美好瞬间,我校可以用不同的方式将其定格,让它们成为场景建设里的深刻足迹。

③ 既有与成长。场景中的物品,是一种既有的存在,是现实。但其重构与组合产生的想象,却可以帮助学生产生更快的思维生长。如数学实验室里的模型,会有长方体、正方体、圆柱体、圆锥体,用于帮助孩子们去探索这些立体图形的体积。而学生在实验过程中,会引发联想思考:长方体、正方体、圆柱体的体积都可以用底面积乘高,是不是所有的直棱柱都可以用这种方法来求体积呢?教师发现,场景中不具备这些设施设备,可以有两种做法升级:一种是购买补充模型;另一种是鼓励学生做模型。当然第二种的思维含量更高。

成长不只是累积与叠加,也代表着与时俱进,更新劣汰。有些不适合时代的、不受学生喜欢的、陈旧破损的场景,需要及时更换。让每一处场景都有生长性。

④ 校内与校外。当今的教育不再是关上门的教育,学习的场景也不再囿于围墙之内。学习场景进化的另一种方式是打破围墙,走向社区。例如,星河就利用各级社会资源,成立了 Fsc 家校社共同体,为孩子们建立了 33 个课程基地,让学习场景变得更宽阔。

附:教室创意生活课程场景建设案例

当教室外墙瓷砖破了
——六(1)班的创意数学学习场景生成

教室外的阳台是敞开式的,阳光可以洒进来,雨水也可以洒进来。年代已经久的墙砖不知道从什么时候开始,已经开始破裂。学校扩建工程在即,政府不可能投入大量的资金来改建,但是我校又想给孩子更好的环境,怎么办?

(一)贴张小黑板怎么样

想到之前在综合楼里,也是大面积的瓷砖破坏。当时我校集星河教育集团的所有美术老师之智慧,采用了水墨画的方式,在损坏多的地方进行了水墨画创作。果然,巧手水墨,屏蔽破绽。如果不说的话,来访者肯定不会发现那里的瓷砖是破的。

但现在瓷砖破的地方是在教室外面,在学生来来去去都能够看到的地方。除了在墙上画画、布置点学生作品外,是否有更好的办法呢?

忽然想起,每当我们在阳台外面的墙上布置上学生思维导图作品的时候,孩子们总会在那里驻足很久,"评头论足""指手画脚"。之前,我班孩子的思维导图,就是从"初次尝试"的简单粗糙,到"经历评价"后的日臻完善、清晰、科学。

我们是否可以让它成为一个学生不断交流互动的平台?用怎样一种形式来支撑这个平台呢?

想了没多久,又一个现象吸引了我:每到下课的时候,学生特别喜欢到黑板上去用粉笔头涂涂画画,甚至用指头沾点粉笔挥写写图图也是很开心的事——要是我们在教室外那一片破的瓷砖上贴上小黑板会怎样?

想到就行动!我从淘宝上买了2张2米长的黑色仿真纸质黑板,交给班里的孩子去贴到墙上。创意来了——我的想法只是贴1块长方形的黑板,但孩子们建议可以做造型。

于是,放学后,孩子们不愿意离开,画的画,刻的刻,剪的剪。很快有形状的生动的黑板形成了。

学生问:任老师,我可以在上面写字吗?答:当然可以呀!

学生又问:任老师,我可以在上面出题吗?答:也可以呀!

第二天,一早到教室时,发现这块黑板上已经有某位同学已在上面出了一个题目,字写得端端正正。而当中午再一次走进教室的时候,满满一黑板已经给学生写满了。

站在那面黑板前,我考虑着要不要给学生的答案批一下对错。旁边的女孩说:"不用,他们一讨论就知道对错了。"果然,放学的时候,发现已经有红色粉笔在上面画了"√"与"×"。我还以为是隔壁班的姚老师批的,群里问了以后才知道姚老师还不知道这件事情。

(二)我们班可不可以来?

姚老师说:"上午上班后我就看到了。任老师,我们班学生可不可以也参加呀?"

"当然可以呀!学术交流不分班界!"

这一宣传,第二天黑板要被玩坏了。有人抢着去出题,有人抢着去答题,题目一出,答案就出来了;一出答案,就有人去擦黑板。

我们班同学不乐意了:"这是我们班的黑板,你们要用的话,也可以自己去弄一块啊!"这群孩子居然懂得抢地盘了。

可能是这话威力足,也可能是出的题目难易不等。几天下来,孩子们热情开始消退。出现了3天没有人理会小黑板。我们班学生又着急了:"任老师,这里是我们的包干区。如果黑板放在那里不派用场,那怎么办?"

看样子,黑板在这些孩子心里还是很有地位的。我就问:"你们有什么好的想法吗?"

A说:"原来谁都可以来擦黑板。上次＊＊同学刚写完题目,就给别人擦了,很生气,说再也不来出题了。"

B说:"那我们就专门派个人管理,不随便擦别人的字。"

C说:"我们同学都很厉害,题目刚出,就秒解了。换了题目之后,前面出题的同学或者其他同学都没有看到。"

A说:"那我们可以规定,出题仅在每天早上,擦答案仅在每天放学。这样不就可以更多同学见证擂台上的题目了吗?"

B说:"可是,现在大家都不来出题了。"

C说:"是不是可以来点奖励?"

一瞬间,大家的眼睛全部看向了我。好吧,谁让去年毕业生留给我了一笔星河币呢。我说:"你们想想,要有怎样的奖励?"

孩子们一会儿就商量出了答案:出题的每人2元星河币,答题正确的每人1元星河币。我看着,又加了一条:"管理者每周3元星河币。"

(三) 问题墙的诞生

晚上,我根据学生反映的问题梳理了游戏规则,奖惩并行(如下图所示),还帮这块黑板起了个名字:"问题墙"。

当我把这个游戏规则发在高年级数学群里问:"老师们,会有生意吗?"

"肯定会有。"

"明天我去我们班宣传。"

"一宣传就破产——抢答题的人肯定太多了。"

第二天,记录问题墙的财务总监璐同学来说:"任老师,六(3)班同学来出了一题,可难了。目前没有人答上来,怎么办?"我说:"别急,让问题飞一会儿。"

一天过去了,没人答题。两天过去了,没人答题。第三天,六(3)班的某位同学来答题了,但没有留下姓名,一看,错的。估计是这

六数问题墙 游戏规则

1.出题者留下姓名班级,每提一个有挑战的问题,均可得2元星河币。

2.答题者可直接粉笔书写,可用纸贴。答对者1元星河币,错者不扣分。

3.管理员:每周工资3元,答题市另计。

六1 杨语涵 (记录)
六1 郭庆奥 (清洁)
六1 刘 璇 (财务主管)

4.费用一周一结。

5.严禁抄袭、上网查答案等,一经查实,重罚10元星河币。

孩子也不确定是否正确,就不留姓名。但是,其他同学上厕所路过,看一看,摇头走了;吃饭路过,看一看,摇头走了;上音乐课路过,看一看,摇头走了……直到第三天,第二个同学又在旁边写了另外一种方法。大家一看,答案不同,这下来劲儿了,就讨论,就评价:"这个算式是什么意思,明显不对啊,中间挖掉的不是正方体。"讨论下来,两个同学答案都被打了"×"。出题者忍不住了,自己把正确解法写到黑板上,并且边写边讲,注明了理由,引来一堆围观者。

那天正好是周五,麻利的璐同学在放学前理出了一个名单,出题者和答题者的奖励,并问我再要一块小小黑板,用来公布榜单。周一,星河币分发我没参与。但问题墙上又出现了新的问题。

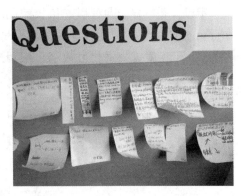

教学常规一日检查,学校的督学钱主任到我们班隔壁听课,顺便在我们班走廊上看了看南面阳台上正向阳生长的多肉,又看了看问题墙上的问题。驻足不走,思考了一会儿说:"这个题目不是难,只是繁了点而已。"问题墙把督学的脚步也拉住了。

后来,他又说:"瓷砖破了,没钱重建。怎么办?校园要美化,是以什么为本?学校场景建设是以谁为本?文化是什么?这一面小小的纸黑板,让我看到了校园建设的真正意义——给学生提供更多互动、交流的平台,让文化真正为学生成长提供可能。"

法国的儿童心理学家勒弗朗索瓦曾说过:"历史上只有先驱者用儿童眼光看待童年,因为这里有隐藏的巨大创造力。因此,我们成年人的全部使命就是阻止成年人对儿童好奇心的扼杀。"

其实,钱主任只看到我们班门口的问题墙。在星河分校,不经意间,某个角落,就是班级学生约定俗成的"问题墙"。我们,只是想尽力去呵护儿童的好奇心,满足学生的未知欲,创造更多机会,让他们"有问题敢于问",当然,我们的目标是星河娃"善于想、乐于创"。

愿星河分校,今后有更多问题墙。

第二节 科技革命中的时代气息

2017年7月,国务院公开发布的《新一代人工智能发展规划》中指出:"实施全民智能教育项目,在中小学阶段设置人工智能相关课程,逐步推广编程教育。"因此,人工智能课程引起了大家的广泛关注,不少区域和学校已经主动开展了小学阶段人工智能教育的探索实践。武进区星河实验小学分校与本部,均早在2014年就成为常州市数字化校园试点单位之一,参与了"青果在线"促进师生教学方式改变的实验项目等,在儿童数字化教育方面有一定的实践经验。

在创意生活课程实施之后,我们意识到,未来生活离不开科技革命,互联网+、人工智能+、AI、"工业4.0"等等,会像海浪一样,一波又一波涌向世界。我们和孩子们,一定是被信息技术裹挟着的一代——离不开科技,那就充分利用好信息科技,来助力创意生活课程的推进、助力师生发展。

一、书写当下星河的科技长卷

蒲公英教育智库的艺术总监张莉曾经讲过一则关于日本茑屋书店的故事。在互联网高速发展,电子阅读风生水起的今天,这家神奇的实体书店做创造了一个所有企业的神话:一半以上的日本人都是该书店的会员,这个有1400家分店的企业,有6000万会员。

它的成功密码在哪里?创始人增田宗昭的创办理念一语中的:"茑屋书店卖的不是书,而是一种生活方式。而我们做的,就是把美好生活的场景展示出来。"

教育亦如此。在信息时代面前,我们带给孩子们的生活如果是智能的,那么他们将耳濡目染地学会智能。我们要做的教育,代表着学校、教师的信息观、技术观与生活观。我们不应该再做"知识的二传手",而应该走向"智能时代的引领者",引领着孩子们去用更科学、更便捷的方法获得解决问题、创造新事务的能力。

1. 三个维度去创造智能生活

创意生活课程有四个层次的学习目标:接受改变、适应改变、主动改变、引领改变。在家庭生活中,手机、电脑、网络等均已经深入生活,各种常用App孩子们也信手拈来。但是,这些普适性的信息科技有些功能却尚未被孩子们知晓,一些学习上的高精尖技术也尚未进入普通家庭。所以,我们需要在学校中创造更多的关于智能生活的改变。

① 从知识视角去触摸科技

孩子们对于现代科技的掌握,多取决于"现有"——家里有、身边有。但众多高科技中,真正用在生活中的,还只是冰山一角。那么,我们所要做的第一件事情,是通过教学、培训等,把智能发展趋势、科学技术、科技道德等带到孩子们面前,打开他们的视野,让他们看到信息科技广阔的前景。

一方面,通过不同的形式,孩子们了解到人工智能发展下社会结构的巨变,预测到很多职业将被技术替代,比如,驾驶、翻译、简单金融服务等工作将不再需要人工,而由机器所替代。有人预计,到2040年前后,地球上会消失1亿个工作岗位。当然,危机也是机遇,有旧的职业被淘汰,也将有新的职业会产生。比如,信息科技研发类岗位、心理咨询治疗服务类等等。这些科技发展趋势,必须作为一种常识被孩子熟知,这样可以引导他们对未来的科学预判。

另一方面,人工智能的更新迭代速度大大提升,很多相关书籍才出版,智能系统又已经升级。我们就要将这些技术、知识和技能作为新时代数字原住民的必修课,组织大家好好学习。例如,办公软件基本操作、网络基础、编程、物联网基础、3D打印等等,都是孩子们的必学内容。这些信息科技知识的习得,既是孩子们开拓数字化创意生活的基础,也是他们运用和开发人工智能的前提。

除了国家课程之外,我们还开设了信息奥赛、电路工程师、乐高俱乐部、VEX家园、3D打印、电脑绘画、电子搭建、Scratch等社团,让孩子们可以在各种信息科技社团之中体会到未来社会的智能走向。

② 从工具运用去解决问题

信息技术很多时候是以工具的身份存在于生活之中的,解决同一个问题,用不同的工具,得到的效果可能是完全不同的。比如,我们早在2017年的时候,就进行了教育类App的梳理,并推荐给老师,择优使用。当然,我们使用App是有规定的:一是品种不得过多,每个学科不允许非常多的软件推荐给学生与家长,增加其负担;二是学科间基本统一,杜绝各自为政的现象;三是控制时间,软件虽好,但电子产品用多影响视力,一般我们建议不超过15分钟。

比如,针对寒暑假、疫情休假期间等,孩子们不愿意走出室外,宅得多、躺得多,造成"体质下降、开学后不适应"的问题,我们会通过"天天跳绳"App,推荐各种适合儿童的运动游戏,监测孩子们每天的运动量,还可以引导父母亲友一起参与,共同营造健康生活氛围。

③ 从思维方式去融合生活

真正改变人们生活的,不是技术,而是思维方式。互联网带来生活巨变的有"用户思维、简约思维、迭代思维、流量思维、跨界思维"等理念,这些都给教育带来极大启迪,给我们的课堂改变也带来可借鉴思考。比如,用户思维就是第一个融入工作中的,它给我们带来的思考是如何从用户视角去反省我们的课程设计?进而引发了创意生活课程的供给侧改革。又比如,流量思维让英语组受到启迪,怎么教,教哪些,都不再由班内的权威(任教老师)来指定,而是可以组队进行课外内容拓展的海量收集,然后进行英语秀场,由学生自己选,结果指向,开发儿童兴趣最佳的是童话剧场或者动画配音。

2. 四种改变去培养数字居民

有人说,人工智能是上帝给这一代人的特殊礼物,它使我们成为一个时代的创造者、受益者。但是,只有用好它,我们才能真正驾驭它,使之成为未来社会的好助手;反之,就有可能被人工智能所替代。整个环境在改变的时候,学校更要主动出击,去改变,去引导孩子成长为数字原住民,既不为人工智能所焦虑,也不全部依赖人工智能。

① 数字化环境的升级

学校所有教室都安装了一体机、音响、数字处理视频展示台等现代教育技术装备班班通。在这基础上,又投入 600 万元,新建了班级电子班牌,每个教室安装 86 寸智慧黑板,并在校园多处增设无线点,实现校园无线全覆盖、优覆盖。利用"十四五"规划契机,学校全面进行了数字化建设的规划,按规划有序推进。

而与其他小学不一样的是,我们鼓励这些媒体设备由学生自主管理,孩子们在操作这些设备的时候得心应手,这些设备的价值才更好地得到体现。

② 数字化学习的迭代

信息技术的最大魅力是改变学习方式,最大的困难也在于改变师生的教学方式。2020 年疫情到来的时候,我们学校是第一批尝试进行线上教学的学校之一。当时,为了克服种种困难,我们做了一系列的尝试,将线上教学一层层推进。

最初,各备课组在网上搜集一些资源发给学生,包括国家教育资源公共平台,录制小视频指导学生如何使用。

随后,考虑到疫情的不定期造访,我们充分认识到线上学习对于防疫长期作战的重要性,于是,开始了线上教学的探索之旅。从微信语音到 QQ 会议,到抖音直播,到钉钉会议,到腾讯视频,多种直播软件的尝试、一项项优缺对比分析,最后根据实际教学选择合适的工具。其中,钉钉在线课堂得到了广泛的运用。

万事开头难。起先,我们的网课参与率不太高。于是,分管校长组织了全校问卷,了解情况,并召开专项会议商量推进办法。

流量不够——向家长推荐春节送流量活动,推荐家长开通定向流量,建议家长上拼多多购买最便宜的流量,等等。

老家信号不好——不看视频,用图片与语音结合的方式,一样可以给学生指导。

课表太满——学科课程分开排,线上、线下结合学,中间穿插运动、家务、艺术课程,五育并举才科学。

家长复工,家里没有手机不能学习怎么办?——鼓励学生自己调整课表,等父母回家后看视频回放。成长部还鼓励哥哥姐姐在家带好弟弟妹妹,宅家变成当家。

事实证明,总有人会找到突破口,办法总比困难多。那些线上教学初期的一个个问题,逐步被解决。待到2022年疫情再次出现时,我们明显已经不再慌乱,而是很淡定地推出了预案,一切有序进行。

当然,线上学习还不完善,还是存在很多问题的。复学之后,一方面,我们体会到了疫情之中屏幕对面的学生学习效果欠缺的无奈,孩子们多为接受式学习。另一方面,我们还缺乏对线上教学的深度研究。疫情过后,回到原来,但又不能够仅仅回到原来。于是,我们大力推进数字化学习的实践,做到每月有分享课,每学期有精品课,每学年有经典课。

在数字化学习实践上,学校舍得投入人力财力,建造了录课教室与双师课堂,添置了希沃智慧课堂,组织全体老师开展基于网络的学习。为推进数字化学习的研究,我们特意成立了骨干队伍,组建了从技术到学科的核心力量,组团进行教学设计、技术融合、课堂实施等方面进行专项研究。近年来,10多堂数字化学习的课在市、区获奖,这也逐渐成为我们星河分校的一个特色。

此外,我们保留、优化、升级疫情期间开发的数字化课堂教学,以及"游戏化数学""光合课程""家庭实验室"等网络课程资源,形成精品资源建设,建成星河智慧学习广场,深化网络学习空间应用。

③ 数字化研究的突破

技术改革首先是改人,是改变教师的信息化教育意识,提高教师信息化教育水平。

实施学科教师、管理人员和技术人员的教育技术培训。每年组织老师参加上级的技术专项培训,不定期组织师生进行平台应用软件的学习,全集团师生养成随时学习、即时学习的习惯。

积极参与各级各类师生信息条线的竞赛活动,使师生在竞赛中拓宽视野,了解最新信息,增强技术运用能力水平。教师保持了在信息技术教师基本功竞赛、信息化能力运用竞赛、个性化学习课堂教学竞赛中的领先状态。

此外,一改"疫情倒逼下的技术更新"样态,组织教师常态应用视频会议、网络直播等工具,加强网络应用的建设与管理,为师生提升信息化水平提供机会与动力。疫情成了一个契机,我们在星河实验小学教育集团的带领下,先后进行了20多场面向全国开放式的现场视频直播,内容包括课程、学习、管理、学生活动、学习交流、教育故事等等。通过数字化的研究,与全国各校拉近了距离,进行相近的课题研究与经验共享。

④ 数字化管理的跟进

工作很忙,但很多时候都用在一些细碎的琐事上。往往一些小事拖住很多人很多时间与精力。疫情期间的数据上报,成为全体老师的重头事,又是烦心事。于是,我们面向全体老师进行了调查问题,进一步分析研究老师们的需求,确定工作繁杂中的痛点,据此寻找、设计开发管理应用,建立覆盖教学、科研、学工、人事、财务、后勤、资产、办公自动化等主要业务的一体化综合服务平台,为学校提供全方位、全过程信息化服务。

二、畅想未来星河的智能愿景

学校的使命一半是传承,另一半是创造。

教师的一只手牵着过去,一只手指向未来。

站在今天看明天,学校的信息科技改革,还可以有很多事要做。借造新学校之际,我们启动4.0的智慧校园建设规划。与以往所不同的是,之前做规划均是站在学校可以做什么的角度来思考的。而这次,我们是基于"人的需求"来设计的。

1. 升级规划搭建智慧童年

10多年的智慧校园建设经历,让我们感觉到,"用"比"建"更重要,"建"要从"用"出发。学校的智慧校园建设,必须要逆向设计,系统思考"我们究竟要达成怎样的精准服务?实现怎样的校园管理?孩子们可以怎样更好地找到自己的发力点?"只有对以上问题进行深入思考后,才可以形成智慧校园的蓝图。而智慧校园的建设,必须遵循"学生中心、低耗高效、助力发展"的原则。

4.0的智慧校园建设,首先是引入5G,同时不再将目光拘于硬件,而将瞄向数据,成立"星河智慧云平台",形成数据采集、交换共享、管理与应用合一的技术平台,衔接各级各类教育管理信息系统与基础数据库,实现系统互联与数据互通,建设纵向贯通、横向关联的教育管理信息化体系。通过学生的胸卡、手环等穿戴设备,从电子班牌、智慧学习平台、智慧图书馆、智慧农场、智慧气象站、

第七章 创意生活课程的实施保障

智慧运动场等物联一体,用于向师生展示一个虚实相生的创意生活世界,致力于推进孩子们在健康生活、审美生活、智慧生活、生存锻炼、品格生活各方面的自然生长。

2. 用好数据指导精准发展

通过星河智慧云平台,收集学生学习行动轨迹,形成其参与创意生活课程的独特数据链接,形成各自不同的童年数据画像,更好地向家长、教师及学生自己助力决策,便于指向更清晰的未来,更好地规划未来路径。

	板 块	主要内容	数据来源	立 意
星河智慧云平台	健康管理平台	智慧图书馆、智慧农场、智慧气象站、智慧操场、体测管理平台	手 环	记录运动轨迹,监测运动质量,控制运动强度,了解睡眠时间
	智慧学习平台	创意课程选修系统、星河云教室学习系统、学科监测系统	平台自然生成数据	了解儿童兴趣爱好,发现学生独特个性,分析教师教学,便于实施教学改进
	学生评价系统	课程评价、特长评价、行为评价、品格评价、学业综合评价	输入+集成	用数据形成学生数字画像,助力学生描绘未来发展路径
	教师评价系统	教学评价、师德评价、育人评价、科研评价、公益评价、安全评价	个体输入部门审核平台集成	经由各部门路线审核通过,生成数据,形成教师专业画像,有适时提醒功能,助力教师梯队发展
	综合管理平台	资产管理、学籍管理、办公管理、流程管理、绩效管理	个体输入部门审核平台集成	助力于日常管理,并形成数据,以便于从数据出发改进管理

① 绘就教师的专业画像

种下专业发展两棵树。每位老师自进入学校开始,就拥有一个自己的账号,将平时在专业上的发展收获及时录入数据。平台结合每位老师的成长情况,以树形结构绘制图来清楚地表达出专业发展层级,标注该教师已经长到怎样的状态。这两棵树一棵是专业技术职称发展树,另一棵是五级梯队发展树。这两棵树是教师自己登录教师评价系统可见。

绘制专业行走时间轴。此外,教师自己进入系统还可以看到的是系统自然生成的专业发展轨迹图。教师在年初制订好个人发展规划。系统分别会按照计划中的时间安排给予教师提醒。同时,教师按照自己的规划设计去有意识地完成提升并及时记录,系统可以用鱼骨图、流程图等方式展示教师成长轨迹。

该轨迹可以公开，也可以选择隐藏。

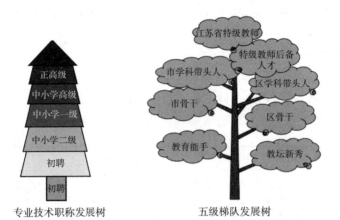

专业技术职称发展树　　　　五级梯队发展树

以上的界面是针对教师个人的。而对于公开界面，我们将设置学生评价、同行评价、家长评价等入口，分"思想政治、教育艺术、教学质量、对待学生、教育科研、团队贡献"等方面形成一个综合评价，既可以通过送星点赞，又可以用评语实力表扬。

这样，每位老师形成的专业发展画像就是立体的，而不是一张张证书的简单叠加。

同时，对于学校来说，这些教师专业发展的画像，不仅可以恰当地评价教师，更可以精准地帮助教师发展。例如，学校人力资源部点击小张老师的头像，则可以看到一幅属于小张老师的专业发展地图，显示其到本职岗年限已经有4年，目标是常州市骨干教师，对照目标，缺乏条件自动显示出红色为"省级论文发表""区级以上评优课"。这样，人力资源部就可以根据小张老师的需求量身定制专业发展专项训练。而系统显示，与小张老师这样相近问题的还有5人。于是，人力资源部牵头，组成"强基班"，聘导师，组团修炼，形成氛围，竞争发展。

② 服务学生的成长规划

很多学生，对自己的特长与潜力是迷茫的，家长也如此。他们看见其他孩子学什么，也会跟风让自己孩子学什么。而他们的选择往往带着自己的喜好与愿望，但并不一定与孩子的情况相符合。

教师也是，虽然每天都与学生在一起，但精准分析每位孩子是有时间与精力上的困难的。

我校想做的，就是用数据来帮助学生更好地认识自己，帮助家长和老师更好地实施引导与教育。

与老师一样，每位孩子进入星河将拥有一个账号和一个手环。手环与账号匹配，可以记录孩子在学校图书馆、实验室、操场、音乐教室、舞蹈房、书法教室、陶艺教室的活动轨迹，清楚地反映出孩子的兴趣点究竟在哪里，以便今后进行创意生活选修课选择的时候，可以更有针对性。同时，待到六年级毕业，系统可以给每个孩子生成一张成长地图，在幸福生活的五大板块中，哪些方面实现超额发展，哪些地方还有待于进一步加强，哪些特长在今后的学习生活中可以更好地、更科学地去发挥。

另外，智慧学习平台还将为师生教学改变提供更大可能。从学生角度来讲，为每个孩子建立一张学科知识地图，采用"打怪升级"的模式，鼓励学生自主学习、个性学习，可以制订出自己的学习计划，去有选择地学习，而不必一直在同一个位置做重复劳动。

从教师角度来讲，从学生的学习情况即时反馈来看，清楚知道哪些学生在日常教学中"吃不饱"，哪些学生"未消化"，则可以更好地实现因材施教。对于学力较强的孩子，可以提供挑战性更强的学习；对于学力薄弱的孩子，可以查漏补缺，精准导学。

除了兴趣爱好数据分析、学业情况数据积累之处，我们还将品格养成与劳动习惯等日常行为规范融入学生评价数据中去，既可以看到一个时间段中，儿童不同方面的综合表现。可能学习未必是最佳的，但在动手制作一块彰显出独特的优势；也可能是语文素养未必最优，但却在信息编程方面有较大潜力。同时，点击一个学生的信息，可以看到该学生三年级与二年级相比，自我领导力修炼的进步与劳动能力的提升。

③ 助力学校的升级转型

从整体上说，要加强顶层设计，分条线制定教育管理信息化系列标准，架构与完善综合管理平台，建设包括招生管理、校本选课管理、资产管理、荣誉管理、星级评选系统管理等内容的教育教学管理系统。除定制的管理系统外，还要推行"极简主义"思维，用好钉钉办公、在线文档、希沃生态等常用软件，简约而富有实效的快速完成各项工作任务。要注重筛选和运用"拿得来、用得上、易接受"的简约实用的信息化工具，以工具化思维来满足日常教育需求。这是日常管理上的升级。

从长远看，穿戴设备的使用以及数据积累，为学校提供问题决策。比如，根据学生对选修课的数据，一是调整选修课程的设置，二是确定学校可发展特色。比如，五项管理要落到实处，需要大量的数据支撑，我们可以根据学生的数据来源确定班级之间、学科之间、教师之间存在的差异，及时发现问题、解决问题。

当然，技术革命的根本目的，还是人的发展。我们将在后继的信息化建设中，坚持以生为本，让数据活起来，真正赋能于师生成长，赋能于生活改变。

附：数字化学习案例

彰显信息科技魅力 触发学生深度学习
——以《角的初步认识》为例

2021年10月18日,习近平总书记在中共中央政治局第三十四次集体学习中强调,"要提高全民全社会数字素养和技能,夯实我国数字经济发展社会基础"。2022年版义务教育课标第一次确立了义务教育信息科技课程要培养的核心素养,主要包括信息意识、计算思维、数字化学习与创新和信息社会责任。数字化学习,作为新时代儿童所必须有的素养,正成为他们学习的一项必修内容,倒逼教师在设计教学时有信息科技意识,不把儿童当成"技术学习者",而把他们当成"数字原住民",去运用科技力量,催生出儿童的深度学习。

下面以《角的初步认识》一课为例,谈谈如何做,怎样才能让信息科技与深度学习自然而然发生,让儿童的综合素养蓬勃生长。

(一)审视教材,反思一种教学旧常态

《角的初步认识》是苏教版小学数学二年级下册第七单元的内容,本单元共有两个教学目标:一是初步认识角,二是初步认识直角、钝角和锐角。本节课是第一课时。

整个小学阶段,分两个阶段专门研究角,除了二年级下册《角的初步认识》之外,还将在四年级第八单元《垂线与平行线》中,通过认识射线、量角器,掌握量角的方法,进一步去研究角的分类。所以,本单元教学的任务是初步认识角,本节课的主要内容初步学习角的知识,形成角的表象,认识角的图形,体验角有大小,了解角的各部分名称。

本节课的学习,为下节课认识直角、角的初步分类打下基础,更为今后量角、画指定角度的奠定基础。此外,从终生素养发展来看,这也是几何空间的起点教学。

但是,在听过多堂公开课、评优课、常态课中,以及采访多位数学老师过程中,发现大家执行的教学过程,一般流程均为"从图上看生活中的角—引入数学中的角—认识角各部分的名称与特征—判断角—画角—比较角的大小与什么有关—练习"。这样的教学按部就班,就知识层面的角度来讲,学生该掌握的已经掌握,从评价来看,正确率不会太差。

但是,这种课是断的。只见树木,不见森林。从知识的形成链来看,儿童的几何学习应该是一个完整的体系,我们既要让儿童看到课的独立,又要看到课的位置,看到课的联系。旧的设计中,学生所学习的都是一课课断的知识,需要后期再花大量的时间去进行被动架构,才可以形成完整的知识体系。

这种课也是短的。课堂上看都会了,但是走出课堂,他们不会产生与角有关的数学思维。2022年数学课程标准规定,数学核心素养就是"用数学眼光观察世界,用数学思维思考世界,用数学语言表达世界"。囿于课堂内的数学学习,学到的只能够是惰性知识,不会是活性素养。

这种课也是浅的。整个过程都是学生在教师的引导下,一步步有条不紊地接近教学目标,缺少主动探究的意识唤醒与精神培养。

这就催生我们产生反思,怎样才能够在学生现有"动手又动脑"的基础上,把数学学习推向纵深呢?

(二)设计思维,绘就一张科技探究图

1. 从学生的角度找准认知起点

这一教学内容是学生在已经初步认识长方体、正方体、长方形、正方形和平行四边形的基础上进行学习的,他们对角有个模糊的表象,知道,但不清楚;能认,但不规范。所以,教学要从引导学生观察实物开始逐步抽象出所学几何图形。但是,这个实物不仅仅是存在于书本上、讲台上、教室里,更存在于学生对未知但又非常想知道的场景中。

2. 从知识的角度把握教学结构

二年级学生的思维通过学生实际操作活动,如指角、拼摆、玩活动角等加深对角的认识和掌握角的基本特征。教材中不要求掌握角的定义,只要求学生认识角的形状,知道角的各部分名称,会用直尺画角,教材中还特别注意让学生动手操作,画角、制角、玩角、比角的大小等,以促进学生空间观念的发展。这里需要理解两点:一是本课只是几何学习范畴的基础部分,它与前面的知识有着不可分割的关系,更是后面学习的基础;二是本课学习用的方法,在今后的几何空间学习中,都可以用到。所以,我们需要借科技把数学学习"变深"。

3. 从科技的角度突破学习局限

那么,怎样突破呢?笔者与团队多次论证,设计出了这样一张科技探究路线图:

① AR 技术创设情境

戴上 AR 眼镜,本校新校建设三维图再现。激发儿童从好奇的、新鲜的新校图景去找角。我们可以用科技把数学学习"变宽",打破教室空间。

② 希沃易课堂探索新知

利用希沃易课堂发送资源包,使学生可以实现不同的学习,既有共性研究,又有个性自学;拍照上传的功能收集学生典型作品,四屏同放功能,用于对比分析,指导学生发现角的秘密;答题功能更快速地收集数据,根据学生的错误率来进行更有针对性的指导。我们可以用科技把数学学习"变活",打破简单的拼拼折折。

③ 希沃一体机

自带游戏,让学生选择"哪些是角"的游戏,好玩又好学;利用希沃白板中的在线画板,直观展示角的大小跟两边叉开的大小有关;画板演示直观形象、简单易懂;利用希沃白板中的几何图形,直观展示"体"与"面"的对应关系,帮助学生理解"体"上有"面";利用希沃白板中的思维导图,帮助学生回忆整堂课的学习过程,形成结构化思维,有知识的获得,有方法的掌握;利用希沃白板中的鱼骨图,制做知识树,显示出角的初步认识在整个小学阶段角的知识体系中的位置,明白本课学习的地位。我们可以用科技把数学学习"变深",看到角的认识的"前世今生",理解数学学习的过去,了解到未来。

④ 其他媒体:布置线上作业展,为时代少年养成科学而合理的信息使用习惯。我们可以用科技把数学学习"变长",一节课后探究更远。

(三) 科技赋能,共赴一场深度学习趴

那么,让我们转到课堂教学现场,还原儿童在信息科技的场景中,自由探索"角的初步认识"的样态。

1. 片段1:动手操作研究角

① AR找角:点击展示新学校3D云游图

师:小朋友们,咱们新学校马上要造好啦,想不想看看?请戴上AR眼镜,看看。

生:好漂亮呀!

师:你能够从中找到角吗?

生1:窗户上面有角。

生2:阳台的柱子与护栏组成1个角。

生3:食堂的餐桌面上有4个直角。

....

② 师:请取下AR眼镜,看看咱们身边哪里有角

生1:书本封面有角。

生2:墙上瓷砖交叉处有角。

科技运用设计:利用 AR 技术,再现本校新校建设三维图。激发儿童从好奇的、新鲜的新校图景去找角。而视频与现实场景的对接,让学生感受到角不仅在身边,而且在于我们生活的每个环境中,真是无所不在。

2. 片段2:合作学习研究角的特征

教师演示:当把生活中的角脱掉花花的外衣,剩下的就是数学上的角。

师:这些角有什么共同特征呢?请大家开始合作学习。

① 组织小组合作活动

学生独立探究—有问题的研究资料包—团队交流,达成共识。

② 教师组织交流,揭示各部分名称

角的顶点,直直的是角的两条边。

友情提醒:找到角,可以用一个弧线表示角。

③ 判断:哪些是角

师:看样子,小朋友们已经认识角了。瞧,希沃老师给大家带来一个游戏,你能够把角送回家吗?

生:飞快地找到了角。

师:这位小朋友判断角又快又准,能够猜一猜,他有什么秘诀吗?

生2:我也会,只要看它是不是两条边直直的,是否相交于一个顶点。

师:真棒!你用了一个相交,就让两条边和1个顶点牢牢地组合在一起了。

科技运用设计:利用希沃易课堂,发送资源包,使学生可以实现不同的学习,既有共性研究,又有个性自学。动画游戏:通过可拉拽的方式,丰富练习方式,充分调动学生的学习兴趣。最后的游戏结果,更便于让学生总结角的特征。

3. 片段3:个性学习画角

教师提问:你会画角吗?

学生:试着自己画1个角,并标出各部分名称。

如果有问题,可以向同学请教,也可以学习平板里的资源包。

科技运用设计:利用易课堂中的学习资源,为分层教学提供帮助,各取所需。视频为个别有问题的学生提供帮助。当然,也可以向同桌请教,实现按需施教。

4. 片段4:多元学习角的大小跟什么有关

① 你能够创造一个角吗

提供学材:牙签、小棒、毛线、纸

组织小组学习:

四人一小组,商量取材—分别创造角—分享互评—完善作品并拍照上传。

② 角的大小直观比较

教师有目的地选出4幅都有牙签做出来的角,用一屏四画展示。

提问:同样长的牙签,做出来的角是有大有小的。你认为角的大小跟什么有关?

生1:我认为角的大小跟边的开口有关,边张开越大,角就越大。

生2:我猜,可能跟边的长短也有关系。

生1:可是,边再长,两条边张开得一样大的话,角还是那么大。

生2:但是,两个边张开一样大的角,1个两边长,1个两边短,你不觉得两边长的那个更大吗?

学生开始争论,而且谁也说服不了谁。

教师:提供了两份学习资源,一是动画视频"红角和蓝角的比较",二是希沃自带作图软件工具中的素材"角的大小比较"。

生2:好吧,现在我明白了,角的两边是可以无限延长的,所以,只要张开一样大,角就一样大。

科技运用设计:易课堂平台广泛收集学生作品,用以发现存在问题,第一时间呈现错误,并利用好资源,进行正向引导。汇报时可以申请屏幕播放。用于呈现儿童丰富的想象,将多种证明方法展现,促进学生思维的发散性并产生深度学习。同时提供的两项资源又各有优点:视频"红角与蓝角的比较"比较感性;在线画板,比较理性,可直观看见角的大小变化与叉开的关系。但有一点,是令我们没有想到的,原先我们认为,在这角的大小跟边的长短没有关系的证明中,动画的比较更容易让学生看到,角的位置、方向、边的长短都跟角的大小无关。但事实上,课后与学生沟通发现,他们更喜欢简洁直观的几何画板,认为这个操作更容易理解。

看样子,数学的简洁之美,无须要用过多的外在因素去包裹,儿童比我们想象的更愿意接近数学本身。

5. 片段5:沟通联系深化角

① 教师发放练习组织学生数角,通过正确率即时数据对存在问题的题目及时予以指导。

② 教师组织变形练习1:你能够将图形中的曲线变一下,使它的角增多吗?

学生个性创作,并全班交流自己的操作方法:

我把它变成了四边形,有4个角。

第七章 创意生活课程的实施保障

我把它变成了五边形,有 5 个角。

我把它变成了六边形,有 6 个角。

教师:你发现了什么?

生:这就是我们上学期学习的多边形。有几条边就是几边形,几边形就有几个角。

教师:瞧,数学知识总是有前后联系的。

③ 组织变形练习 2

教师:用白板中的几何工具画长方体、正方体和圆柱体,用展开图展示,并体会:面在体上,体上有面。

出示平面图形中的角,学生体会:角在面上,面中有角。

教师小结:瞧,万物相连,几何知识也并不是单独存在于世界王国之中的。

看看身边的"体、面、角",观察一下它们是否有这样的关系?

生 1:字典是长方体的,上面有 6 个长方形,每个长方形又有 4 个角。

生 2:……

科技运用设计:希沃易课堂的使用,起到两个作用:一是收集问题、便于更有针对性的辅导;二是同时展示四幅作业,引导发现规律:几边形就有几个角。而几何画板工具,则可以快捷方便地体现"面"与"体"的关系。整个过程不仅让学生认识了角,更帮助学生理解"体—面—角"相互依存的逻辑关系。

6. 片段 6:回顾学习总结角

① 出示希沃思维导图,引导孩子们回顾学习内容与学习方法

② 出示鱼骨图知识树,明白角在整个体系中的地位与作用

③ 欣赏生活中角的运用:美观、实用、传统艺术等

科技设计思考:思维导图的方式帮助学生将所学知识进行了结构化。不仅回顾了知识,更掌握了学习的方法,这些方法在今后的几何学习中经常需要用到。儿童的数学学习还在于需要形成完整的知识链,而鱼骨知识树的呈现,让他们既为这一节课的收获开心,又为即将面临更多、更大挑战而兴奋。

最后大量生活中角的运用,将书本数学与生活数学沟通,使学生明白,角有实用性、也有艺术性。

7. 片段 7:布置作业延伸角

① 游戏玩三角尺:找角、比角、拼角

在玩游戏的过程中熟悉角的常用工具,并为下一课"初步认识直角、钝角、锐角"做准备。

② 用角创作有意义的图案,举行班级线上设计图展

科技设计思考:微信公众号、美篇等线上展览,更可以激发学生的创作热情,使他们的学习成果可以被更多同龄儿童遇见、共享。这些耳熟能详的线上展览,也将成为每个数字化原住民沉浸式体验。

与不用信息科技的传统课堂相比,本课使用信息科技处较多,有以下三方面对于改变学生学习提供了很大帮助:一是科技拓宽课堂,把课外生活场景带到学习中,让学生对陌生但又期待的地方产生更大的探究欲望;二是科技促进深度学习,无论是角的相关知识点的探究,还是角在几何知识体系中的地位观察,学生都有真实情境中的真实体验;三是科技把数学知识带出教室,让学生感受到数学在生活中的美化与实用功能。

《角的初步认识》课堂教学流程图:

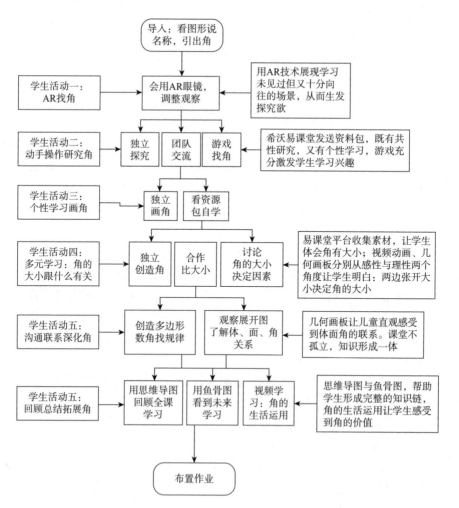

第三节　自我领导力的共同修炼

"自我领导力"也是孩子未来生活生存力之一。"自我领导力"教育的使命是释放每个孩子内在的卓越潜能,培养既能领导自己、释放自己的生命价值,又善于合作、能够释放他人的生命价值和潜能的小小领导者。

2018年,自我领导力相关课程在星河实验小学教育集团实施以来,七个习惯大树已然在孩子们心中扎根、生长,星河娃身上已透露和折射着七大习惯的素养。

一、自我领导力在课程实施中的理念熏陶

自我领导力,是一个国际化的项目,能将全球学校形成一个教育网格,让孩子从星河走向世界。自我领导力,不仅仅是全球的项目,更是通过七大习惯和领导力工具,让孩子具有国际化的素养,让孩子们"身居教室,胸怀天下"。

1. 领导力集中培训

引进自我领导力这个项目后,学校便邀请自我领导力教练来校开启专业化的培训。通过培训,自我领导力的相关理念,植入老师们的心田。家校共育,方能事半功倍。教练们不仅给老师们培训,还给家长们培训。各班班主任通过招募,确定各班灯塔家长。灯塔家长形成团队,接受新的理念和知识,助力学校的课程实施,为课程实施奠定强有力的后援保障。

2. 领导力云端培训

线下培训,拥有更多的互动和实际操作以及团队构建。老师们时间有限,课务在身怎么办?开启线上云端培训。通过自我领导力教育平台,每个老师开通账户,购买账户券,获得听课通行证。老师们晨起、课间、睡前,都能学上一段自我领导力。碎片化时间的学习,取代"快餐阅读",老师们更专注、更聚焦了。"高效能家庭的七个实践习惯""快乐儿童的七个习惯""高效能教师的七个习惯"等,老师们通过线上学习,了然于胸,为课堂实践做好了理论的先引。

二、自我领导力在课程实施中的工具运用

未来的高级能力,便是学会解决问题的能力。如何解决现实问题,可以依靠脚手架"工具"来实现。自我领导力,就是一个工具箱:以领导力笔记本、4DX、情感账户为例,它们能让很多不可感的事物轨迹清晰可见。

（一）领导力笔记本

领导力笔记本是一种个性化的工具，用来强化学生对学习的自主性，加强能力和提升个人成长。领导力笔记本能够及时记录学生成长中的点滴变化与领导力发展轨迹的动态过程。建立个性化的领导力笔记本能够激励学生在成长的历程中拥有愿景并充满自信，提高自我管理和领导能力。

1. 什么是领导力笔记本

学生在成长的过程中，"自我领导力"培养贯穿了全程。每个学生都有一本领导力笔记本，将其学习体验、生活感悟的各个环节融入其中。领导力笔记本是个性化的工具，用来收藏个人学习的过程记录、反思个人成长。学生通过自己设定目标、跟踪记录、动态可视、我的庆祝，来掌握自己的目标达成度，发展自己的领导力潜能。同时，学生可以对不足之处，个性之处进行反思和扬长，在这样的过程中，不断调整自我的成长方向，寻找到离目标最近的发展路径。这也增强了学生的自我管理意识，让"他导"到"自导"，实现发展的"内求""内生""内长"。

2. 怎么制作领导力笔记本

领导力笔记本就像一位朋友，陪伴并见证着学生领导力的生根、发芽和成长，帮助孩子实现从个人成功到团队成功。首先，每位学生准备一本活页夹，保持干净整洁，经常并持续地使用该笔记本。其次，领导力笔记本中的内容应该完全由孩子自己设计与添加。例如，笔记本封面的设计，学生根据个人喜好给自己的领导力笔记本起个名字。每一单元的封面设计需要自主绘制，其他部分可以有插图和贴纸等。单元内空白页根据单元主题进行文档的存放，可以从各个角色、各个方面进行填充和更新，还可以插入各学科的学习资料单等。最后，在班级固定的区域保管及展示，师生可以通过设置领导力角色，对其进行有序管理。

3. 领导力笔记本记什么

领导力笔记本的设计制作是一个缓慢而渐进的过程，它是孩子学习践行"七个习惯"的心路历程的真实记录，也是孩子初步认知自己、接纳自己、肯定自己的过程证明。领导力笔记本，是促进身、心、脑全面成长的自我管理工具。领导力笔记本包括自我关系、人生志向、目标和使命、学业管理、人格修养管理、反省日记、人生成就等多个方面。具体单元有我自己、我的关键目标、我的学习、我的家庭学习、我的领导力以及我的庆祝。学生们都有自己明确的自我定位，并通过领导力笔记本跟踪记录，推动领导力在自己身、心、脑等方面的不断成长。

（二）4DX 目标导向

在领导力课程体系里，4DX 图表是帮助家庭善用时间、达成目标，提升执行力和自我效能感的有力工具。4DX 是在品格培养的基础上提升执行力，"品格力＋执行力＝领导力"，相互结合起来，才构成了自我领导力教育体系的核心内容。4DX 图表以此为底层逻辑涉及以下四个模块，旨在提升孩子完成目标的执行力：

D1：专注于至关重要的目标：人的天性一次只能卓越地做好一件事。对目标保持绝对专注是目标实现的前提。

D2：贯彻引领性指标：当我们看到自己的重要目标后，还需用"以终为始"的思维，细致地将实现目标的方法清晰地制定出来，并且将方法细化到每天、每周、每月可实行的程度。

D3：设立激励性的计分板：计分板可以直观视觉化孩子的努力，让孩子体验到成就感。

D4：确立定期责任汇报机制：定期责任汇报包含向谁汇报（确定责任伙伴），何时何地汇报（汇报方式），完成目标的奖励（可以让孩子自己决定）。

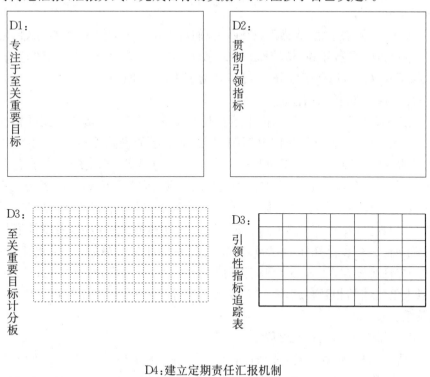

我们看到很多家庭同心协力之下完成的 4DX 图表，上面的每一笔图文都见证着孩子们为达成而付出的持续努力，记录下了这些小小追光者为目标不懈努力的动人身影。善用 4DX 工具，让孩子做自己的领导者，做习惯的掌舵人。

（3）情感账户

情感账户是建立在信任的基础之上，通过善意的语言和行动来进行存款，从而建立或修复信任的一种工具。在我们班级，开启了师生、生生、家校间的情感账户。

1. 什么是"情感账户"

打个比方，我们在有闲钱的时候去银行存钱，会开设一个账户，在以后需要用钱的时候从里面取钱。通过类比，我们可以发现，我们和孩子之间的关系，就好比中间建构了一个账户，需要我们不定期去存款。当然，这个存款不是金钱，而是真诚的赞美、无限的信任、永远的欣赏等等。这就要求，我们多观察孩子，多和孩子沟通，通过语言去洞察孩子内心的深层世界。在这个账户里，你给孩子的存款越多，肯定越多，孩子就会越自信，越主动。进行一定时间的存款后，我们可以打开账户进行一次梳理，重温这些关注、爱、信任、勇气、共情，让"情感货币"不断"升值"。

那么，如何来建立"情感账户"呢？我们可以用家里的饼干盒、糖果罐、鞋盒等随手可得的容器作为"情感账户"储存盒。在每个容器上面，写好"爸爸、妈妈、孩子"的姓名，以便于区分。这就是"情感账户"的原型。

2. 用好家庭关系信任值

"情感账户"建立好了，如何来运行呢？表扬，是每个人渴望得到的精神食粮。首先，看到闪光点。我们要明确，自己给孩子的爱是无条件的，不戴任何"有色眼镜"。我们可以采用便利贴或者小纸条的形式，记录孩子的"真善美"，为"情感账户"存款。比如，看到孩子进步的方面，赶紧写下来，及时表扬。我们可以采用这样的句式：我欣赏你的……；我看到了你在……的进步；我喜欢看到你的……其次，要有仪式感。每次记录之后一定认真地读一读，可以是家长读给孩子听，也可以是孩子自己读，加深对优点的印象。最后，记得相互存款。这样的"情感账户"不一定局限于家长定向孩子，也可以孩子为家长存款，还可以夫妻之间的相互存款，看到对方的小美好，为孩子树立榜样，建立和谐家庭关系。

3. 打造"全家庆祝"记忆隆起

"情感账户"顺利运行，那么，如果只是存款，对于孩子来说，又有什么意义呢？为此，我们觉得在形象思维占据大部分的小学时代，要定期为孩子来一场庆祝，形成孩子的记忆隆起。我们可以一周为单位，清点家庭成员收获的"新人值",来开展"全家庆祝"。庆祝的内容可以是零食趴、运动场、健身操、玩具总动员、爱的拥抱、亲子游戏等等,让孩子感受到家长对他的喜爱,家庭给予的快乐。孩子的优点在不断被肯定中,逐渐强化,家长的形象不断从"权威型"向"朋友者"转变,家庭关系不断融洽,孩子自然朝向美好。

三、自我领导力在课程实施中的双向构建

自我领导力在不断培训中,震慑着师生的理念。师生理念的进步,又促进了课堂的更新,形成一种双促双动的良性循环上升。

（一）自我领导力赋能课程实施

自我领导力赋能课程实施,最明显的要数自我领导力直接教学。领导力直接教学,是传递给学生有效工具的最快捷的手段和方式。每周一早晨的晨会课时间,学校全体班主任相聚指定班级,开展领导力直接教学的研讨。我们以习惯为单元,每个习惯从一年级到六年级螺旋上升推进。横向,聚焦一个习惯;纵向,让习惯的顺序和梯度显而易见。除此之外,我们还根据年龄,开发领导力绘本故事的教学,让故事直抵学生心灵。开发领导力12大课,共计65课时,分为故事、教学、游戏等板块,涵盖教案和课件。

主动积极第一课时:承担责任

（一）教学目标

1. 通过教学指导学生了解承担责任的含义,明白承担责任是主动积极的一种方式。

2. 通过学习讨论,学生能够运用停步思考图,体会该方法带来的好处和作用。

3. 通过实践学习,熟练掌握停步思考的方式。

（二）教学重点、难点

重点:了解承担责任的含义和意义。

难点:在日常生活中能够掌握学会在行动之前先停下来思考。

（三）教学过程

1. 谈话导入,理解承担责任

（1）同学们,你们能来分享一下自己的睡前习惯吗？一般你在睡前会做哪些准备？

（2）学生回答。

（3）看来有的小朋友非常有仪式感,也很重视自己的睡前准备工作,说

明这样的小朋友能够对自己的睡觉这件事负责任！主动承担起自己的责任就是主动积极的好习惯，好表现！

引出课题：主动积极——承担责任（板书课题）

2. 请同学们阅读课文第 16 页

山姆正准备睡觉，在顶部附近，山姆旁边找到"开始"。你要向能够表现山姆为准备睡觉而表现出责任感的事项画出一条线。

（1）学生自主完成小任务。

（2）阅读课文第 17 页：讨论迷宫中的每个项目以及这个项目怎样帮助（或无法帮助）山姆为睡觉做好准备。

（3）下面是"停下来思考"图表。它可以帮助你在行动之前，记得先停下来思考。

（4）大声朗读第一个方框中的内容，解释如何按照箭头的方向到达"停下"标志。让学生思考自己的选择，然后把选择写在右侧的方框里。

（5）小结：当你负责时，你就是领导者，在准备睡觉时表现出责任感是成为领导者的一种方式。

3. 课堂应用

（1）如果教室里没有老师会发生什么？学生思考回答。

（2）当老师需要离开教室几分钟时，你怎样做才是负责任的表现？

将学生的回答写在一张大纸上并将其挂在一个醒目的位置。在离开教室时提醒学生要在你不在教室期间表现出责任感。

4. 单人练习

帮助学生们讨论怎样在教室里表现出责任感。如有需要，使用下列提示内容。

（提示：把衣服挂好，交上作业和笔记，把椅子推进去，捡起地上的垃圾，看看自己心不在焉时丢下了什么，等等）

5. 家庭作业

在每周的家庭交流中，写下如下备注：

我们在课堂上讨论了关于承担责任的话题，问问你的孩子："你在准备睡觉时怎样表现出责任感？"

6. 老师小结

今天我们一起体会了主动积极——承担责任，相信大家在以后的生活和学习中，能够熟练运用停步思考的方式，让自己成为承担责任的主动积极者！

（二）融合教学深化自我领导力

领导力融合教学，首先是语言环境的更新与变革。在星河分校，领导力和班队有机融合，领导力和学科相互渗透，在不断跨界融合的过程中，让领导力思维不断触发，形成思维定式，让领导力真正成为有效的工具。

语文课《王戎不取道旁李》，借助停步思考图和莲花图等领导力工具图感受王戎仔细观察，善于思考的优秀品质；数学课，利用韦恩图厘清相应概念；英语课，每课利用大石头制订计划；等等。领导力，让各门学科的思维性更清晰，让学生的成长更无边界。

在领导力的双向并行过程中，李泽睿、陶以航等同学，参加全球自我领导力大赛，获得全球入围奖和长三角一等奖。

生活最重要的意义不是金钱或是工作，而是人格、精神和价值观的培养；教育的目的是让人成为一个更好的自我，学会分析思考，学会表达和创造。

自我领导力，立足当下，以完整的自我鼓舞自己和他人；远眺未来，在诗和远方中探求生命的张力，见证生命力的拔节！在自我领导力的共同修炼下，星河娃们以更坚毅的品格、更科学的自我管理去笑对生活、创造生活。

第四节　成长型思维的群体唤醒

在启动创意生活课程改革初期，我们发现，无论是教师还是学生，都比较内敛、胆怯，害怕改变，担心自己没有足够的能力去适应课程改革，更不确定自己是否真可以创造更新的、更有价值的课程。这种现象的本质，是师生的不够自信，还有一些是自我否定的思维模式。

《2018年美国教育趋势》报告中提出了20个教育发展趋势，其中，"成长型思维"以满分10分位居首列。它作为一个典型的研究成果，被公认为近几十年里最有影响的心理学研究之一。成长型思维的发展有助于培养孩子面对困难和挑战的积极态度，还将通过激发更活跃的大脑活动，深挖学生的潜力，提高孩子的智商。它与脑科学、教育学都有着千丝万缕的关系。

基于成长型思维在生活、工作中发挥着极其积极的作用，我们在课程改革的第二年，便进行了成长型思维的全校推广，以唤醒全校师生面对生活及变化的积极态度与正向思维。

一、成长型思维的价值内涵

1. 什么是成长型思维

成长型思维由斯坦福大学心理学教授卡罗尔·德韦克博士提出,她在《终身成长》一书中,首次提到了"成长型思维"和"固定型思维"。这两种不同的思维模式会造成不一样的行为举动,产生不一样的结果。拥有不一样思维模式的人,最终获得的成长也不一样。

两者主要在以下方面存在明显不同:

成长型思维	固定型思维
聪明和才能是可以后天培养的	聪明和才能是天生的,是遗传的
通过练习、坚持、努力,可以发掘潜力	努力不一定会改变结果
遇见困难,会想办法解决,迎难而上	遇见困难,想办法躲避,知难而退
遇见挑战,勇敢向前	遇见挑战,认为我不行,算了
虚心接受批评,接受意见,认真改正	对批评有不良情绪,固执己见
善于从他人的成功案例中寻找到自己的学习点	认为他人的进步影响了自己正常的生活与工作
敢于实践,勇于面对失败,并从中总结经验教训	更希望按部就班,不接受失败,害怕失败丢脸
……	……

成长型思维的教育理念是相信可以靠后天努力而改变现状,可以通过不断的实践去发现自己,成就更好的自己。这对于学生和教育工作者来说,同样需要修炼。

2. 为什么在学校推行成长型思维

① 立足脑科学视角研究教育是"回归本来"

2019教育风向标中有四个关键词,其中之一就是"回归本来",教育要回归到人的研究上。大脑,本来就是学习的核心器官。而今,它作为一只隐藏着无数学习秘密的黑匣子,又一次被捧到一线教师面前。通过对大脑的研究,科学家已经取得了一系列意义非凡的成果,但并没有被好好地运用。我们研究发现大脑的生长、发展规律,立足脑科学来探索思维规律、开展教育教学活动,正是对"回归本来"的最好回应。

② 聚焦成长型思维培养学生是"放眼未来"

近年来,我国基础教育界关于"培养什么人"和"如何培养人"有许多很好的思想讨论、政策研究和实践推进,无论"核心素养"还是"关键能力",其要义都是要促进学生全面而有个性地发展。联合国的"五大支柱"中的"学会改变",核心素养中的"学会创新"都把教育的目光聚焦未来。培养学生的"成长型思维",正是放眼未来，让学生的潜力可以全面爆发，使其具有自我管理和抗挫折的能力，具备较强的学习能力，保持学习热情，主动追求卓越。我们学校实施创意生活课程，目的就是要师生保持生活的热情，以一种积极的状态、正向的思维去面对生活，去创造生活。

③ 探索教育新样态积极改革是"创造将来"

培养学生成长型思维，以促进儿童思维能力发展和学习提升为核心目标，是应对数字化时代多重挑战的学校教育新形态。探索培养学生成长型思维发展的路径，需要我们积极创设相对丰富的、正式的问题情境，提供实质的、潜在的认知冲突，去突破思维的藩篱，使学生以一种积极向上的姿态进行可持续的学习。相比之下，成长型思维无论是在认知求学方面，在自我管理、自我修炼上，还是在社会交往上，都是积极正向、符合未来社会生活所需要的思维模式，与我们学校创意生活课程所倡导的"接受改变、适应改变、学会改变、引领改变"是一致的。

二、成长型思维的培养策略

1. 专设课程教学中的成长型思维培养

根据成长型思维的九个要点设计成长型思维课程，采用要点图、思维类型表、思维改变记录表等常用的方式，通过设计系列真实情境活动，引导学生换个说法、换个思维、换种行为模式去看待问题、解决问题，实现学生成长型思维模式的发展、稳定。

专设课程教学可以安排在综合实践活动课中，学生要完成的任务是"认识真我、分析现我、设计新我、塑造优我"。

脑科学视角下培养学生成长型思维的课堂教学
（专设课程教学）

认识真我：通过阅读理解人的两种思维方式，会判断自己目前属于哪种思维模式，并明白塑造成长型思维模式的重要性。

分析现我：通过自我评价、同伴交流、分析对比等形式，对自己目前的状态进行深入分析，诊断自己在形成成长型思维中存在哪些问题，按照成长型思维九大要点，自己给自己开药方。

设计新我："我为自己命名"！明白自己想要达到的成长型思维目标，为自己设计一个崭新的自我形象，列出训练重点以及方法，充分挖掘每个人的学习潜能。

塑造优我：成为最好的自己！"现我""优我"之间的距离，即现实与理想的距离。需要不断地练习、纠偏、提升，才可以实现目标。

2. 日常课堂教学中的成长型思维培养

成长型思维的教学还可以渗透在语、数、英等各学科教学中，教师要挖掘教学资料中的成长型思维结合点，抓住儿童学习过程中的成长型思维生成点，有机开展创造性思维教学。我们将具体流程优化为四大板块"情境启学、问题导学、探究合学、迁移用学"，每个板块分别根据相应脑科学，对学习者提出不同的成长型思维养成指导。

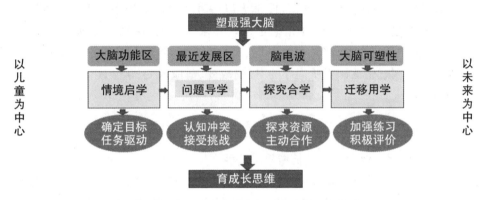

脑科学视角下培养学生成长型思维的课堂教学
（日常课堂教学）

情境启学：根据大脑不同的反应区对信息输入进行加工、输出的原理，设计真实、有趣的情境，充分发挥大脑各区域的最大功能，吸引学生主动地参与学习，自主地确定学习目标、自动地接受学习任务。

问题导学：根据最近发展区理论，设计适合学生年龄水平、认知水平的问题，既符合学生的已有知识基础和能力水平，又要对孩子具有一定的挑战性。用成长型思维理念刺激、鼓励学生，正视认知冲突，勇敢接受挑战，以活跃的脑活动，去生成更多的新神经元，促进细胞突触之间的连接，获得新发现，习得新知识。

探究合学：科学研究证明，人参与具有挑战性的活动时，大脑与外围的积极作用，会产生更强的脑电波，大脑回路对相关信息编码的活跃程度就会大大增加，可以更好地促进大脑的发育。与同伴合作学习，可以帮助促进思维，相互合作相互启迪，获取更多的学习资源、提出更科学的解决方案。

迁移用学：依据大脑的可塑性，指导学生认识到人的智力可以培养。通过适当的迁移练习，在成功中享受学习自我效能感，在失败中学习情绪调控并养成坚韧不拔的毅力。

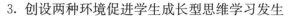

3. 创设两种环境促进学生成长型思维学习发生

① 成长型思维物理环境

教室文化布置，创设适合积极心理养成的教室文化。如我们将教室粉刷成不同层次的蓝颜色，温暖明媚，可以给孩子以积极的心理暗示；黑板报上以成长型思维九个典型板块为主题，进行每月一修的主题训练；开设专门阵地，进行成长型思维案例分析、调整建议等；专门设立思维成长墙，记录每个孩子思维变化足迹。添置了一些实验设备，组织学生开展具有针对性的经典脑科学和心理学的实验研究，用生动、有趣的方式将这些脑科学知识传递给学生，帮助其认识自己、设计自己、发展自己。

② 成长型思维心理环境

成长型思维模式强调个体的体验性与成长的过程性，而成长型思维的课堂正是一个强调开放性、互动性、生成发展的课堂。教师要以宽容的心态对待儿童的差异，尊重个性，创造开放、自由、信任、和谐的教学环境，使身处其中的每个人，都身心愉悦地对待学业，眼中有光，脸上有笑。

我们发现很多孩子在学习上不自信，就研究使用教师使用成长性思维鼓励语言。例如：

生：我不会。
师：我们其实开始都不会，但如果再想想，就可以找到它的诀窍。
生：我就想不出来。
师：很多人第一次尝试总是想不出，这是正常的。但我们可以把问题分解，一步步试试。
生：数学太难，我不喜欢数学。
师：别轻易放弃哦，钻研进去，你会发现数学的奥秘，从而发现数学的有趣。

我们发现师生都对错误比较容易情绪激动，教师是埋怨学生的知识错误，学生是害怕错误的发生。于是，我们开展"错误真的是错误吗？"的主题讨论，以此改变师生对错误的认知，尤其是让孩子们知道：犯错误是正常的，要有积极的纠正错误观，关键是看到解决错误之后的处理方式。例如：

六年级数学除法经常会出现如图错误：

$$2 \div \frac{2}{3} = \frac{2 \div 2}{3} = \frac{1}{3}$$

我们的做法一般是引导从不一样的角度来看待错误。首先思考这种错误产生的原因是什么？学生讨论发现，是受分数乘法的影响：

$$2 \times \frac{2}{3} = \frac{2 \times 2}{3} = \frac{4}{3}$$

接着提出问题，你怎么能够证明"$2 \div \frac{2}{3} = \frac{1}{3}$"是错的？孩子们就采用了不同的方法来证明：

$$2 \div \frac{2}{3}$$
$$= 2 \div (2 \div 3)$$
$$= 2 \div 2 \times 3$$
$$= 3$$

$$2 \div \frac{2}{3}$$
$$= (2 \times 3) \div (\frac{2}{3} \times 3)$$
$$= 6 \div 2$$
$$= 3$$

（分数与除法的关系）　（除法的基本性质）　　（画图：2 里面有 3 个 $\frac{2}{3}$ ）

紧接着引导学生总结减少错误的方法，这里的方法，不是由老师传授，而是由学生先小组讨论，再全班经验分享，尤其是计算基本不错的学生做经验介绍，效果会更佳。

最后，对于每个孩子来说，还可以用不同的方法去纠错和避错，高年级用错误日志或错题集积累反思。

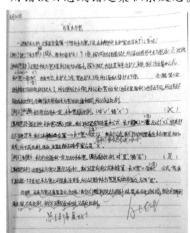

4. 凝结三种力量形成学生成长型思维学习合力

罗振宇在2018年12月31日的跨年演讲中提到一个"信用飞轮"的概念：人和人的感知一旦叠加，会形成一股漩涡般强大的力量，不断地卷入更多的人、更多的外部资源，推动一个东西飞速旋转，这就是信用飞轮。人的思维也是如此，有感染性。我们常说的某个班级学风好，某所学校校风好，其实就是成长型思维在其中起到不可忽视的作用。成长型思维的培养，也应该抓住小趋势，把卷入其中的每个人，都发挥出更大作用，形成更强合力。

如教师要敏锐地观察课堂的各个环节，看学生是否能够在课堂中感受到学习的乐趣。同时也要在第一时间察觉学生的情绪变化，做正向指导。

学生一方面是自己要逐步从了解成长型思维向发展成长型思维转变，最终养成成长型思维习惯。这个过程中，也要意识到这两种思维模式并不是完全对立，只能拥有其一的，很多人身上都带有这两种思维模式的成分。要在与同学、老师、家长的相互学习中，努力让成长型思维占比更高。

我们也发掘家长中成长型思维的典型，尤其是家委会成员，以其为榜样进行宣传与指导，引导每一位家长都给自己的孩子树立思维榜样。

5. 组织多种手段丰富学生成长型思维学习体验

成长型思维的养成，是一种螺旋上升的过程。需要通过不断的训练方可以实现。在这很长的过程中，单一的说教肯定无法实现教学目标。要在教学中通过角色扮演、情境模拟、行为演练、身体雕塑等体验活动，让学生充分体验角色的感受、激发对自我的探索，促进学生在体验中觉察、在觉察中感悟、在感悟中成长。

6. 改革两种评价提升学生成长型思维学习效能

一是评价课堂，看教师的教学设计是否含有成长型思维元素。改革现有评价量表，评设计、评落实、评效果，看成长型思维的内容、形式、活动是否有体现、有作用。

二是评价学生，看学生的学习行为是否体现成长型思维样态。

设计课堂观察量表，从教师提问、学生参与学习、自我管理、解决问题、后续反馈等不同方面制作各类量表，通过多次对比数据分析评价学生成长型思维养成情况。

三、成长型思维的课程力量

创意生活课程实施的初级阶段，我们发现有很多困难，其中，最大的困难来自人。这个人，包括涉及课程的所有人——教师、学生、家长。一部分是课程观念有偏差，认为孩子们"学好数理化，走遍天下都不怕"，其他的没必要学。另一部分是认为自己的课程力不足,对学校创意生活课程的开发没有自信,尤其是对于有创意的生活课程更是感到不够。

正是在这种现实情况下,我们进行了成长型思维的全面推广。事实证明,成长型思维模式在创意生活课程的实践中,起到了很大的促进作用。

一、成长型思维给课程开发以更多创意

曾经,老师们面对创意生活课程的这一概念的时候,是比较"懵"的,很多老师提出:"感觉创意生活课程对于教师个人的创新能力较强,这个不是自己擅长的。"随着成长型思维在工作中被接触、被接受,老师们会说:"那我先试试。"进而,大家逐渐找到了学生生活与创意生活课程的切入点,一些极具创意的班本课程开始涌现。很多原先持"学校开发课程,教师负责实施"观点的老师,也纷纷推出了符合本班实际的创意生活课程。

六(1)班的陈老师带领孩子们认领了学校花园里的小池塘,原因是这样的——她发现每天中午饭后散步时,同学们都特别喜欢去池塘边玩,还常常有不同的问题:"老师,池塘里有鱼吗?有哪些鱼啊?这水一样深吗?夏天鱼会不会闷死啊?水草那么茂盛,鱼还活得了吗?",真是"十万个为什么?"哪怕是冬天结冰了,他们也要趴在池塘边玩上半天。于是,新一学期开始,他们在陈老师的鼓励下,向学校申请认领池塘,要求池塘归他们管理。从此,孩子们制订"生态池塘养殖计划",除水草,养金鱼、乌龟等水生小动物,以池塘生态开启"一亩方塘"的班本课程。这过程中,同学们研究这些小动物的生活以及池塘的生态环境,除了查资料、定方案,遇到问题求助科学老师,专门跑到环保局采访专家,了解池塘水质要求。发现学校池塘微生物超标,养的金鱼总生病之后,孩子们又寻找到源头原因是池塘自建成后就没有清理过淤泥。他们向校综合服务部提出申请,请专业人员利用周四周五抽水清理淤泥。很快又有学生考虑到淤泥是上好的肥料,联系了星星农场的承包班级,将淤泥堆放到了换季空置的菜地里。

整整一个学期,孩子们围绕池塘做了关于"水、泥、生态、鱼、水养植物"等方面的研究,在毕业典礼上,他们向学校汇报了研究过程,并给学校送上了一个干净漂亮、生态和谐的池塘,还给学弟学妹们留下一份保养手册。

成长型思维,让师生从最熟悉的地方发现了创意生活课程的美好风景。

二、成长型思维给课程实施以更多动力

课程建设，总是从点到面，从部分到整体，从量变发展到质变。初期，我们在以项目化学习的形式推进创意生活课程的开发实施时，很多老师动力不足，担心做不好，请求几个班级合作进行。学校秉持"迈小步，不停步"的想法，支持合作，并数次邀请专家给予指导。三年之后，老师们积累了一定经验，品尝到成功的喜悦，不再对项目以怀疑和否定情绪占优势，从"试一试"的半信半疑，到"还可以这样"的肯定笃信。创意生活课程形成了常态化发展，而且，很多班级开始了"独立行走"。老师和同学们都"适应改变、学会改变、主动改变"。创意生活课程的建设进入一个自动运转的良好状态中。同时，课程生长史也是师生生长史。创意生活课程作为载体，承载了师生研究学习的过程，发生了很多有意义的故事，更明显地激发了师生的活力与创造力。尤其是教师的专业发展数据，更是有明显进步。

三、成长型思维给课程对象以更多包容

有人说，教师的容错心是不够的，尤其是小学教师，常常是非对错分得很清。但是，儿童有着自己与众不同的生活背景，有着自己个性鲜明的性格特点，有着与他人不一样的生理和心理的发展水平，所以，在课程实施过程中也体现出学习的个性化。这种个性化差异也可以涵盖整个课程学习过程，我们从学生的基础性差异、动力性差异、操作性差异、方向性差异等方面，来为儿童量身定制不同的教学方案。创意生活课程的学习，以综合型的学习、跨学科的学习为主，并没有标准答案，而且评价时会更加复杂。但在成长型思维的影响下，老师们越来越多地考虑到孩子们的身体状况与知识基础、学习能力与交往能力、学习态度与学习风格，以一种更宽阔的胸怀去帮助学生更清楚地认识自己、规划自己、发展自己，潜移默化地形成成长型思维，挖掘足够的学习潜力，获得更好的发展。

四、成长型思维给课程效果以更高质量

在成长型思维的影响下，整个学校出现和谐、向上、融洽的氛围。在创意生活课程的实践上，所有卷入者均以主人翁意识参与其中，无论是批判还是建设，都瞄准"让课程更加符合儿童成长需求，让课程更加能够促进儿童成长，让师生可以获得更美好的生活"的方向前进。每一学期的课程展示上，各班、各选修课程都想方设法展示自己的研究过程。尤其令我们感到高兴的是，创意生活课程开启之后，我们引导学生观察自己的生活、反思自己的生活，进而设计自己的生

活,而学生开始思考现状,并对学校提出个性要求。从每年的数据可以看出,虽然我们开设了很多课程,但孩子们的需求日益增长。起先的时候,学校开什么课程,孩子们学什么课程,没有意见。但随着创意生活课程的深入,他们在一年一度的课程满意度问卷中,会对学校提出改进意见。学会思考、学会选择是课程质量提升后的价值体现,也是儿童生活力提升的表现。

后　记

2022年,对于常州市武进区星河实验小学分校来说,是极具纪念意义的一年:新校落成,在外过渡的师生平安回归;江苏省教育科学规划"十三五"重点自筹课题结题;常州市前瞻性教学改革实验项目评估……而这一切大事、喜事,仿佛都是为了庆祝学校110周岁生日。《儿童创意生活课程的实践脉络》的出版,正是星河分校师生用课程改革的书面表达,为五年集团化办学交一份答卷,为建校110周年献礼。

对于星河分校来说,"创意生活"是孩子们踏进学校时眼中的热切盼望,是星爸星妈们背井离乡时心中的迫切追求,也是老师们的共同期待。在"生活教育"理念的指导下,星河分校集中智慧与精力去搭建了"创意生活课程",并带着全体老师一起去设计它、建设它、完善它。所以,星河分校的每一位老师,都既是课程的设计者,也是课程的创造者和实施者。我们围绕着"育当家少年,创幸福生活"的课程目标,以每个孩子的生活力提升为主线,分别从"生存课程、身体课程、智慧课程、品格课程、艺术课程"五个领域去探索与实践。创意生活课程,成为满足在星河校园里相遇的所有人需求的最好载体,让我们一步步在躬身入局中眺望、思考、体验、创造,一步步走向我们所期待的生活。

《创意生活课程的实践脉络》一书,以一种情境再现的方式,带着我们一起回忆了创意生活课程从萌芽到成熟的整个过程。全书一共分七章,从"课程缘起、整体建构、深层实践、学科升级、学习变革、生活延展、课程保障"等方面,记录了创意生活课程一步一个脚印的探索之旅。

《创意生活课程的实践脉络》也是江苏省教育科学规划"十三五"重点自筹课题"指向儿童成长需求的创意生活课程的实践研究"的最终结果。特别要感谢上海市教育学会副会长苏忱，南京师范大学吴永军教授、张新平教授、操太圣教授，江苏省教育科学研究院副会长彭钢，江苏省教育科学研究院杨九俊院长，常州市教育科学研究院规划办主任王俊等专家对我校课程建设、课题研究的指导。这本书的出版，离不开星河实验小学教育集团庄惠芬校长对我的不断鞭策与手把手引领。此外，我校钱国芬、沈炳军、俞秋亚、陈益、沈雯、章芙芳、蒋银慧、沈丹、周仙、谢楠、陈鹏程、秦燕、李菲、姚婷、戎晨、谢莉等老师，一起参与了本书的资料收集与文稿整理，感谢大家的辛勤付出。

　　本书是我校办学史上出版的第一本专著，由于我们编写水平和经验有限，书中仍存在许多不足之处。但这些在办校实践中的深深浅浅的脚印，都是我们的真实践、真体会、真思考、真创造。今天，全体星河分校人将以此书的总结为起点；未来，我们继续向着"创意生活教育"的美好目标，进一步探究学生成长的需求，与时俱进提升我校创意生活课程的品质。

　　期待您的宝贵意见。

任　韧

常州市武进区星河实验小学分校

2022 年 5 月